イスラーム古典叢書

哲学者の意図

——イスラーム哲学の基礎概念——

ガザーリー著
黒田壽郎訳・解説

岩波書店

目次

第一章　論　理　学

慈悲深く慈愛あまねき神《アッラー》の御名において

讃えあれアッラー、われらを誤謬から護り、無智なる者の躓きの場を示し給う御方。また格別の栄誉を授かり、アッラーにも人にも嘉されて、人格ならびなく高潔な選ばれたる預言者ムハンマドとその優れたる一統に、祝福と平安のあらんことを。

筆者は『哲学者たちの自滅[1]』と彼らの意見の矛盾、ならびに彼らの欺瞞と誘惑の本体を明示するに足りるような論述を求めた。ただし読者を〔彼らの誤謬から〕救い出すためには、先ず読者に彼らの主張の何たるかを示し、彼らの考えを明かす必要がある。諸教説の実体を完全に理解せずにその非をあげつらうことは不可能であり、むしろそれは無智、誤謬に身を投ずることに他ならない。

したがって筆者は、「哲学者の自滅」について述べる前に、短い説明を付すことにした。この説明は彼らの諸学、つまり「論理学」、「自然学」、「形而上学」の意図を網羅しているが、その際筆者は、それらに関する主張の当否を区別せず、もっぱら彼らの主張を理解せしめることに専念し、目的から逸脱する付加的な問題について冗長に論ずることを避けた。筆者は、彼らが自分たちにとり〔有利な〕論証と見なしているものを交じえて、彼らの主張を再現する形で記述を進めることにする。

本書の目的は「哲学者の意図」を論述することにあり、したがって書名もこれにちなんでいる。

まず留意すべき点は、哲学者の諸学が以下の四つに区分されることである。

(一)数学(riyāḍiyāt)。数学は算術、幾何学に関する考察であるが、これらの学で求められるものは知性と抵触せず、またそこには否定、反論の余地がない。しからば、これを明確にしようと努めたところで意味があるまい。

(二)形而上学(’ilāhiyāt)。この学に関する彼らの教説はほとんど真実から遠く、正しい考えは少ない。

(三)論理学(manṭiqiyāt)。この学に関する多くは正道を踏んでおり、誤りは少ない。彼らと正しい意見の持主(2)との相違は専門用語、説明法のみであって、その意味、目的は等しい。論理学の目的は論証法の検討であり、この点においては意見を異にする者が共通の場に立つことができるのだから。

(四)自然学(ṭabī‘iyāt)。この学における真理は誤謬と混ざり合い、真偽が互いに類似している。したがって、この学における判断は決定的たりえない。

「自滅の書」〔前出『哲学者の自滅』のこと〕において誤りとさるべきことの誤謬が明示されることになるが、さしあたり本書ではとりたてて真偽の詮索をせず、哲学者の思想をありのまま特に取捨選択せずに再現し、理解することにする。これらの問題を考察したのちに筆者は、『哲学者の自滅』と題する独立の書でそれらを徹底的に再検討するであろう。

かくてまず初めに「論理学」の理解、解明が考察の対象とされる。

(1) 本書は哲学者たちに対する論駁の書、『哲学者の自滅』(Tahāfut-l-falāsifah)の序説として、彼らの主張を完全に再構成する目的のもとに書かれた。著者の論述は、ペルシャ語で書かれたイブン・シーナーの『アラーウッ＝ダウラのための学問の書』に依拠するところが多いが、哲学論駁のために書かれた本書が、その明晰さのゆえに哲学研究の入門書としてひろくムスリム世界で読まれたことは運命の皮肉であろう。

（2）　正しい意見の持主とは、いわゆる理性のみに依拠する哲学者とは異なり、理性と神の啓示の両者に依存するガザーリーの立場を支持する者、一般的には正統的神学者を指す。

論理学詳論　論理学序説、ならびにその有用性、諸分科に関する序論

序説

この学問の諸分科は広汎にわたるが、そのすべては概念作用(taṣawwur)と肯定的判断(taṣdīq)[(1)]の二つに区分される。

概念作用とは教示、検証を目的として個別的表現により示される諸物の認識、例えば「肉体」、「木」、「天使」、「ジン」、「霊」等の言葉で示される意味の認識である。

また肯定的判断とは、例えば世界は有始的であるとか、従順には報奨が与えられ、反抗には懲罰が下されるといった事柄に関する知識である。そしてこの判断には必ず二つの概念が先行する。なぜなら「世界」をそれ自体として、また「有始的なもの」をそれ自体として理解しない者が、世界を有始的であると判断しうるとは予想されえないからである。「有始的」(ḥādith)という言葉の意味が理解されぬ場合、例えば、mādith という〔意味のない〕言葉と同様になる。そして「世界はマーディスである」と述べられた場合、これを肯定することも、否定することもできない。理解しえぬものをいかにして否定したり、肯定したりすることができようか。「世界」という言葉が、意味のない言葉にお

き替えられた場合も同様である。

概念作用、肯定的判断はそれぞれ検討、考察をまつまでもなく認識されるものと、検討の後にはじめて獲得されるものとに区分される。

検討をまつまでもなく理解されるものとは、例えば「存在」するもの、「事物」等である。また検討により獲得されるものは、「霊」、「天使」、「ジン」等の真実に関する認識、またその存在自体が曖昧なものの理解といったものである。

自明のこととして知られる肯定的判断は、「二は一より大きい」、「同一物に等しいものは互いに相等しい」、といった判断(ḥukm)のごときものである。またこれには感覚的に認められるもの、すでに自明とされているもの、人々が検討、考察なしに知りうるあらゆる諸学が含まれる。これは総計十三種類があげられるが、(2)後に詳述されるであろう。

また考察によって認識されるものとは、例えば世界の有始性、肉体の復活、服従、反抗にたいするむくい等に関する肯定的判断である。

概念作用を行なう際に問いを必要とするものは、定義(ḥadd)を述べることによってのみ獲得される。また肯定的判断に際して問いを必要とするものは論証(ḥujjah)によってのみ得られる。これら両者に関しては、必ずそれに関する知識が先行していなければならない。したがって「人間」の意味を否定するにあたっては、まず「それは何か」と問い、「それは理性的な動物である」という答えを知っている必要がある。この際われわれは、これまで知られていない「人間」に関する知識を獲得するために、「動物」、「理性的」という言葉の意味を知っていなければならない。

例えばわれわれが、「世界は有始的である」と判断しえぬ際に、以下のような事柄が述べられたとしよう。「世界は具体的な形をもつものである。すべて形をもつものは有始的である。したがって世界は有始的である。」上述の推論は、もしもわれわれが予め「世界は形をもち、形をもつものは有始的である」ということを正しいと認めぬ限り、世界の有始性というこれまで未知な事柄に関する知識に何も稗益しない。この場合、われわれは〔先行する〕これら二つの知識により、未知のものの知を獲得するのである。

かくて求められるあらゆる知は、それに先行する知によって獲得されることが確定された。

さらに求められる知は無限の連鎖をもつものではなく、したがって問い、思考によらず、知的直観によって得られる基本的なものに必ず帰着する。

以上が論理学序説である。

論理学の有用性に関しては、すでに未知の事柄が既知の事柄によってのみ獲得されるということが明らかにされた。ただし、当然のことながら、不特定の既知のものによりあらゆる未知のものを明らかにしうるというわけではなく、未知のものにはそれに相応しい固有の知があり、脳裏でこの知を考察し、厳密に規定して未知のものを明らかにする方法が存在する。そして、概念的なものの解明に役立つ方法は本質的定義(ḥadd)あるいは不完全定義[3](rasm)と呼ばれ、肯定的判断に属する知に導くものは論証(ḥujjah)である。後者には三段論法(qiyās)ならびに帰納法(’istiqrā’)、類推(tamthil)等があげられる。

「定義」や「三段論法」等はそれぞれ、正しく、明証に資するものと、誤っているが正しい外見を呈しているものに分けられる。それゆえ「論理学」とは定義、三段論法の真偽を弁別する規範であり、これにより正しい知と誤れる知が弁別される。したがってこれは諸学の秤、正しい桝目のごときものである。秤で計量されぬものは剰余と欠乏、利益と損失の別を知りえないのである。

論理学の利点が知と無智との区別にあるとすれば、そもそも知の利点とは何かと問われるであろう。それに対しては以下のように答えうる。あらゆる利益は、永遠の至福、つまり来世での幸いに比べればとるに足りないが、この幸福は霊魂の完成に依存している。ところで霊魂の完成は、純化(tazkiyah)、美化(taḥliyah)という二つの事柄によっている。純化とは霊魂を諸々の悪しき性質から清浄にし、卑しい特性を除去して聖純にすることである。また美化とは霊魂のうちに明らかな真理を刻みこみ、それに神的な真実ばかりでなく、すべての存在をその階梯に応じ、無智、混乱のつけこむ余地のない真理に即して正しく開示することである。これはちょうどその完全性が、美しい形姿を歪めたり改変することなく、ありのままに写し出す鏡のようなものである。そのためには美しい形姿が鏡にきちんと対置され、鏡面の汚れや錆が磨きとられていなければならない。つまり「霊魂」とは鏡であり、悪しき性質が除去されて美しく磨かれ、浄められればあらゆる存在の姿がそこに映し出されるのである。性質の良し悪しの区別は知によってしかなされず、霊魂の中にすべての存在者を刻みつけることもまた知によらざるをえず、それを行ないうるのは論理学のみである。したがって論理学の利点は知の追求にあり、知の利点は永遠の至福の獲得にある。幸福が「純化」、「美化」による霊魂の完全性に帰着するとすれば、必然的に論理学の利点も少なからざるものがあるといえよう。

論理学の区分、序列はその目的を示すことにより明らかとなるであろう。

その目的とは定義、三段論法ならびに両者の正しいものを誤ったものから弁別することである。中でも最も重要なのは三段論法であるが、これは合成されたものである。なぜなら、後に述べるように、三段論法は二つの前提から成り立っており、さらにそれぞれの前提中には「主辞」と「賓辞」があり、主辞にはまた「語」があって必ず「意味」を示しているのである。そして合成されたものについて知ろうと望む者は、それを〔外的〕「存在」もしくは〔内的〕「知」の中に求めるが、彼はまず個々の概念、個別的な部分を提出する以外に方法はない。これはちょうど家を建てる者が、まず「材木」、「煉瓦」、「粘土」を用意しなければならぬようなものである。これらの個別的なもの、諸部分を準備することが第一で、建築にとりかかるのはその次の仕事なのである。同様に、知とは既知のものに適合する実例であるゆえに、既知のものの跡を踏み従うことになる。それゆえ、合成されたものに関する知を求める者は、まず個別的なものについての知を獲得しておかねばならない。

以上のような理由から、(4)筆者は「語」と「その意味作用の様態」について述べ、次いで「意味」とその諸区分、「主辞、賓辞」から成る「〔単純〕命題」とその諸区分、二つの命題から合成される「三段論法」に関して言及しなければならない。その後、筆者は三段論法を「二つの側面」、つまりその「素材」(māddah)と「形式」(ṣūrah)から論及するであろう。

以上で筆者の意図する、論理学に関する種々の観点からの論述がすべて含まれることになる。

(1) Taṣawwur, taṣdīq の西欧語訳には歴史的な変遷があり、若干の説明が必要であろう。要するに、前者は個別的なものの認識であり、したがって perception, intuition といった訳語が当てられるが、その働きにより種々の概念が獲得されるという様相があるため、本書では概念作用とした。

後者は獲得された諸概念間の関係の認識であり、単純に jugdment、判断と訳しうるが、ムスリム哲学者の場合、アラビア語のニュアンスの上からも結果の正しさを前提としており、肯定的判断と訳した。

前者は概念形成を司るものとして定義に不可欠であり、後者は諸概念を用いて推論を行なう際に基本的なものとして論証にとり欠くべからざるものである。

(2) これについては六四頁以降参照。

(3) 本質的定義は字義通り個別的なものの本質規定を行なう定義であり、不完全定義は偶性を規定するのみの定義である。実例に関しては二四頁参照。
ちなみにここで定義の種類を図示する。

- 定義(ta'rīf)
  - 説明的陳述による定義(qawl shāriḥ)
    - 偶性的定義(rasm)
      偶性的なものによる定義('araḍīyāt)
    - 本質的定義(ḥadd)
      至近の類(jins qarīb)と完全な種差(faṣl tāmm)といった本質的なもの(dhātīyāt)
  - 名辞による定義('ismī)
    分析的定義(ta'rīf taḥlīlī)

(4) ここで筆者は、語あるいは名辞、命題から推論へと論述の及ぶ必然性を明らかにしているが、以下に問題となる語の意味作用の考察がなに故に必要であるかについて述べたイブン・シーナーの言葉を引いておく。「語と概念の間にはある種の相関関係があり、一方の変化はすぐに他に影響を及ぼすため、ここで種々の語をそれらの指示する意味との関連で考察する必要がある」(Kitāb-l-'ishārāt wa-t-tanbīhāt, ed. by J. Forget, Leiden, 1892, p. 3)。

第一節　語の意味作用

語の意味作用については、五つの項で明らかにされる。

第一項〔意味作用の三様相〕

語の意味作用には三つの様相がある。

第一は、「家」(bayt)という言葉がその意味を指示するような「一致」(muṭābaqah)〔つまり直意〕によるものである。

第二は、「家」という言葉が「特殊の壁」を指すというような「包括」(taḍammun)〔つまり含意〕によるものである。「壁」(ḥā'iṭ)という語は、慣用的に〝一致〟により名ざされたもの、つまり壁そのものを指すが、「家」という言葉もまた異なった意味作用(含意)に基づき壁を指す。

第三は、「屋根」(saqf)が「壁」を指すというような転意('iltizām)によるもの。これは「直意」、「含意」と流儀が異なるため、第三の名称で呼ぶ必要がある。

諸学において使用され、教示の際に依拠されるのは「直意」と「含意」である。「転意」は除外されるが、それは転意されるものがさらに他の転意されるものを持つといった具合に(1)、限りなく継続し、結局真の理解をもたらさないからである。

第二項　〔個別的なものと合成的なもの〕

語は個別的なものと合成的なものとに分れる。

個別的なものとは、その一部をもって意味の一部を示しえぬものである。例えば'insān〔人間〕という語の場合、〔この語を構成する部分〕'in も sān もともに人間という意味の一部を示すものではない。これは ghulāmu Zaydin〔ザイドの召使〕、Zaydun yamshi〔ザイドは歩く〕といった表現とは異なる。表現の一部である ghulāmu〔召使〕は〔独立の語として〕意味をもち、Zaydin〔ザイドの〕にも意味があるのだから。〔これに関しては「ザイドは歩く」という表現にしても同様である。〕

ただし'Abdu-l-Lāhi〔正確にはアブドッ＝ラーヒ、通称アブドッラーもしくはアブダラーというアラブに一般的な人名である。人名の場合は固有名詞だが、実は'Abdu(下僕)と al-Lāhi(アッラーの)二語から成っており、普通名詞ととればアッラーの下僕の意となる〕といった場合、これは人名であり、個別的である。なぜならこの表現の意味するものは、ザイドという〔一語から成る固有名詞の〕場合と同様に一人の人間なのだから。

もしもこの表現が「普通名詞」であれば、合成的である。「アブドッ＝ラーヒ」と呼ばれるものはすべて神《アッラー》の下僕に他ならず、したがってこの表現は多義的となる。つまりこの表現は時に限定的な意味で用いられて固有名詞〔アブドッラーという個人名〕となるが、時に普通名詞の意味で用いられ、合成的〔「神《アッラー》の下僕の意〕となる。

第三項 〔特殊なものと普遍的なもの〕

語は特殊なものと普遍的なものとに分れる。

特殊なものは、その意味が他と共通することを拒むもので、例としてはザイド、この馬、この木があげられる。

普遍的なものは、その意味が他と共通することを許すもので、馬、木、人間のようなものである。

もしもこの世に馬が一頭しかいない場合でも、「馬」は普遍的である。なぜならそれが共通することは、現実態においては不可能であるが、可能態においてはありうることなのだから。ただし「この馬」といった場合には特殊になる。

したがって「太陽」は普遍的である。なぜならば多くの太陽が存在すると仮定した場合、それらは「この太陽」という表現と異なり、〔一般的な〕名詞の範疇に入るのだから。

第四項 〔動詞、名詞、無変化語〕

語は動詞(fiʿl)、名詞(ʾism)、〔それ以外の〕無変化語(ḥarf)に分れるが、論理学者は動詞を kalimah とも呼んでいる。

「名詞」、「動詞」はそれぞれ、意味がそれ自体で完全であり、〔他の〕無変化語と異なり充分に了解される。「中にいるのは誰だ」と尋ねられ、〔名詞で〕「ザイド」と答えればそれで意味が了解され、完全な答えとなる。また「君は何をしたか」という問いにたいして、〔動詞で〕「叩いた」といえば答えは完全である。だが「ザイドはどこだ」という問いに、〔無変化語で〕「中」、「上」と答えても充分ではない。完全な答えのためには、「家の中」とか「屋根の上」といわねばならぬように、無変化語の〔真の〕意味はそれ自体の中ではなく、他の語のうちに現われるのである。

「動詞」は「名詞」と次の点で異なる。つまりそれは、「叩いた」が「叩くこと」と「過去」を意味するように、「意味」とその意味が成立する「時」を示す。だが「馬」のような名詞は、時を示すことはない。

ここで「昨日」とか「去年」という場合には時を示すが、これは動詞ではないという反論が出されたとする。これにたいしては以下のように答えることができる。動詞とは、「意味」とその意味の「時」を示すものである。だが問題の「昨日」という語は意味そのものである「時」を指すのみで、意味の「時」を示してはいない。もしも「昨日」という語が昨日の「意味」と、「昨日」の意味以外の「時」を示すならば、それは「動詞」であるといえる。その場合この語は動詞の定義に包まれ、それに相応しい。

第五項 〔語の意味〕

語は意味の側面から以下の五つに分類される。

通義(mutawāṭi'ah)、同義(mutarādifah)、異義(mutabāyinah)、多義(mushtariqah)、共義(muttafiqah)。

通義の例としては「動物」があげられる。なぜならそれは、「強」「弱」、「先」「後」の区別なく、それぞれの「動物性」を指す点で「馬」、「牛」、「人間」に一様に妥当するのだから。また「人間」と個々の人物、「ザイド」、「アムル」、

「ハーリド」〔すべてアラブに一般的な人名〕との関係も同様である。

同義とは、名は異なるが名ざされるものが同一の場合である。例えばlaythと'asad〔獅子とライオン〕、khamrと'uqār〔酒と般若湯〕のごときものである。

異義とは、「馬」、「牛」、「空」が異なるものを指すように、異なった名が異なるものを示す場合である。

多義とは、同一の語が異なるものを示す場合であり、例えば〔アラビア語の〕'aynが「金」、「太陽」、「秤」、「泉」を指すようなものである。

共義は多義と通義の中間に位置している。例としては「本質」と「偶性」の二つを含む「存在」があげられるが、これは名ざされたものの間に何の共通性もない'aynの場合〔つまり多義〕とは異なる。「存在」は「本質」と同様、「偶性」にも生起するのである。また共義は、通義とも異なっている。なぜなら「動物性」は、何の相違もなく一様に「馬」や「人間」に通用するが、「存在」とはまず「本質」に関していわれ、それを媒介にして「偶性」にも述べられるのであり、このように、共義には「先行性」、「後行性」の別がある。共義はその非決定性のゆえに「多義的」[(2)] (mushakkik)と呼ばれる。

語の諸特性に関しては、以上の説明で充分であろう。

(1) 例えば「息子」という語をとりあげてみる。この語の意味内容は「父」、「祖父」、「曾祖父」等と無限に遡及してとどまるところがない。

(2) この多義的という表現の由来は以下のような事実によっている。通義の場合、例えば「動物」は「馬」、「牛」、「人間」といった個別的なものの「動物性」を一様に、つまり一義的(univoque)に示すが、共義の場合、例えば「存在」はまず「本質」に関わり、次いで「偶性」に関わるといった具合に先後の別があり、個別的なものとの関係が多様、多義的(equivoque)である。

第二節　普遍概念ならびにその諸関連性、区分の相違

「この人間は動物で白い」といった場合、われわれは「動物性」とこの人間との関係が「白さ」と彼との関係と異なることを理解する。そして「動物性」と主辞との関係は「本質的」と呼ばれ、「白さ」の関係に類するものは「偶性的」と呼ばれる。またその下位に立つ特殊なものと関連づけられるすべての普遍的概念は、本質的であるか、偶性的であるかのいずれかであるといわれる。

概念が本質的であるためには、それが以下の三つの要素を含んでいなければならない。

（一）「本質的なもの〔概念的本質構成要素〕」(adh-dhātī)と、「それにとり本質的なもの」〔それが本質的なものとして帰属するところの基体〕(mā huwa dhātiyun la-hu)を理解する際に、まず初めに後者を理解せぬ限り、そのものについて認識、理解することはできない。本質的なものの理解は、それにとって本質的なものなしには成立しえないが、その理由は以下のごとくである。ひとが「人間」と「動物」を認める場合、まず「動物」〔それにとり本質的なもの〕についての理解がなければ「人間」〔本質的なもの〕の理解は不可能である。同様に「数」と「四」について認める場合にも、まず「数」に関する理解がなければ、「四」を正確に理解しえない。

もしも〔「人間」、「四」にたいして〕「存在するもの」や「白さ」の代りに「動物」や「数」を置き換えた場合、〔例えば「四」と「数」との関連において〕ひとは「四」が存在するか否か、それが白いか否かを理解する必要がないまま、

「四」を〔本質的に〕理解することになる。その際、この世の中に「四」というものが存在するか否か、といった疑念が生ずることもあろうが、それは「四」の本質的理解を妨げるものではない。同様にひとは、人間が「白い」とか「存在する」といった理解をまたずとも、人間の本質(māhiyah)を知的に認識しうるが、その際、彼が「動物」であるという一項を欠くことはできない(1)。

もしも以上の例が読者の理解の助けにならぬとすれば、それは読者自身が「存在する人間」であり、人間の数が多いことによるものであろう。その場合には例を「偶像」または動物等任意のものを選択すればよい。それにより存在が、あらゆる本質の偶性であることが明らかになるであろう(2)。「色」が「黒」にたいして本質的であり、「数」が「五」にたいしてそうであるように、「動物」は「人間」にとって本質的である。

(二)まず「普遍的なもの」が存在し、それによりその下に立つ「特殊なもの」が〔外的〕存在の中で、あるいは心中で獲得されることは周知のことである。なぜならばまず「動物」があり、しかるのちに「人間」、「馬」が来るのであり、まず「数」があり、ついで「四」、「五」が来ることはすでに明らかなのだから。まず「笑うもの」があり、次に「人間」が来ることは不可能であって、まず「人間」があり、そのあとで「笑うもの」が来るのである。

本性的に「人間」が「笑うもの」であるということは、人間の偶性的特質であり、彼の存在に後行するものであるが、この関係は一方が〔他にとり〕必然的かつ不可分のものであるという点で、「人間」が「動物」であるというのに等しい。ただし両者の相違は、人間が生ずる場合にまず霊と人間の肉体との合一が必要であるという事実から明らかであろう。「人間」が生ずる際に、まず「笑うもの」が必要であると主張することは不可能であり、「笑うもの」が生ずるためにまず「人間」が必要なのである。この優先性は、よし時間的先行性があったとしても、時間的序列の意味ではなく、あくまでも理性的序列を意味している。

(三)「本質的なもの」は何故と問われることがない。したがって「人間」を「動物」とし、「黒」を「色」とし、「四」を「数」としたものは何かとは問われない。「人間」は本来「動物」なのであり、何らかの作為者の手によりそうなったのではない。もしも作為者がそうしたとするならば、彼を「人間」とし「動物」ではないものとすることもありうるが、これは想像裡で「人間」を「笑うもの」でないものとするようなもので、このような想像自体が不可能である。

他方、偶性的なものに関しては、何故と問うことが可能である。なぜならば「人間」を「存在」させたものは何かと問うことが可能であり、しかもこの問いは正しいのだから。

ただし「人間」を「動物」としたものは何か、という問いは正しくない。「人間」を「動物」としたのは何かという問いは、「人間」を「人間」としたのは何かという問いに等しい。その際彼は本来「人間」であるといわれ、同様に彼は本来「動物」であるともいわれうる。なぜなら、「人間」の意味するものは「理性的な動物」ということなのだから。その場合、「理性的な動物」を「理性的な動物」としたのは何かという問いと、「人間」を「動物」としたのは何かという問いとの区別は、一方の問い(後者)では問う者が二つの本質的(特質)の一方のみについて言及し、他を除外したにすぎなくなる。要するに「賓辞」が「主辞」そのものであり、完全に後者の本質の外にない場合には、賓辞に関する理由を問いえない。したがって、「可能的なものが何ゆえに可能的であるか」とか、「必然的なものが何ゆえに必然的であるか」とは問いえず、「可能的なものが何ゆえに存在するか」といった問いしか可能ではないのである。

補項　特に偶性的なものについて

偶性的なものは、本来必然的でありかつ不可分なもの〔と可分なものと〕に区分される。前者の例としては「人間」にとっての「笑うもの」、「四」にとっての「偶数性」、「三角形の内角の総和」が「二直角に等しいこと」があげられる。〔最後の例の場合〕この事実は三角形とは不可分であり、しかもこれは必然的であるが本質的ではない。

可分のものには、ある者が「少年であること」、「若者であること」のように差異が緩慢に現われるものと、「怒りで真青になること」、「羞恥心で顔が赤くなること」のように差異が急速に現われるものとがある。

また不可分のものは、「黒人」にとっての「黒」のように具体的にではなく想像裡で切り離されるものと、「点」にとっての「方向」や「四」にとっての「偶数性」のように、想像裡でも切り離しえないものとに分れる。

「三角形の内角の総和」が「二直角に等しいこと」のような場合でも、この事実を知らぬ者が「三角形」について理解する際には、具体的にではなく、想像裡で切り離される。

ただし「四」の理解は、「偶数性」が〔本質的ではなく〕必然的なものであるにも関らず、それについての理解と対にしてしか可能ではない。

またこの種の必然的なものが本質的なものに近く、それと紛うばかりの場合には、上述の三つの要素を取り出し、それらすべてを検討する必要がある。あるものが本質的であるということは、これらすべてによって認められるのであり、その一部に依存するものではない。

偶性的なものは、「人間」にとっての「笑うもの」のようにそれに固有なものと、「人間」にとっての「ものを食べる行為」のように他にも共通するものとに分けられる。前者は〔ある一つの種にのみ特有の〕「特殊な〔偶性〕」と呼ばれ、後者は〔個々の種に限定されぬ〕「非限定的偶性」、「普遍的偶性」と呼ばれる。

補項　本質的なもの

本質的なものは、普遍的、特殊性という観点から以下に区分される。

まずそれ以上普遍的なものをもたぬものがあるが、これは「類」(jins)と呼ばれる。また以下により特殊なものをもたぬものは「種」(naw')と呼ばれる。その中間に位置するものは、上部のものとの関連においては「種」であり、下部のものとの関連においては「類」となる。そしてその下に種をもたぬものは「最下種」(naw'-l-'anwā')と呼ばれ、その上に類をもたぬものは「最高類」(jins-l-'ajnās)とされる(3)。

自らの上に類をもたぬ「最高類」は、後述するように十あるが、そのうち一つは実体(jawhar)であり、他の九つは偶性である。したがって「実体」は「最高類」ということになる。なぜならこれより普遍的なもとしては存在があるのみであり、存在は偶性的なものであって本質的ではないのだから。

「類」とは最も普遍的な本質構成要素であり、これは物体(jism)と物体でないものに区分される。また物体は成長するものと成長しないものとに分けられる。成長するものはさらに動物と植物に、動物は人間とそれ以外のものに区分される。したがって「実体」は「最高類」であり、「人間」は「最下種」ということになる。そしてその中間にある「植物」、「動物」は、他との関連で「種」になったり「類」になったりする。

「人間」が「最下種」といわれるのは、それが「少年」、「壮丁」、「背の高い者」、「背の低い者」、「知恵ある者」、「無智な者」といった偶性的概念に区分されるのみであり、これらの諸偶性は本質的でないからである。「人間」は「馬」と本質的に異なり、「黒」は「白」とは本質的に異なる。しかし「この黒」と「あの黒」との相違は本質的、本性的なものではなく、一方が「インク」の中にあり、他方が「鴉」の中にあるだけで、「黒」にとり「鴉」との関連は偶性的なものでしかない。

「ザイド」と「アムル」は「人間性」その他の本質的な事柄において異なるものではなく、「父親」、「故郷」、「皮膚の色」が異なるといった点で相違するにすぎない。もしくはそれぞれ「異なった職業、性質を」もつといえるのみである。ただしこれらは、すでに偶性的なものの定義中で述べたように、「人間」にとって偶性的であるにすぎない。

補項〔本質的なもの(続)〕

本質的なもの〔概念的本質構成要素〕は他の観点から、「それは何であるか」と問う者が本質そのものを求めている際の「それは何であるか」という問いの答えと、「それが〔本来〕いかなるものであるか」という問いの答えとに分れる。そして第一のものは「類」もしくは「種」と呼ばれ、他は「種差」(faṣl)と呼ばれる。

第一の例は「動物」であるが、これはひとが「馬」、「狐」、「人間」を指して「それが何であるか」と問う際の答えとして述べられる。同様に「人間」とは、「ザイド」、「アムル」あるいは「ハーリド」を指し、「それらは何か」と問う者の答えとして述べられるものである。

第二の例は「理性的なもの」(nāṭiq)である。「人間」を指して「それは何であるか」と問われた際、「動物である」と答えても質問はこれで終ったわけではない。「動物」は「人間以外のもの」をも含んでいるため、さらにそれを他と明確に区別する必要に迫られている。そこで「それはいかなる動物か」と問われることになるが、その答えは、彼は「理性的なものである」となり、この場合「理性的なもの」は本質的種差である。これは「それが〔本来〕いかなるものであるか」という問いの答えとして述べられるものである。

この「動物」と「理性的なもの」の集合が真の定義(ḥadd ḥaqīqī)である。真の定義とは、質問者の心中で事物の本質それ自体を概念的に理解させるものなのだから。

「理性的なもの」の代りに、人間を他と区別する「偶性的なもの」、例えば背が高く、爪の幅が広く、生来笑うものをあげたとしよう。たしかにこれらも、種々の流儀で人間を他の動物と区別するが、これは「不完全定義」(rasm)と呼ばれ、区別に役立つのみである。

「真の定義」とは、それにより事物の本質そのものが求められるものであり、したがって「本質的種差」が述べられぬ限り獲得されない。

「区別」(tamyīz)は「本質的種差」ののちに得られるものである。「区別」は一つの「種差」により得られることもあれば、多くの種差が指摘されぬ限り本質が想定されえぬ場合もある。多くのものには一つ以上の種差があり、したがって心中であるものの本質を想い描こうとする者のためには、これらの種差が指摘される必要がある。

もしも「動物」を定義するに当り、「それは霊魂をもち感覚する物体である」と述べられれば、これによりすでに肯定、否定いずれの場合にも[4]〔真実を伝える〕本質的、識別的な諸事実がもたらされたことになる。ただし、これに「意志によって動くもの」という一項が補足されねば、本質的種差の指摘が完全に行なわれたことにはならない。これによって初めて本質の想定が完成されるのである。このように「真の定義」が言及されれば、誤謬を避けることが可能になる。ただし、最も近い種とすべての本質的種差を整然と綜合した後でも、より不明瞭なものによりあるものを定義するという誤りを犯す可能性がある。〔この可能性は以下のごときものである。〕

(一)　あるものをそれ自体で定義すること。

(二)　曖昧さの点で同程度のもので定義すること。

(三)　より曖昧なもので定義すること。

(四)　それ自体によってしか知りえぬもので定義すること。

第一の例。「時間」を定義するに当り、それは運動の期間であるといわれる。なぜならば、時間とは運動の期間に他ならないのだから。だが時間の意味を解さぬ者は、運動の期間も理解しえない。そもそも期間とは何を意味するものであろうか。

第二の例。「白」の定義に当り、「白」とは「黒」の反対だと述べられたとする。この場合、あるものがその反対物で定義されているが、そのもの自体が理解されぬ限り、その反対物も理解されない。したがって、反対物もそれ自体と同様曖昧である。それゆえ「白」を「黒」で定義することの方がその反対の場合より一そう妥当であるとはいえない。

第三の例。ある人々は「火」の定義として、それが「霊魂」に似た元素であるといっている。しかし霊魂が火よりも曖昧であることは明らかであり、この定義は正しいものではない。

第四の例。それ自体によってしか知りえぬもので定義する場合の例としては、以下のような太陽の定義があげられる。「それは昼間空にあって光を放つ天体である。」この際「太陽」の定義中に「昼間」という言葉が用いられているが、これは「太陽」についての認識がなければ理解されない。昼間の真の定義は、地上に太陽が存在する時間ということなのだから。

以上は「真の定義」に際して留意すべき重要な事柄である。

以上のことから、本質的なものには類、種、種差の三つがあり、偶性には特殊なものと普遍的なものがあることが判明した。

かくて、普遍的なものには五つの単純概念と呼ばれる五つの区分があることが明らかになった。つまり類、種、種差、一般的偶性、特殊性がこれである。

(1) 異なる諸概念を簡単に図示すると次のようになる。

- 偶性的〔概念〕('araḍi)
  - 一般的偶性('araḍ 'āmm)
    - 白い
    - 運動する
  - 特殊性(khāṣṣāh)〔または個別的偶性('araḍ khāṣṣ)〕

- 普遍的〔概念〕(kullī)
  - 本質的〔概念〕(dhātī)
    - 種差(faṣl)　理性的
    - 種(naw‘)　人間
    - 類(jins)　動物
  - 笑うもの　字の書ける

ちなみに本質的概念間の関係において、例えば「人間」のごときものは「本質的なもの」(adh-dhātī)と呼ばれ、その類に当るものは「それにとり本質的なもの」(mā huwa dhātīyun la-hu もしくは簡略に adh-dhātī la-hu)と呼ばれる。前者は概念的本質構成要素であり、後者はそれが本質的なものとして帰属する基体である。

(2)　イスラーム哲学においては、アル＝ファーラービーの時代からすでに存在と本質の区分が見られる。イブン・シーナーもいっている。「人間が生まれることのようにあるものの存在が示す特質は、三角形が三つの角をもつといった本質構成要素をなす性質と異なり、本質的なものではない。……要するに存在は、本質に付加される性質なのである」(Ishārāt, pp. 7～8)。ちなみに存在と本質が等しいのは神のみである。

(3)　この関係を図示すると以下のようになる。

実体から見て	実体(jawhar)	最高類(jins-l-'ajnās)
←最高種←(n‘aw ‘ālin)	—物体—(jism)	→中間類→(jins mutawassiṭ)

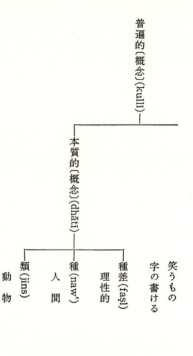

中間種(nawʿ mutawassiṭ)　　生物(ḥayy)　　中間類(jins mutawassiṭ)
↑　　　　　　　　　　　　　｜　　　　　↓
中間種(nawʿ mutawassiṭ)　　動物(ḥayawān)　　最下類(jins sāfil)
↑　　　　　　　　　　　　　｜　　　　　↓
最下種(nawʿ-l-ʾanwāʿ)　　人間(ʾinsān)　　人間から見て

（4）　ここで「肯定、否定のいずれの場合にも真実を伝える」と訳した部分はいささかの注釈を要する。定義の真の構成要素を分析するために次のような ʾiṭṭirād と ʾinʿikās という操作が行なわれる。例えば「動物とは霊魂をもち、感覚し、意志をもつ物体である」、という定義を、煩雑を避けるため「動物は物体である」と省略して、二つの操作について説明する。主辞、賓辞の両者に関し、「動物が存在すれば、物体も存在する」と肯定的に書き替えることを ʾiṭṭirād といい、「動物が存在しなければ、物体も存在しない」のように否定的に書き替えることを ʾinʿikās という。その結果両者の内実が正しければ、定義の正しい構成要素が求められた証しとなる。なお五五頁参照。

第三節　単純概念の構成と命題の種類

第一項〔命　題〕

個々の概念は合成されると種々の種類をもつ。ただしここで問題となるのは一種のみであり、「陳述」(khabar) あるいは「命題」(qaḍiyah)、「確言」(qawl jāzim) と呼ばれ、真偽断判を受け容れるものである。なぜなら「世界は有始的である」と述べられた場合この表現が正しいといいうるし、「人間は石である」という場合は誤りなのだから。また「太陽が空にあれば諸天体は隠れている」といえば正しく、「……諸天体も姿を現わす」といえば誤りである。また「世界は有始的か、永遠的〔無始的〕かである」といえば正しく、ザイドがシリアにいるのに「彼はイラクかヒジャーズにいる」といえば誤っている。以上は各種の命題である。

ただし、「これについて教えて下さい」、とか「メッカに行くことに同意してくれますか」といっても、これらの表現は真偽判断とは関わりがない。

以上が命題の意味であるが、これについてはその各種について論ずる際に詳述する。

まず命題は、「世界は有始的である」というような定言命題 (ḥamlīyah) と、「もしも太陽が昇っていれば昼が存在する〔昼である〕」という仮言命題 (sharṭīyah muttaṣilah)、「世界は永遠的か、有始的かである」という選言命題 (sharṭiyah munfaṣilah)に区分される。

第一の定言命題は二つの部分を含んでおり、一方の陳述されるもの、つまり「世界は有始的である」という表現中の「世界」のごときものは主辞(mawḍūʻ)と呼ばれる。他方陳述する部分、つまり「世界は有始的である」という表現中の「有始的」のごときものは、「賓辞」(maḥmūl)と呼ばれる。「主辞」、「賓辞」のいずれも、すでに述べたように単一語である場合と合成語である場合があるが、合成語の場合は単一語で指示されうる。例えば「理性的な動物は二本の足で移動する」という場合、「理性的な動物」は主辞であるが、これは単一語である「人間」という言葉の代理をしている。また「二本の足で移動する」という述語は「歩く者である(māshin)」という言葉の代りをしている。

仮言命題も同様に二つの部分をもっているが、いずれの一方も命題をなしている。そして「もしも太陽が昇っていれば」に当る最初の部分は「前件」(muqaddam)と呼ばれる。これから、「もしも」という条件の言葉を除去すれば「太陽が昇っている」という命題が残る。この場合、条件の言葉は、この表現が真偽判断と関わる命題たることを止めさせているかのごとくである。第二の部分は「そうすれば諸天体は隠れている」に当り、「後件」(tālī)と呼ばれる。ここから帰結の言葉「そうすれば」を除去すれば、「諸天体は隠れている」という命題が残る。

この種の命題と定言命題との相違には二点がある。(一)仮言命題は定言命題と異なり、そのいずれもが単一語で示されることがない二つの部分〔前件、後件〕からなっている。(二)〔定言命題の場合〕主辞に関してそれが賓辞そのものであるかと問いうる。したがって、「人間は動物である」と述べられた際には、「人間は動物であるか」と問いうる。〔これに反し仮言命題では〕前件は後件と異なり、後件は多くの場合前件以外のものとなる。ただし後件は前件と結合、密着しており、その存在は前件の存在に後行する。

仮言命題と選言命題との相違にも二点があげられる。（一）選言命題もまた二つの部分をもち、条件の言葉を除去すればそのいずれもが命題となる。ただし、両部分の指摘の順序は問題とならない。したがって「世界は有始的であるか永遠的かである」といっても、語順を変えて「世界は永遠的であるか有始的かである」といっても、意味に相違はない。ただし仮言命題の場合、後件が前件とされれば意味が変り、多くは一方が正しく、他方が偽となる。(1)（二）〔仮言命題では〕後件は、それが前件と合一、密着し、対立しないという点で前件に相応する。これに反し、選言命題の場合、一方の存在が他の無を必然的に求めているために、一方は他と対立し、他から切り離される。

第二項〔肯定と否定〕

命題は賓辞の観点から、「世界は有始的である」(Al-'ālamu ḥādithun)というような肯定的なもの(mūjabah)と、「世界は有始的ではない」(Al-'ālamu laysa bi ḥādithin)というような否定的なもの(sālibah)とに分れる。ちなみに「ではない」(laysa)は否定辞である。(2)

仮言命題中の否定は、次の例のように〔前件と後件の〕「結合」〔つまり両立性〕('ittiṣāl)を否定する。「《太陽が昇っていて、夜であること》はない。」また選言命題中の否定は、次のように〔選択の両項の〕「分離」('infiṣāl)を否定する。「《驢馬は雄か、黒か》ではない。」この場合〔正しい選言命題は〕「雄か雌か」なのである。また「世界は永遠的か、物体かではない。」「永遠的か有始的か」なのである。

また、しばしば「前件」が否定で、「後件」も否定の場合があるが、これらから成る合成命題は肯定である。例えば「太陽が昇っていないと、昼ではない」という命題は肯定であるが、その理由は、太陽が昇っていることの否定により昼の否定が必然的に含意されているからであり、それがこの命題の肯定である所以である。

ただしここには陥穽がある。そして定言命題においてもしばしば誤解が生じている。例えばペルシャ語で「ザイドは眼の見えぬ者である」(Zaydu nā bīnā 'ast)といわれた場合、[3] これが肯定であるにも関らず否定と見なされることがある。これは「彼は盲〔nā bīnā は眼の見えぬ、つまり盲〕である」の意であり、アラビア語でいうと「ザイドは眼の見えぬ者である」(Zaydun ghayru baṣīrin)となろう。とまれこれは肯定なのである。「眼の見えないこと」は盲だということであり、要するにこの表現は賓辞であって、それを肯定することも、否定することも可能なのである。「ザイドは眼の見えぬ者である」は、否定されると「ザイドは眼の見えぬ者ではない」となる。後者のようなものは擬似否定命題(qaḍīyah maʻdūlah)と呼ばれ、否定的な形をとっているが、実際検討してみれば肯定なのである。

この特徴は、存在せぬものに関して否定が妥当することにある。不合理なものについては存在しないため、例えば「神に似た者は眼の見える者ではない」ということができる。[4] ただし、「神に似た者は眼の見えぬ者である」とか「盲である」と〔肯定で〕述べることはできない。以上は外国語においては一そう明瞭である。

第三項　〔個別的と非個別的〕

命題は主語の観点から、「ザイドは知恵者である」というような個別的な〔単称命題〕(shakhṣīyah)と非個別的なものとに分れる。後者はさらに非定量的なもの(muhmalah)と定量的なもの(maḥṣūrah)とに区分される。

非定量命題とは、判断が主辞のすべてに適用されるか、その一部に適用されるかを明確にする「範囲」が定められていないものである。例えば「人間は逆境にある」といわれた際、話者が一部の人間を指しているにすぎぬ場合もありうるのである。

定量命題はその範囲が指摘されているものであり、これには以下の四種がある。「あらゆる人間は動物である」のような全称肯定。「若干の人間は作家である」のような特称肯定。「誰一人として石ではない」のような全称否定。「ある人間は作家ではない[5]」、もしくは「若干の人間は作家ではない」のような特称否定。

このような観点からすると、命題の数は〔上述の四つの諸定量命題にそれ以外のもの〕、つまり単称否定命題、単称肯定命題、非定量否定命題、非定量肯定命題の四つを加えて八つとなる。ただし後者の四つの命題は学問上は用いられない。

なお特定の個別的なものに関しては、その判断を学問的に求められることはない。なぜなら、学問で要求されているのは〔一般的な〕人間についての判断であって、ザイド〔のような個人〕についての判断ではないのだから。また非定量命題は、必ず部分にたいして判断を下しているため、特称命題のごときものといえる。その際、総体に関しては疑念の余地があり、その非確定性のゆえに単なる情報の域にとどめられねばならない。すると、結果として残るのは全称肯定、特称肯定、全称否定、特称否定の四つの定量命題である。

仮言命題にもまた、「太陽が昇っているときはつねに昼である」というような全称的なものと、「太陽が昇っているときに、雲が出ている場合もある」というような特称的なものがある。

選言命題のうち、全称的なものの例としては、「あらゆる物体は動くか、静止しているかである」であり、特称的なものとしては、「人間が海にいる場合、舟に乗っているか、溺れているかである」があげられる。ただしこの区別、相違もある種の場合、つまり人間が海にいて陸にいない場合に限り妥当するのである。

仮言命題と選言命題の特称否定、全称否定の例については各自で作ることにしてほしい。

第四項〔可能的なもの〕

命題はその主辞と賓辞の関係から、「人間は作家である」、「人間は作家ではない」といった可能的なもの(mumkinah)、「人間は石である」、「人間は石ではない」といった不可能なもの(mumtani'ah)、「人間は動物である」、「人間は動物ではない」のような必然的なもの(wājibah)に分れる。

書くことと人間との関係は可能な関係である。この場合、言葉の肯定、否定の相違は重要ではない。なぜならば、否定されるものは否定的な賓辞であり、これは肯定されるものが肯定的な賓辞であることと等しいのだから。また石と人間との関係は不可能の関係であり、動物と人間との関係は必然の関係である。

可能的なものという語は以下の二つの意味に用いられる。(6) (一)もしもこれにより不可能でないものすべてが意味される場合、そこには必然的なものが含まれる。そしてこの観点からすると、事物は可能的なものと不可能なものの二つに区分される。〔二〕ただし時にこの語は、存在が可能なものと同時に無が可能なものをも意味するが、これは専門的な用法である。この場合、事物は必然的、可能的、不可能的の三つに区分される。この意味では必然的なものは、第一の意味の場合とは異なり、可能的なものの中に入らない。第一の意味での可能的なものは、必然的なもののように無が可能ではなく、むしろ無が不可能なものを含むゆえに、〔単に〕不可能でないものということができる。この意味での可能的なものとは、〔必ず無でなければならぬ不可能的なものを除外するのみだから〕不可能でないものにしかすぎない。

第五項〔対　立〕

あらゆる命題は、肯定、否定の点で明らかにそれ自身と反対の対立(naqīḍ)命題をもっている。ただしこの対立命題が〔元の命題とともに〕真〝偽〟を分ち合う際には、両者は矛盾命題(mutanāqiḍah)と呼ばれ、一方が他に対立するといわれる。つまり、一方が正しい場合他は偽であり、一方が偽である場合に正しい。ただしこの矛盾関係は、いくつかの条件なしには実現されない。

(一)主辞が名実ともに一つであること。さもない場合、矛盾関係は生じない。例えば、「羊は殺され、焼肉にされる」、「羊は殺されもせず、焼肉にもされない」といわれた場合、前者は「周知の動物〔羊そのもの〕」を意味し、後者は「牝羊座」を意味しており、したがって両者に矛盾はない。

(二)賓辞が完全に同一であること。さもないと矛盾は生じない。例えば「忌わしいことは選ばれる」(al-mukrahu

mukhtārun)、つまりしないですますこともできるの意と、「忌わしいことは選ばれない」(al-mukrahu laysa bi mukhtārin)、つまり好んで断念されないの意の場合を検討してみよう。[7] この場合「選ばれる」という語が、「羊」が主語の場合と同様多義的に用いられているので、〔表現の上では〕「選ばれる」、「選ばれない」の対立は矛盾を構成しない。

(三)特称、全称の点について相違がないこと。例えば「某の眼は黒い」といって瞳だけについて述べた場合と、「彼の眼は黒くない」といって眼全体が黒くないことを述べる場合には矛盾はない。

(四)可能態と現実態の点で相違がないこと。例えば「盃の酒は酔いを誘う」といって酒が人を酔わせる可能性があることを意味する場合、「盃の酒は酔いを誘わない」といって具体的な酔いを否定する〔いまだに酒を飲んでいないから〕場合とは矛盾しない。

(五)あらゆる相関的なものとの関連において関係が等しいこと。例えば「十は半分である」といわれたとする。この場合「十は半分でない」がこれと矛盾するのは二十という〔特定〕数との関連においてのみである。[8] また「ザイドは父親である」、「ザイドは父親でない」は、二人の〔異なった〕人物との関連で述べられる場合、双方とも正しい。

(六)時間、場所の点で相等しいこと。

要するに一方の命題は、肯定、否定の点を除いて他といささかも異なってはならないのである。したがって、一方の命題は他の命題が主辞に関して肯定する種々相をそのまま否定することになる。

もしも主辞が単称的〔ここは特称的の意〕でなく全称的であったとすると、七番目の条件、つまり一方が全称的で他方が特称的というように、両者が量的に異なるという条件が付加される。なぜならば、もしも両者がともに部分的であれば、例えば「ある人々は作家である」、「ある人々は作家ではない」のようにともに可能的なものに関して正しいことがありうるのだから。また両者がともに全称的であれば、例えば「あらゆる人間は作家である」、「いかなる人間も作家ではない」のように、ともに可能的なものに関して偽である場合がありうる。

第六項〔換　位〕

あらゆる命題は、〔主辞と賓辞の位置の転換という単純な〕外的操作により得られる換位（ʻaks）命題をもっている。ただしこれは、正しい命題から正しい命題が得られる場合と、そうでない場合とに分けられる。ここで換位とは賓辞が主辞に、主辞が賓辞に置きかえられることを意味する。そして、真そのものが残される場合は換位命題（qaḍiyah maʻkūsah）と呼ばれ、そうでない場合は換位が不可能であるとされる。

上述のように定量命題には四種類がある。

全称否定命題は換位されてもそのまま全称否定である。「人間は誰一人石ではない」も正しく、「いかなる石も人間ではない」もまた正しい。なぜなら、もしもそれが正しくない場合、その対立命題「ある石は人間である」が正しいことになるのだから。すると、この「あるもの」は人間でもあり、同時に石でもあることになる。その結果、まず初めに正しいとした命題、「人間は誰一人石ではない」が偽となってしまうのである。この事実は、全称否定命題が換位されても全称否定命題であることを端的に証明している。

特称否定命題は換位されない。「ある人間は作家ではない」が正しくとも、「ある作家は人間ではない」は正しくないのだから。

全称肯定命題は、換位されると全称肯定ではなく特称肯定命題となる。つまり「あらゆる人間は動物である」が正しいと、必然的に「ある動物は人間である」は正しい。ただし「あらゆる動物は人間である」は正しくない。

特称肯定命題もまた換位されて特称肯定命題となる。「ある動物は人間である」が正しいと、必然的に「ある人間は動物である」も正しい。

以上が命題の区分に関する考察である。

(1) ここで「太陽が昇れば、諸天体は隠れる」を例にとる。この前件、後件をとり替えれば、「諸天体が隠れれば、太陽が昇る」となる。この両者を比較した場合、前者が正しく、後者は偽である。

(2) 一般にアラビア語においては、肯定文において繋辞を用いない。例えば「世界は有始的である」は、Al-ʿālamu〔世界〕ḥādithun〔有始的な〕をこの順で列挙すれば足りる。ただし否定の場合、慣用的に laysa を用い、時に後に bi を伴って、「ではない」の意を表現する。この問題については、L'Organon d'Aristote dans le monde arabe: I, Madkour, Paris, 1969 pp. 164〜7 参照。

(3) bīnā は眼が見えるという意味の形容詞。nā bīnā は眼の見えぬという形容詞的意味になる。従って、引用の命題は否定的形容詞を伴う肯定命題であり、否定命題ではない。アラビア語の baṣīrun と ghayru baṣīrin の場合も同様。

(4) 神は存在するが、神に似た者は存在しない。従って、どんなものでもないから、もちろん眼の見える者でもない。厳密には神に似た者は眼の見える者でもないし、また他のどんな者でもないといいうる。

(5) アラビア語の kātib は字の書ける者の意であるが、訳語を簡略にするため作家とした。

(6) 可能的な(mumkin)という言葉には種々の用い方がある。通俗的な用法によれば、これは不可能な(mumtaniʿ)に対立し、不可能でないもの総てを含む。これを二分法といい、三分法により意味をより明確にすると、専門的に厳密な意義が抽出される。

後者によれば必ず存在すべき必然的(wājib)、必ず無であるべき不可能的(mumtaniʻ または mustaḥīl)、存在しても無であってもかまわぬ可能的(mumkin)の三つに分けられ、可能的なものから必然的なものが除外される。

(7)　ここで例に出された文章は極めてアラビア語的な晦渋な表現であるため、若干の説明を要する。要するに「選ばれる」、「選ばれない」と二つの文章に外見上肯定、否定の対立があるかのごとくであるか、意味的には微妙なニュアンスを伴うものの、二つの例はいずれも否定で矛盾を構成しない。ちなみに前者は「しないですますこともできる」のであるから、詮じつめれば意味的に否定であり、後者も「好んで断念できない」にしても、結局断念するのだから否定である。

(8)　さらに三十との関連においては、「十は半分でない」。そしてこれと「十は半分である」が矛盾する。ただし、例えば前者が三十に、後者が二十と異なる数に関連づけられた場合、両者はともに正しくなり、矛盾を構成しない。

第四節　三段論法の命題構成法

三段論法(qiyās)こそわれわれの目的とするところであり、これまでの説明は単なる準備段階にすぎない。これに関する考察は二つの基本的な問題、形式(ṣūrah)と素材(māddah)とから成っている。

第一項　三段論法の形式

学問が概念作用と肯定的判断とにあることはすでに述べた。概念作用は定義によって、肯定的判断は論証によって確立される。

論証(ḥujjah)には三段論法、帰納法('istiqrā')、類推(tamthīl)があるが、不可知のものを可知のものから考察する方法は例証(mithāl)と呼ばれ、類推の中に入れられる。以上のうち、とりわけ重要なものは三段論法であり、〔弁証的、修辞的、詩的、詭弁的等〕すべての三段論法中でも、明証的(burhānī)三段論法は特に重要である。ただし、まず三段論法一般の定義を行なう必要があり、そのあとで明証的その他の区分が可能となる。

三段論法とは、それが正しく行なわれた結果必ず他の表現が抽き出されるように組み合された一連の表現である。例えば「世界は形をもつものである」、「すべて形をもつものは有始的である」があげられる。この二つの表現が組み合わされると、両者の正しさから必然的に第三の表現が、つまり「世界は有始的である」が抽き出される。同様に「もしも世界が形をもつものであれば、それは有始的である」、しかし「世界は形をもつものである」といえば、これらの正しさから「世界は有始的である」という表現が出てくる。また「世界は有始的か永遠的かである」、「ただしそれは永遠的ではない」といえば、そこから「世界は有始的である」が得られる。

三段論法は、接合的(’iqtirānī)と分離的(’istithnā’ī)三段論法に分けられる。(1)

接合的三段論法とは、同一の概念を共有する二つの命題から成るものである。あらゆる命題は必ず主概念と賓概念を併せもっており、二つの命題は四つのもの〔概念〕をもつことになる。だがこれら二つの命題は、一つの概念を共有しない場合、結合し結論をもたらさない。「世界は形をもつものである」、「霊魂は実体である」という二つの表現は三段論法を形成しないのである。したがって第二の命題は、二つの概念中のいずれかで第一の命題の概念を共有していなければならない。例えば「世界は形をもつものである」、「形をもつものは有始的である」というように。その結果二つの命題中の諸部分は三つに還元される。これらは概念(ḥadd)もしくは三段論法の場(madār-l-qiyās ‘alay-hā)と呼ばれる。上述の例でいえば、世界、形をもつもの、有始的がこれに該当する。なお二つの命題中で反復されるもの、共通のものは媒概念(ḥadd ’awsaṭ)と呼ばれる。抽出される結論中の「主辞」となるもの、例中の「世界」のように陳述の真の対象となるものは小概念(ḥadd ’aṣghar)と命名され、結論中の「賓辞」、つまり判断となるものは大概念(ḥadd ’akbar)と呼ばれる。これは三段論法により抽き出される結論、「世界は有始的である」の「有始的」に当る。

命題は三段論法の一部となると前提(muqaddimah)と呼ばれる。そして小概念を含む命題は小前提(muqaddimah ṣughrā)、大概念を含む命題は大前提(muqaddimah kubrā)と呼ばれる。これら二つの命題の呼称は「媒概念」との関連から作り出されることはないが、それは媒概念が両者の中にともに含まれているからである。ただし小概念、大概念は両者のいずれか一方に含まれているのみなのである。また三段論法の結果として得られる部分は、すでにそれが獲得された場合に結論(natījah)、それ以前には〔三段論法の〕目的(maṭlūb)と呼ばれる。さらに二つの命題の組合せは接合('iqtirān)、その形式は格(shakl)と呼ばれる。

以上から三つの格が得られる。つまり媒概念が二つの命題中の一方の賓辞、他方の主辞となる第一格、両者の賓辞となる第二格、両者の主辞となる第三格である。

仮言命題における「前件」、「後件」は、これらの格に組合せを区分する際に〔定言命題における〕主辞、賓辞同様に取り扱われる。また三つの諸格は、以下の場合三段論法によって結果を得ることがないという点で共通している。つまり両〔前提〕がともに否定か特称である場合、さらに小前提が否定、大前提が特称の場合である。諸形はすべて固有の特質をもっているが、これは後述する。

第一格は他の二格と以下の二点で異なっている。

(一)この格は、結論を得るために他の格に還元される必要がない。他の諸形はこの形に還元され、その後に結論が抽き出される。これが第一格と呼ばれる所以はここにある。

(二)この格は四つの定量命題、つまり全称肯定、特称肯定、全称否定、特称否定命題を産み出す〔後出表参照〕。

第二格はその性質上肯定を産み出さない。

第三格はその性質上全称を産み出さない。

結論をもたらす条件。この格、つまり第一格には二つの問題〔条件〕がある。(一)小前提が肯定、(二)大前提が全称であること。もしもこの二つの条件が満たされないとすると、二つの前提が正しくとも、その正しさからただちに結論が抽き出されない。

したがって、この格に関して以下のようにいえる。正しい肯定命題が措定された場合、その賓概念すべてに関する判断は必然的にその主概念に妥当し、それ以外ではありえない。これは賓概念に関する判断が否定であれ、肯定であれ、また主概念が全称的であれ、特称的であれ、妥当する。それゆえ、以上のことから四種類の結果が生ずるが、これが生ずることは明瞭である。つまり「人間は動物である」という表現が正しい限り、賓概念である動物に関して正しいすべてのこと、例えばそれが感覚をもち、石ではないといったことは、そのまま人間についても正しい。なぜなら、人間は必然的に動物の中に含まれているのだから。あらゆる動物について正しいとされたことは、必ずその部分にも妥当する。以上が第一格についての説明であるが、この格の四種に関する詳細は以下のごとくである。

第一式は二つの全称肯定命題からなる。例、「あらゆる物体は合成体である」、「あらゆる合成体は有始的である」、「したがってあらゆる物体は必ず有始的である。」

第二式は二つの全称命題からなるが、大前提が否定である。これは第一式そのものであるが、「有始的な」を永遠的でないとし、否定の形をとる。例、「あらゆる物体は合成体である」、「いかなる合成体も永遠的ではない」、ここから必然的に「いかなる物体も永遠的ではない」が抽き出される。

第三式も本来第一式に等しいが、第一前提〔小前提〕が特称的な場合である。これは必ずしも判断に相違をもたらすものではない。なぜなら、あらゆる特称的なものは自らとの関連において全称的であり、それゆえ特称的なもののあらゆる賓概念に関する判断は、当の特称的なものに妥当する。(2) 例、「ある存在物は合成体である」、「あらゆる合成体は有始的である」、すると必ず「ある存在物は有始的である」という結論が生ずる。要するに、この場合は二つの肯定命題からなり立っており、小前提が特称的で、大前提が全称的なのである。

第四式は本来第三式であるが、大前提が否定で、肯定の形から否定形に変えられたものである。例、「ある存在物は合成されている」、「いかなる合成体も永遠的ではない」、その結果として「ある存在物は永遠的ではない」が得られる。要するにこの場合は、小前提が特称肯定で、大前提が全称否定である。

以上のもの以外にも、結論を産み出さぬ十二の組合せがある。なぜなら各々の格は十六の組合せをもっているのだから。つまり、小前提には全称肯定、特称肯定、全称否定、特称否定の四つの可能性がある。次いでこの一々に四種の大前提が付加されると、四の四倍で十六の組合せができる。

ここで小前提は肯定でなければならないという条件を考慮すると、結論をもたらさない二つの否定が除去され、八つの組合せが無効となり、二つの肯定命題の場合が残る。小前提が全称肯定の場合、これに四つの大前提が付加されるが、そのうち二つは必ず特称命題であり、この格の大前提は全称命題でなければならぬという条件に照らして二つの組合せが無効となり、総計六つの組合せが残る。ところで、小前提が特称肯定の場合、二つの特称命題によって三段論法は成立しないという条件にかんがみ、否定、肯定を問わず特称的大前提は付加されない。したがって、残りの六つの組合せのうち二つが除去され、四つのみが残る。これを図示すると以下のようになる[3]。

第一格の諸種とその有効・無効

小前提	例	大前提	例	結果
1 全称肯定	すべての(A)は(B)である	全称肯定	すべての(B)は(C)である	全称肯定 すべての(A)は(C)である
2 〃	〃	全称否定	いかなる(B)も(C)ではない	全称否定 いかなる(A)も(C)ではない
3 〃	〃	特称肯定	若干の(B)は(C)である	無効 大前提が特称のため
4 〃	〃	特称否定	若干の(B)は(C)ではない	〃 〃
5 特称肯定	若干の(A)は(B)である	全称肯定	すべての(B)は(C)である	特称肯定 若干の(A)は(C)である
6 〃	〃	特称肯定	若干の(B)は(C)である	無効 二つの前提が特称のため
7 〃	〃	特称否定	すべての(B)が(C)ではない	〃 〃
8 〃	〃	全称否定	いかなる(B)も(C)ではない	特称否定 すべての(A)が(C)ではない
9 全称否定	いかなる(A)も(B)ではない	全称肯定	すべての(B)は(C)である	無効 〔小前提が否定のため〕
10 〃	〃	特称肯定	若干の(B)は(C)である	〃
11 〃	〃	全称否定	いかなる(B)も(C)ではない	〃
12 〃	〃	特称否定	すべての(B)が(C)ではない	〃
13 特称否定	すべての(A)が(B)ではない	全称肯定	すべての(B)は(C)である	〃
14 〃	〃	特称肯定	若干の(B)は(C)である	〃
15 〃	〃	全称否定	いかなる(B)も(C)ではない	〃
16 〃	〃	特称否定	すべての(B)が(C)ではない	〃

第二格

この格を説明すると以下のごとくになる。ここではあらゆる命題について、その主概念に見出されなかったものが賓概念に帰着されうる。したがって、命題は肯定でなく否定命題たらざるをえない。もしも肯定であれば、その賓概念についての判断は、「第一格」において肯定命題のすべての賓概念に関する判断が主概念に妥当したように、そのまま主概念に妥当する。だがここでは、賓概念に関する判断が主概念について妥当しないのである。この事実から命題が否定であることが知られる。もしも肯定であれば、賓概念に関する判断は主概念にも妥当するのだから。

この格の条件。二つの命題の質(kayfiyah〔特に論理学でこの語は肯定、否定の相を示す〕)が異なり、一方が否定、他方が肯定である。また大前提は、いかなる場合にも全称である。上記二つの条件は、「第一格」の場合と同様十六の組合せのうち、四種のみが結果を産むものとする。

第一式は全称肯定の小前提と全称否定の大前提からなる。例、「あらゆる物体は分割される」、「いかなる霊魂も分割されない」、結論、「いかなる物体も霊魂ではない」。

この結論が生ずることは、大前提を換位('aks)(4)して「第一格に変格する」ことにより明らかである。この大前提は全称否定であり、「いかなる分割されるものも霊魂ではない」と換位されても全称否定である。かくて、小前提の賓概念であった「分割されるもの」は大前提の主概念となり、「第一格」の形をとる。

第二式は両者ともに全称命題であり、小前提は否定である。例、「永遠的でないものはすべて合成体ではない」、「すべての物体は合成体である」、したがって「すべての永遠的なものは物体ではない」となる。なぜなら、小前提を換位し、それに大前提を付加すると次のようになるのだから。「すべての合成体は永遠的ではない」、「すべての物体は合成的である」、ここから「第一格」におけるように「いかなる物体も永遠的でない」が生ずる。この結果を換位すると、これが全称否定であるため、「すべての永遠的なものは物体ではない」という上記の結果が得られる。

第三式は特称肯定小前提と全称否定大前提からなる。これはこの格の第一式に等しいが、小前提が異なって特称になっている。例、「若干の存在者は分割される」、「いかなる霊魂も分割されない」、したがって「若干の存在者は霊魂ではない」。この理由は、大前提を換位すると「第一格」となるからである。

第四式は特称否定小前提と全称肯定大前提からなっている。例、「ある存在者は合成体ではない」、「すべての物体は合成体である」、したがって「ある存在者は物体ではない」。

これは換位によって「第一格」に変格することができない。この中の否定は特称であり、換位しえないのである。肯定大前提が換位されると特称となるが、二つの特称命題によっては三段論法は成立しない。

これは以下に述べるような仮定法('iftirāḍ)、帰謬法(khulf)と呼ばれる二つの方法により吟味される。

仮定法とは以下のごときものである。「若干の存在者は合成体ではない」というとき、この「若干の」はそれ自体において全体である。したがってそれを全体と仮定し、それに適宜の名を与えると、結果はこの格の第二式となる。

帰謬法とは次のごときものである。もしも「すべての存在者が物体ではない」が正しくないとすると、その矛盾命題「あらゆる存在者は物体である」が正しいことになる。ところで「すべての物体は合成体である」ことは周知の事実であり、ここから「すべての存在者は合成体である」が得られる。ただし小前提において、すでに「すべての存在者が合成体ではない」と述べられており、これに反する命題が正しいとはいいえない。以上が帰謬法であるが、導き出されるものは謬りである。このような謬りの結果に導くものは、矛盾する結果を故意に正しいとする主張であるが、この主張は〔結局〕正しいものではない。

第三格

これは二つの命題中で媒概念が主辞の位置を占めるものであり、この説明は以下のごとくである。あらゆる命題は肯定であり、したがって主概念に関する判断は、判断が肯定であれ否定であれ、また命題が特称肯定であれ全称肯定であれ、若干の賓概念に妥当することになる。この点は明白である。

この格には二つの条件がある。(一)小前提が肯定であること。(二)小前提か大前提の一方が全称であること。ただし、いずれか一方が全称ならば充分である。

この格のうち、六つの組合せが結果をもたらす。

第一式は双方が全称の場合である。例。「すべての人間は動物である」、「すべての人間は理性的である」、したがって「若干の動物は理性的である」。なぜなら小前提は換位されて特称となり、以下のごとくになる。「若干の動物は人間である」、「すべての人間は理性的である」。これは「第一格」の「第三式」に当る。

第二式は双方全称であるが、大前提が否定の場合である。例。「すべての人間は動物である」、「いかなる人間も馬ではない」、したがって「すべての動物が馬ではない」。この場合、小前提を換位すると特称肯定となり、「第一格」の「第四式」に等しくなる。

第三式は双方が肯定で、小前提が特称である。例。「若干の人間は白い」、「すべての人間は動物である」、したがって「若干の白いものは動物である」。この場合小前提を換位すると特称肯定となり、「第一格」の「第三式」と等しくなる。

第四式は双方肯定で、大前提が特称である。例。「すべての人間は動物である」、「若干の人間は作家である」、したがって「若干の動物は作家である」。なぜなら、大前提を換位して特称とし、それを小前提とすると次のようになる。「若干の作家は人間である」、「すべての人間は動物である」、したがって「若干の作家は動物である」。そして結果を換位すると、「若干の動物は作家である」となる。

第五式は全称肯定小前提と、特称否定大前提とからなる。例。「すべての人間は理性的である」、「すべての人間が作家ではない」、したがって「すべての理性的な者が作家ではない」。これは「仮定法」により以下のような形で明らかにされる。「すべての人間は理性的である」、「若干の人間は無智である」、したがって「若干の理性的な者は無智である」。そこから以下のように述べることができる。「若干の理性的な者は無智である」、「いかなる無智な者も作家ではない」、したがって「すべての理性的な者が作家ではない」が得られる。

第六式は特称肯定小前提と全称否定大前提からなる。例。「若干の動物は白い」、「いかなる動物も雪ではない」、したがって「若干の白いものは雪ではない」。これは小前提の換位により明らかにされる。その結果は「第一格」の「第四式」に等しい。

以上が定言命題の諸区分に関する考察である。

分離的三段論法

分離的三段論法には、仮言的三段論法と選言的三段論法の二種類がある。

(一)仮言的三段論法

例。「世界が有始的ならば、それは生起の原因をもつ。」

この命題は前提である。上記の例から「前件そのもの」を分離〔除外〕すると、必然的に「後件自体」が得られる。つまり前件そのものである「世界が有始的であることは周知の事実である」と述べられると、〔前提から「世界が有始的ならば」という仮定が除去され、〕その結果後件自体、つまり「世界は生起の原因をもつ」が得られる。(5)

また「後件の矛盾命題」により分離されると、そこから「前件の矛盾命題」が得られる。つまり「世界が生起の原因をもたぬことは周知の事実である」と述べると、その必然的な結果として「世界は有始的でない」が得られる。

ただし「前件の矛盾命題」により分離された場合には、そこから「後件自体」も「その矛盾命題」も得られない。なぜなら、「しかし世界は有始的でない」と述べても結論は得られないからである。これは次のような場合に等しい。「もしもこれが人間ならば、それは動物である」、「しかしそれは人間ではない」。ここからは「それは動物である」も、「それは動物でない」も結論されない。

同様に「後件そのもの」を分離した場合も結果を生じない。「世界が生起の原因をもつことは周知の事実である」と述べても、ここから結果は生じないのである。なぜなら「この礼拝が真正のものであれば、礼拝者は浄められている」、「しかし彼は浄められている」と述べても、ここから「礼拝が真正のものである」ことも、「それが無効である」

ことも出てこないのだから。(6)

以上四つの除外の例のうち、結論をもたらすものは二つのみである。つまり「前件自体」から「後件自体」が生じ、「後件の矛盾命題」から「前件の矛盾命題」が生ずる。「前件の矛盾命題」、「後件自体」に関しては、後件が〔特殊的、普遍的なという観点から〕前件に等しく、また前件より普遍的でない場合にのみ結果をもたらす。この場合には四つの分離の例がすべて結論をもたらすのである。

例。「もしもこれが物体であれば、それは合成体である。」

「しかしそれは物体である」ならば、「それは合成体である」。

「しかしそれは合成体である」ならば、「それは物体である」。

「しかしそれは物体でない」ならば、「それは合成体でない」。

「しかしそれは合成体でない」ならば、「それは物体でない」。

ただし「人間」にたいする「動物」のように後件が前件より普遍的である場合、(7)「特殊的なもの」の否定は「普遍的なもの」の否定に含まれる。人間の否定は動物の否定中に含まれてしまうのである。だが「普遍的なもの」の否定は「特殊的なもの」の否定中に含まれない。「動物」の否定は「人間」の否定の中に含まれないのである。だが「普遍的なもの」の肯定は「特殊的なもの」の肯定中に含まれる。「動物」の肯定は「人間」の肯定中にあり、「人間」の肯定は「動物」の肯定中にないのである。

(二)選言的三段論法

例。「世界は有始的か、永遠的かである。」

このうち四つの分離の例が結果をもたらす。

「しかしそれは有始的である」ならば、「それは永遠的でない」。

「しかしそれは有始的でない」ならば、「それは永遠的である」。

「しかしそれは永遠的である」ならば、「それは有始的でない」。

「しかしそれは永遠的でない」ならば、「それは有始的である」。

つまり「前・後件の一方自体」は「他の矛盾命題」をもたらし、「両者の一方の矛盾命題」は「他自体」をもたらす。

この種の条件は、前提が二者択一的であることにある。もしも三つの部分について二者択一的であるならば、「一部そのもの」の分離は「他の二つの部分の矛盾命題」をもたらす。例。「この数はより大きいか、より小さいか、相等しい」、「しかしそれはより大きい。」すると、より小さいと相等しいは否定される。

また「一つの矛盾命題」を分離すると、残り二つの一方をいずれと指定することなく肯定する。例えば、「しかしそれは相等しくない」と述べると、それはより大きいか、小さいことの一方を肯定することになる。

もしも諸区分が包括的でないとする。例えば「ザイドはヒジャーズかイラク〔か……か〕にいる」、「この数は五か十か……か……である」等の場合、「一つの命題自体」の〔分離〕は「他自体」の誤りをもたらす。

また「一部の矛盾命題」の分離は、未限定の残りのすべてを限定するのみであり〔いずれか一つを確定しない〕。

以上が三段論法の基本であるが、次に以下の四つを述べてその全体を明らかにしよう。

(一)帰謬法(qiyās-l-khulf)
(二)帰納法('istiqrā')
(三)類推(tamthīl)
(四)複合三段論法(qiyāsāt murakkabah)

(一)帰謬法

帰謬法は、〔誤りが予想される〕命題に明らかに正しい前提を付加し、そこから明らかに誤った結論を抽き出すという仕方で不合理性を証し、矛盾命題の非によって考えの正しさを示す形式である。この場合誤った結論は誤った前提からしか生じないが、二つの前提の一方は明らかに正しいため、誤りは論敵の主張する他の前提中にあることになる。

例。ある男が「すべての霊魂は物体である」といったとする。これにたいして次のように述べることができる。「すべての霊魂は物体である」、「すべての物体は分割される」、したがって「すべての霊魂は分割される」。ただしこの結論は、〔分割されぬことが証されている〕人間の霊魂に関して明らかに誤っている。すると、このような結論をもたらした前提中に誤りがなければならない。ただし「すべての物体は分割される」が正しいことは明白であり、その結果「すべての霊魂は分割される」が誤りとなる。この誤りから「霊魂は分割されない」が得られるのである。

(二)帰 納 法

帰納法とは多くの個別的なものを通じて、それらを包括する普遍的なものを判断するものである。例。「すべての動物は、人間、馬、その他のものである。」「すべての人間はものを嚙む時下顎を動かす」、「すべての馬はものを嚙む時下顎を動かす」、「人間、馬以外のあらゆるかくかくのものはものを嚙む時下顎を動かす」、したがって、ここから「すべての動物はものを嚙む時下顎を動かす」が得られる。なぜなら、人々は「馬」、「人間」、「猫」等の動物がそうすることを実際に知っているのだから。これは帰納があらゆる個別的なものに通用し、一つも例外がない場合に正しい。その際には次のように「第一格」の三段論法が適用されるのである。「すべての動物は、人間、馬、その他のものである」、「すべての人間、馬、その他のものは〔ものを嚙む時〕下顎を動かす」、したがって「すべての動物は〔ものを嚙む時〕下顎を動かす」が得られる。

ただし一つでも例外が予想される場合は、確実な真理は得られない。例えば「鰐」は上顎を動かすが、判断は一千の例に妥当であっても一つの例にあてはまらぬ場合がある。それゆえ帰納法は「法学的諸問題」の考察に適していても、「確実な真理」の追求には相応しくない。また「法学的諸問題」においても、帰納がより包括的に行なわれ、網羅的であればあるほど、推測の信憑性は一段と高まる。

(三)類 推

類推とは、法学者や弁証的神学者たちがキャース〔哲学的には三段論法、ただし法学者等にとっては類推〕と呼んでいるものである。これはある個別的なものに関する判断を、他の個別的なものが何らかの点で前者と類似しているために、後者に援用することである。

これはひとが家を見て、それが有始的であり、形を持つといい、次いで天を見て、それに形がある、というようなものである。この際、判断は〔家から〕天に移行され、「天は形をもつ物体である」といわれるが、これは家との類推からもたらされる。これは確実さの足しになるものではないが、議論の際、心の平安、精神的満足をもたらす。類推は多くの場合「修辞的表現」に用いられるが、修辞的表現とは、「論戦」、「非難」、「弁解」等において誹謗、賞讃、誇示、軽視等を示すために用いられる論弁的表現である。

もしもある病人にたいして、「この薬はよく効く」といわれた場合、彼は「なぜか」と問いただすであろう。すると「某という病人がそれをのんで効いたからだ」といわれる。そう聞くと彼は、それがあらゆる病人に効くか否かを確かめもせずに、薬をのみたい気分に駆られる。その場合彼は、自分の病気が某の病気と同じであることも、自分の状態が年齢、生命力、強弱その他の点でその男に等しいか否かということも忖度《そんたく》しない。

弁証家たちはこの「論法」の弱点に気付くと、種々の方策を案出し次のように主張している。つまり彼らによれば、根本的事実に関する判断は特質によって結果的にもたらされるものなのであり、したがって彼らは以下の二つの方法により「特質」と「原因」の確立を試みているのである。(8)

(一)主概念と賓概念の肯定と両者の否定により得られる命題。(9) 彼らによれば、すべて「形をもつもの」は「有始的」であり、すべて「形をもたぬもの」は「有始的でない」。だがこれは次にあげる二つの点から、確実な知に役立たぬ「帰納法」ということになる。

第一の点は、あらゆる部分に包括的な帰納的判断を下すことの不可能である。そこには一つの例外もありうるのだから。

第二の点は以下のごときものである。帰納法を行なう者は、「天」を検討したであろうか。もしもその検討がなされていないとすれば、彼は全体を検討したことにはならない。例えば「一千」の事例を検討したとしても一つが残されていることもあり、そのさい鰐の例で示したように、一千の判断と一つのものの判断が異なることもありうるのである。

もしも「天」に関して検討がなされ、それが「形をもつ」ゆえに「有始的」であることが知られたとしても、ここに問題点があることは明らかである。彼は三段論法の前提の正しさ、つまりあらゆる場合に正しいとされるものを受けいれているのであり、彼にとってそれが正しいとすればもはや三段論法を行なう必要はないのである。

(二)吟味と分割。これは以下のごときものである。つまり例えば家の諸特性を吟味し、それが存在者で、物体であり、自立し、形をもつものであるという結果を得る。ただし家が有始的であるのは、存在者、自立するもの等々であるからではない。そうだとすれば存在者、自立するものはすべて有始的になってしまうのだから。したがって家の有始性は、家が形をもつ点にあることが証明される。

ただしこの説は以下の四つの点で誤っている。

第一点。この場合判断が、あるより普遍的な原因によりもたらされた〔判断の基礎となる〕根本的な事実に関する結果ではなく、例えば家が「家」であるというような、それ自体にのみ通用するような特殊な原因によっているとも考えられる。また家以外のものが有始的であると証明されれば、判断は家と家以外のものに共通する〔さらに一般的な〕原因の結果となるが、これが特に「天」にも通用するとはいえない。

第二点。これは主題となるもののあらゆる特性に通用し、一つの例外もない場合には正しい。だが列挙、〔個別的〕検討は、ある特性が吟味されずに残り、実はそれが原因である場合も可能であるため、正確な根拠とはいえない。だが弁証家の多くは「列挙」を重視せず、「もしも他に原因があればそれを示せ」とか、次のような言辞を弄する。「もしもそれが存在すれば、私も君もそれを認知するであろう。これは眼前に「象」がいればそれを認め、それを認めることがなければ、象がいないと判断するようなものである。」

だがこれは脆弱な論理である。二人の論争者が現在それを認めることがなく、また長い間それを認めぬとしても、それは不在を証明することにはならないのだから。この問題は象の例とは異なっている。眼前にいる象は、即刻それを認めずにはそれを知りえないが、初めにそれを求めてもそれを把握しえず、のちになって把えうるような実在の概念は実に数多いのである。

第三点。充分な検討がなされ、〔例えば〕特質が四つある場合、三つが無効であっても残りの四番目が正しいというわけにはいかない。合成という観点から見た区分は四つ以上ありうるのだから。あるものが有始的である理由は、それが存在者であり物体であるためとも考えられるし、存在者で自立しているため、存在者で形をもっているためとも考えうる。また物体で自立しているため、物体で形をもつため、あるいは存在者で、物体で、自立するため、存在者で自立し形をもつため等二つずつ、三つずつの原因が合わされた理由が考えられる。また多くのものが合一されぬ限り判断が確定されぬようなものも数多いのである。例えば「インク」の「黒さ」は「檞の節」、「緑礬」、「水を含む捏り粉[10]」が合わさって生ずるように。判断とは、概ね種々の要素の合成によりもたらされる結果であるが、その場合特殊なものを否定しても益はない。

第四点。検討にぬかりがなく、三つ〔の特質〕が無効であり、四番目のものしか残っていない場合には、判断は三つのうちにはなく、また四番目を超えるものではないといえる。ただしこれは、判断が「四番目」に必ず依存しているということではない。この「四番目」の特質が二つに区分され、判断がそのうちの一方のみに依存することもありうるのである。したがって、三つの否定は、特質が「四番目」を超えるものでないことを示しているが、それが「原因」であるという証拠にはならない。ここに陥穽がひそんでいるのである。もしもあるものが分析され、その特質が存在者で、自立し、物体で、ある場合にある形を、他の場合に他の形をもつものであるとしよう。その際三つの否定は、判断が〔これら二つの異なった形を統合するような〕ある「絶対的な形をもつもの」と関わる訳ではなく、二つの「形をもつもの」の一方としか関わっていないことになる。

以上で弁証的証明の実態を示したが、これは以下のような〔形式〕をとって述べられぬ限り、明証とはならない。「形をもつものはすべて有始的である」、「天は形をもつ」、「したがって天は有始的である」。ただしこの三段論法から、「形をもつものはすべて有始的である」という前提がとり出されたさいに、これはさらに確定される必要がある。この場合形をもつ他のものが有始的であり、その他一千のものが有始的であるといわれても確定されたことにはならず、この前提そのものが証明されねばならない。したがって二つの正しい前提、あるいは上述のような方法のいずれかにより、この前提そのものが確定される必要があるのである。

以上が「類推」に関する理論である。

(四)複合三段論法

種々の著作、教育の場等で行なわれている慣習は、三段論法の構成に関してわれわれの方式によっていない。ある著作中では無用な冗長さのゆえに、あるいは意味が明らかであるという理由から、もしくは故意に他を欺くために二つの前提の一つを省略することにより、混乱が生じている。ただし充分な組成を欠き、構成上に難点が見られても、正しく再構成しうるものは結論を生み出す三段論法といえる。また一見正しい構成をもつように見えても、充分な条件を備えていないものは結論を生み出さない。

正しい手続の例としては以下のような「ユークリッドの第一定理」があげられる。

これは与えられた線分ＡＢをもとにして正三角形を作り、この三角形の三辺が等しいことを証明する場合である。そのさいまず点Ａに「コンパス」の一端を置き、それを点Ｂまで拡げて中心Ａの周囲に円を描く。ついで点Ｂにコンパスの一端を置き、それを点Ａのところまで拡げて中心Ｂの周囲に円を描く。上記の二つの円は〔各中心点から〕等距離に描かれているため相等しい。この両円は当然交点をもつが、それをＣとし、点Ｃから点Ａに向って直線を引くと線分ＡＣがえられる。同様に点Ｃから点Ｂに直線を引くと線分ＢＣがえられる。そして点Ａ、Ｂ、Ｃを頂点とする三角形は正三角形である。(図１)

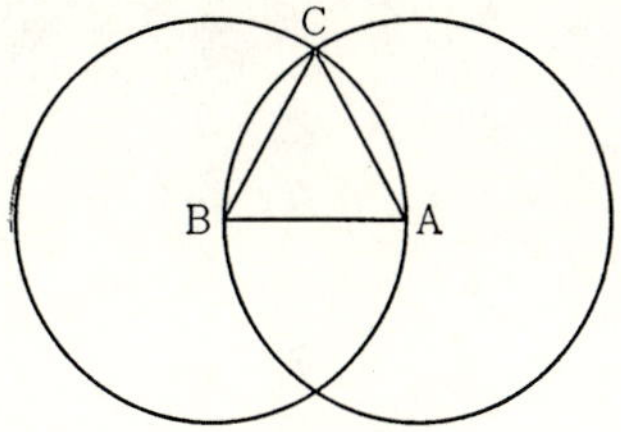

図 1

証　明

線分ＡＢ、ＡＣは同一の円の中心から円周に伸びているため相等しい。また同じ理由から線分ＢＣ、ＡＢも相等しく、線分ＡＣ、ＢＣは同じ線分ＡＢと等しいためこれもまた相等しい。したがってこの三角形は正三角形である。

諸前提は、通常ここで用いられたような仕方で使用される。

話題を真理と手続の問題に戻すと、結論はそれぞれ二つの前提からなる四つの三段論法からしか生じない。

(一)線分AB、ACは同一の円の中心から円周に及ぶものである故に相等しい。中心から円周に至る二つの直線は相等しい。したがって両者は相等しい。

(二)同じ推論に基づき線分AB、BCは相等しい。

(三)線分AC、BCは同一の線分ABに等しい。同一の線分に等しい線分はすべて相等しい。したがって二つの線分は相等しい。

(四)〔三角〕形ABCは三つの相等しい辺に囲まれている。三つの等しい辺に囲まれている三角形は正三角形である。したがって線分ABに基づき作られた〔三角〕形ABCは正三角形である。

この手続は正しいが、問題が明白なためいくつか前提が省略され、より簡単にされうる。

以上が推論の形式に関する説明である。

(1) 接合的三段論法は、用いられる諸命題中に結論もしくはその矛盾命題が、明瞭な形ではないが含意されている。これに反して分離的('istithnā'ī)——原義は除外的——三段論法の諸命題は、明らかに結論もしくはその矛盾命題を含んでいる。

(2) 第一格全体の説明のさいに、正しい肯定命題が措定された場合、その賓概念すべてに関する判断は必然的にその主概念に妥当するとあった。これは主概念が全称であれ、特称であれ妥当するという指摘がすでにあったが、ここでは特称の場合も全称的であるという観点からその妥当性を説いている。例えば「ある動物は人間である」という特称命題も、その主概念そのものを確認した場合「ある動物」が「すべての人間」であるとすれば、全称になる。若干の動物をそれ自体の単位で把えた場合、全称的であるといえるのだから。

(3) 原書には以下の表に関する説明が付されているが、その内容は表示されたものと重複するばかりでなく、説明自体が何故か不統一で完全でないため、七五頁から七六頁二一行目までは訳出しない。

(4) 換位について、イブン・シーナーは次のように書いている。「命題の換位とは、元の命題の質、真偽を保持したまま、その主概念を賓概念に、賓概念を主概念にして新たな命題を作ることである」(Najā, p. 42)。換位の種々の例は原文中にあるので詳述しない。第一格以外の三段論法はすべて「第一格に変格(radda)」される。

(5) 仮言的三段論法は、一つの仮言命題と、それから一部を分離〔除外〕する定言命題からなる。そのさい仮言命題は前提となり、そこから定言命題により前件もしくは後件が除外されると結論が得られる。ここではいわゆる混合仮言的三段論法しか述べられていない。

(6) 「前件の矛盾命題」による分離は、いわゆる古典的な前件否定の誤謬を指し、「後件そのもの」の分離は後件肯定の誤謬を指す。問題の仮言的三段論法の例は若干の説明を要するであろう。ムスリムの礼拝を有効ならしめる条件としては、特定の浄めを行なうこと以外に多くの要素がある。彼が浄めを行なったとしても、礼拝のその他の条件を満たしたか否か不明なため、ここでは結論が得られない。

(7) 「もしもこれが人間ならば、それは動物である」という仮言命題から前件の矛盾命題で分離する。「これは人間ではない」と分離しても、動物ではないとはいえない。また後件そのもので分離する。「これは動物である」と分離しても、動物であるとはいえない。後件が前件より普遍的である場合、この二例は結論をもたらさない。

(8) この部分は、当時のカラーム神学者系の弁証家たちの議論を踏まえ、これを揶揄しているため、背景を説明する必要がある。例えば家が有始的であることから、天が有始的であると類推するにあたり、彼らは家をʾaṣl(原理、ただしここでは根本的事実)、それが有始的である事実をḥukm(判断)と呼んだ。そして家が有始的であるための maʿnā(概念、ここでは特質)を求めた。彼らによれば「形をもつこと」という特質は、すなわち家が有始的である ʿillah(原因)でもある。そしてこの特質、原因を理由に天も有始的であるとした。Ibn Sīnā: Le livre de science, pp. 62〜3 参照。もちろんこうした類推は完全なものではない。

(9) 主概念の肯定と賓概念の肯定から命題を作り(ṭard)、両者の否定から命題を作る('aks)方法については第二節註(4)で述べた。ただしこれがにわかに結論に結びつかぬことは明瞭である。

(10) 蛇足ながら、当時のインク製造の際の原料。何の捏り粉かは不明。

第二項〔三段論法の素材〕

三段論法の素材とは諸前提である。それが正しく、明証的であれば結果も正しく、明証的であるが、それが誤っていれば正しい結果は得られず、臆測の域を出ねば明証は得られない。この事情はちょうど「金」が「ディーナール金貨」の素材であり、「円形」が「その形」であるごときものである。「ディーナール金貨」に関しては贋造が考えられる。ある場合には「その形」が歪められ、円いかわりに四角になるが、それは「ディーナール金貨」とは呼ばれない。他の場合には「その材質」が変えられ、「真鍮」や「鉄」で作られることがある。

「三段論法」に関してもこれと同様のことがいえる。ある場合には「その形」が損われて、上述のような諸形式をとらぬことがあり、他の場合には「形」は正しくとも素材に欠陥があることになる。その際には前提が臆測の域を出ぬか、誤っているのである。

これはちょうど「金」に以下のような五つの段階があるようなものである。

(一)正真正銘の「純金」。

(二)上述のものほど純粋でなく多少の混ぜものがあるが、優れた鑑定師にしか解らぬ程度である。
(三)鑑定師なら誰でも混ぜものに気付き、それ以外の者でも感知しうる程度のもの。
(四)「真鍮」の贋造貨であり、金は少しも含まれていないが、鑑定師の眼をも狂わせるほど外見が立派なもの。
(五)誰にでも贋造が明らかなもの。

同様に前提にも五つの状態がある。
(一)少しも疑いがなく、正しく、明証的なもの。したがってこのような前提から組み立てられる「三段論法」は明証的(burhānī)と呼ばれる。
(二)明証的なものにきわめて類似しており、そこに誤謬の可能性があることを認めることが困難であるが、識者が熟視すればその可能性が明らかになる。このような前提からなる三段論法は弁証的(jadalī)と呼ばれる。
(三)この場合前提はもっぱら推測の域を出ない。そしてひとは〔判断が〕誤っており、その反対である可能性もありうると認めている。このような前提からなる三段論法は修辞的(khaṭābī)と呼ばれる。
(四)外見上明証的なもののような形をとっているが、明証的でも、推測的でもない。これから得られるものは詭弁的(mughālaṭī もしくは sūfisṭā'ī)な三段論法である。
(五)誤りを認めているが、ある種の想像により魅せられてしまうもの。これから得られるものは詩的(shi'rī)な三段論法である。

以上の諸前提については説明が必要である。すべての前提から三段論法が組み立てられるが、それは論証により確定されているわけではなく、一般に受け入れられたものとして認められているのみである。ただしそのいずれも以下の十三種のいずれかに該当する。

(一)自明的前提('awwalīyah)

(二)感覚的前提(maḥsūsah)

(三)経験的前提(tajribīyah)

(四)伝承的前提(mutawātirah)

(五)媒概念、三段論法を除去して考慮しえぬ命題(al-qaḍāyā-l-latī lā yakhlū-dh-dhihnu 'an ḥudūdi-hā-l-wusṭā wa qiyāsāti-hā)

(六)空想的前提(wahmīyah)

(七)常識的前提(mashhūrah)

(八)容認的前提(maqbūlah)

(九)許容的前提(musallamah)

(十)擬似的前提(mushabbahah)

(十一)擬似常識的前提(mashhūrah fī-ẓ-ẓāhir)

(十二)推測的前提(maẓnūnah)

(十三)想像的前提(mukhayyalah)

(一)自明的前提

これは知的本性そのものが真正性を認める前提であり、例えば「二は一より大きい」とか、「全体は部分より大きい」、「同一物に等しい二つのものは互いに相等しい」といったものである。自ら知的であると信じ、知のみによって学び、他のいかなる外的教育をもうけず、道徳的慣習にも染まることなく、一気に知的に創られたと考えられる人間が、これらの命題を示され、それを理解した場合、つまり「全体」、「部分」、「より大きいもの」について理解した場合、「全体は部分より大きい」ことが正しいと認めざるをえないのである。そしてこの事実はいかなる場合にも妥当するが、これは感覚に依存した認識ではない。感覚は一つ、二つ、あるいは特定の物をしか認めえないのである。これは知性の中で普遍的に確立された判断であり、知性がこのような事実から切り離されうるとは想定しえない。

(二)感覚的前提

「太陽は輝く」、「月の光は増減する」といったものである。

(三)経験的前提

知性と感覚の両者から得られるもので、「火はものを燃やす」、「スカムモニアは黄疸を癒やす」、「酒は酔いを誘う」といった知識がこれに該当する。感覚が度を重ね、何回か酒を飲んだ後で酔いを感ずると、知性は酒が酔いの原因であることを認めるに至る。酔いが一度限りのものであれば、何度も起きるとは限らないであろう。かくして脳裏に飲酒に関する確実な知識が刻み込まれるのである。

(四)伝承的前提

一般の言い伝えにより知られるもので、例えば実見するまでもなくわれわれが「エジプト」や「メッカ」の存在について知っているようなものである。そしてこれに関して疑いをさしはさむ余地がない場合、これは伝承的と呼ばれる。

この種の前提は、同種の他の前提にもとづき推論されることがない。預言者の奇蹟の存在について疑念を抱く者も、それを正しいと認めざるをえないのである。なぜならそれに関する伝承は、預言者の存在同様代々伝承されているのだから。あえて推論を試みる者は次のように言うことになろう。「私は彼を実際に見たのだから彼の存在について疑うことはできない。だが彼の奇蹟については疑いの余地がある。しかしもしも奇蹟の存在が彼の存在同様確実であれば、私は疑いを抱くことができまい。すると奇蹟の問題は、もしもそれが真に伝承的な事実ならば、それについて疑念の余地がないほど人の口の端にしばしばのぼるまで判断を猶予せざるをえない。」

(五)本来的に三段論法を内蔵している命題 (al-qaḍāyā-l-latī qiyāsātu-hā fī-ṭ-ṭabʿi maʿa-hā)

これは媒概念によってのみ確定される命題である。ただしひとはこの媒概念に気付かず、自明的前提であると信じこんでいる。これは媒概念なしに認められるが、実際に検証してみると媒概念により知られることが分る。〔なぜならば〕三段論法の真意は媒概念の探求に他ならず、もしもそうでないとすると〔何を探求することになるであろうか〕。そして大概念と小概念はすでに求められた問いそのもののうちに存在しているのである。

例。二が四の半分であることは当然のことと認められている。ただしこれは媒概念により知られるのである。つまり半分とは互いに相等しい二つの部分の一方である。四の中の二は、互いに相等しい二つの部分の一つであり、したがって半分である。

証明。一七が三四の何であるかと問われた場合、前者が後者の半分であると即答しえないであろう。三四を等しく二つに分割して各部分を点検し、それが一七であることを認めて初めて半分であることを知りうるのである。以上の事実を知っていれば、これをより大きな数に適用することが可能であり、また半分の代りに一〇分の一、六分の一等について考えることもできるが、ここではその一例を示したまでである。

要するにこのような事実は媒概念により知られるが、それが媒概念、三段論法によって知られることが看過されているのである。ひとは必ずしも、ある事柄が確定される様相について明確な認識をもっているわけではない。ある事柄が脳裏で確定されることと、その確定の様相について知り、解釈することとは別の問題である。

(六)空想的前提

これは誤った前提であるが、懐疑の可能性を除去するほどの強い影響力をもっている。そしてこれは、感覚的事物から派生した事柄に関する空想的判断によってもたらされるものである。なぜなら空想がものごとを受け入れるさいには、必ずそれが馴れ親しんだ感覚的事物に従って行なわれるのだから。空想的判断はその方向が指示されない存在者、つまりこの世界の中にもなく外にもないものの存在を否認するが、これはちょうど想像的判断が、物体はそれ自体では増えず、量がます場合外から他のものが付加されねばならぬ、とするのに等しい。空想的判断が上述のような存在者を否認する原因は、それが感覚に合致せず、したがって想像の圏域中に入らないことにある。

〔このような事柄に関する〕空想的判断の誤りは、次のように説明される。つまりもしも想像の圏域に入らぬものがすべて誤りであるとすれば、空想自身が空想中に入らぬゆえにそれ自体誤りであることになる。また空想は、知性、能力、さらに五感の認めえぬあらゆる特質を認めない。これらの諸例に関する空想の誤りは、これらが空想自体が受容を認める自明的諸前提からなる三段論法の必然的結果である事実から知られる。空想は三段論法が自明的前提から組み立てられた場合、正しい結果をもたらすことを認めているが、正しい結論が得られても、その受容を拒否するのである。(2) この事実から〔結論〕受容の拒否が、空想の本性によるものであることが知られる。空想は感覚的事物に類せぬものを受け入れることがないのである。

(七)常識的前提

これは著名さ、大衆の見解のみが問題とされる命題である。識者の間では、知性の本来的欲求に合致する自明的前提に属するとみなされている。「嘘言は醜い」、「預言者は懲罰を受けず、また風呂に入るにも恥部が現われぬよう腰のものを外さない」、「公正は必要不可欠のものである」、「不正は醜い」等がこの例としてあげられる。

以上の事柄は人々が子供の頃から繰り返し耳にしており、生活の安寧のために同郷の士が等しく同意しているため、これらによく馴染んでいる事情も加えてただちに一般の容認するところとなる。また「繊細さ」、「小心さ」、「羞恥心」等に由来する道徳的諸要求がこれらを強化するという事情もあろう。ただしかりに生来知的で、特別な矯正をうけず、特定の徳性にのみ固執せず、ある種の慣習に深く馴染んだこともないと思われる人間がこの命題を示されたとすると、「二は一より大きい」の場合と異なり、その受容を拒むこともある。これに属する若干の命題は正しい。ただし〔厳密には〕仔細な条件、明証を必要としているにもかかわらず、絶対に正しいと思いこまれてしまう。例えば「神《アッラー》は万能である」という表現は正しいとされている。この表現は人口に膾炙しており、これを否定するのは忌わしいこととされているが、実際は正しくない。例えば神《アッラー》は自らと似たものを創造しえず、上述の表現は「神《アッラー》は自ら為しうることが可能である」(3)と改められねばならない。「神《アッラー》はあらゆることを知り給う」といわれるが、自分と類似の存在者について知っている訳ではない。

この種の常識的前提は、常識、道徳、慣習の相違に応じて強弱の程度を異にする。この相違は国の違い、各種職業の相違に現われてくる。医者の間で常識的な事柄も大工仲間では知られず、逆の場合もありうる。ただし常識的な命題の反対は誤った命題ではなく、悪名高い命題である。また誤った命題の反対は正しい命題である。ただし正しいものの多くが悪名高く、誤ったものの多くが人から愛され、名声をうることがある。自明的前提、ある種の感覚的前提、伝承的前提、経験的前提が常識的なものとされていることは疑いの余地ないことである。ただしここで常識的前提というのは、著名さのみをもっているものの意である。

(八)容認的前提

これは優れた人々、偉大な学者、先代の師たちが容認したものであり、彼らは代々著作等を介してこのようなものとして語り伝えている。同時に人々の間で確かなことと信じられているため、これにたいして好意が寄せられている。

(九)許容的前提

これは論敵が許容したものであり、論争者間でのみ用いられるため当事者たちの間でしか知られない。したがって「著名的」な命題との相違はそれが一般に認められているか、一部の間でのみ知られているかの差である。「著名的」な命題は広く一般の認めることであるが、「これ」は論敵に知られているにすぎない。

(十)擬似的前提

これは「基本的前提」、「経験的前提」、「常識的前提」と見紛われるものであるが、外見上類似していても事実は異なっている。

(十一)擬似常識的前提

これは耳にする誰でもがみな、考慮、考察を始めるさいには容認するが、熟慮、熟考したのちその非に気付き、受け入れ難いとするあらゆるものを含む。例えば「兄弟は、たとえ不正を行なおうが、不正の的になっていようが助けねばならぬ」があげられる。ひとはまずこれをただちに受け入れるが、その後熟考を迫られ、不正を行なう際には助ける必要がないことを知る。

(十二)推測的前提

反対の可能性を感じさせながらも真実らしいと思いこませるもの。例えば夜歩きする者は信用できないといわれるが、これは信用のできる者なら夜歩きしないという理由による。また敵とひそひそ話をする者は敵同然といわれるが、彼が敵と秘密の会話をもつのは友人のために敵を欺き、偽るためであるという可能性もある。

(十三)想像的前提

これはその偽りが容易に認められる前提であるが、それでも好悪によって影響を与える。例えば「菓子」を「糞」と思いこんだ場合、それが誤りであると知っていても菓子を手にとろうとはしない。

以上が諸前提に関する考察であるが、ついでその使用法について述べることにする。

諸前提の使用法

最初の五つ、つまり自明的、感覚的、経験的、伝承的前提ならびに三段論法と共にしか考えられぬ前提は、明証的三段論法に用いられる。明証のもたらす利点は「真理」を明らかにし、「真の確証」を得ることにある。また常識的、許容的前提は、弁証的三段論法に用いられる。自明的前提とそれに類する〔他の四つの〕前提は、「弁証」に用いられた際最も強力であるが、これらが「弁証」に使われるのは「著名さ」により正しいと認められているからである。これらは〔すべてに通用し、その正しさを証すために〕新たに手段を弄する必要がないのだから。「弁証」には以下のような諸利点がある。

(一)真理の道を歩むが、その理解が明証をもって真理を知るには遠く、結局「真理」と思い紛う「常識的前提」へとひとを誘う議論好き、異端の論者を明証をもって論駁し、誤った考えを変えさせる。

(二)一般人士より水準が高く「真の確証」を得ようと努めており、「説教的言辞」に満足していないが、「明証」の諸条件をすべて把握していない点で充分な真実探究の段階に至っていない者は、「弁証的三段論法」により心中に確信を植えつけることができる。このような人物は「法学者」や「〔個別学〕を学ぶ者」より上の水準にある。

(三)「医学」、「幾何学」のような「個別学」を学ぶ者は、これらの学の諸前提、原理をまず予め「明証」によって知ろうとしない。もしも彼らにこれらに関する論点の先取(4)をすすめても、彼らはそれをよしとしないのである。そのさい常識的前提からなる弁証的三段論法によりこれらを〔明示すれば〕彼らはよろこんで受けいれ、結局「明証」とともに正しい認識を行なうことになる。

(四)弁証的三段論法からは、その本性上問題に関する〔肯定・否定という〕二つの矛盾した立場がとり出される。その後両者の誤りの場を観察すれば真理が究明されることになる。

「弁証」の術については以上で充分であろう。この主題に関しては一冊の書が必要であり、さしあたりこれ以上の論及はさし控えておく。

想像的、擬似的前提は「詭弁的」三段論法に用いられ、基本的には〔ある問題について〕警戒し、遠ざかった方がよいと知られる他に益がない。

ただしこれを用いて、自分の知識が完全、充分でないことを知らぬ者を試すことができよう。その場合彼はいかにしてそれから逃れうるかと熟考するが、そのさい用いられる論法は「試問的三段論法」(qiyās ʾimtiḥānī)と呼ばれる。これはまた一般の人々から「知者」とみなされ、彼らの追従を求める者の「正体を曝く」ためにも用いられる。これにより彼は人々の議論の対象となり、彼の欠陥が明らかにされ、人々は実際に誤りの何たるかを知ってその人物の短所を認め、尊敬の念を抱かなくなる。この場合の論法は「敵対的三段論法」(qiyās ʿinādī)と呼ばれる。

擬似常識的、推測的、容認的前提は、「修辞的三段論法」、「法学的類推」等真の確証が求められないものの前提となりうる。だが魂を動かし、真理へと誘い、誤謬から避けさせる「修辞的言辞」に利点があることは紛れもない事実である。またこれは法学的にも役立つものである。

「修辞的言辞」に関しても一書が必要であり、これ以上論述する必要はない。

空想的前提は詩的三段論法の前提である。「自明的前提」またはそれに類するものが「修辞的言辞」、「詩」に用いられる場合には、それらは「常識」、「想像」等に訴えるものとして役立つのであり、したがって自明的なことはこの論法の条件ではない。それらの論証が求められるためには「明証的」説明のみが必要であり、それらが避けられるためには「詭弁的」説明のみが必要である。以上で諸前提の説明を終える。

三段論法に関する結論

警戒すべき「誤謬の要因」について、以下に十項目をあげる。

(一)多くの人々の「議論」は混乱をもたらし、少なからぬ誤謬の原因となる。したがって賢察の士は、真の「三段論法」であるか否かを知るために、上述の〔正しい三段論法の〕組成に還元することに熟達しなければならない。それが三段論法であれば、いかなる種類〔定言的、仮言的、選言的等〕、格、式にあたるかを知り、偽りの点を明かす必要がある。

(二)「媒概念」をとりあげ、醒めた眼で考察し、それが「両前提」中で同一の様相にあることを調べる必要がある。そこに僅かでも増減の相違があれば、三段論法は無効になり、誤りの結果を生むのである。

例。全称否定を換位しても全称否定であることはすでに述べた。だが次の例を見てみよう。「いかなる壺も酒の中にはない」は正しい。その換位命題は、〔一見したところ〕「いかなる酒も壺の中にはない」〔と思われがち〕である。ただしこれは正しくない。その理由は換位の条件にたいする配慮がなされていないためである。ここでは〔もとの前提が〕「いかなる壺も酒ではない」とされねばならない。すると「いかなる酒も壺ではない」という正しい結果が得られる。だが「中に」という前置詞が付加され、「いかなる壺も酒の中にない」となると、〔その正しい〕換位命題は「酒の中にあるいかなるものも壺でない」となり、これもまた正しくなる。誤りはこの命題中の「賓辞」が「酒の中にある」であって、「酒である」ではない点にある。したがって前者が完全に「換位命題」中の「主辞」になる必要がある。これに気付けば正しい「換位命題」が得られる。

(三)「小概念」と「大概念」を考察し、両者と二つの矛盾概念の間に相違がないことを知る必要がある。三段論法は両概念間に何の相違もないまま、両者が結合することを要求するのだから。これは「矛盾の諸条件」について述べたことから知られるであろう。

(四)三つの「諸概念」と結論の肯定、否定についてよく考察し、互いの間に「同義語」が存在しないようにする。なぜなら「名詞」が一つであっても多くの「意味」が存在する場合があり、その際には三段論法は正しいといえないのだから。これもまた「矛盾の諸条件」から知られる。

(五)「代名詞」をよく吟味して正しく理解する必要がある。そこには「解釈の多様性」があり、誤りのもととなるからである。

例。「知者が知るすべてのものに関し、〔アラビア語で〕*Huwa* kamā 'arafa-hu」といわれた場合、〔三人称男性の代名詞〕huwa は〔「それ」つまり〕「知られたもの」とも「彼」ともとられる。〔この文を前者の意に解すれば、「それ――つまり知られたもの――は彼の知るごときものである」、後者の場合「彼は彼の知るもののごとくである」となる〕。ところで「彼は石を知った」として〔これを後者に解し「彼の知るごときもの」の内容とすると〕、彼は〔石のごときもの、つまり〕石になってしまう。

(六)「非定量命題」を受け入れぬこと。それは「正しい」と想像されるが、「非定量命題」が量的に定められれば、知性はそれが「偽」であることに気付く。

例。「人間は損失の中にある」といわれれば、ひとはこれを認め、正しいと考える。だがこれが量的に定められ、「あらゆる人間は必ず損失の中にある」といわれれば、知性はこれが一般的に正しい必要がないと気付く。「敵の友人は敵である」といわれると、ひとはこれを是認する。だがこれが定量化され「敵と友人である者はすべて敵でなければならぬ」となると、知性はこれが一般的に必ずしも正しくないと気付く。

(七)脳裏で勝手にその「矛盾命題」を求めたが見当らぬという事実を判断の理由として、「三段論法の前提」を正しいと認めたとしても、それは正しいとはいえない。むしろ命題自体の中に矛盾がないと知ったときに正しいとし、矛盾が他に見当らぬという理由でそう判断してはならない。なぜならば現にそれが見当らなくとも存在する可能性があるのだから。このような判断は、以下の例のごときものである。「神《アッラー》は万能である」というとき、話者はただ神《アッラー》の万能性を認めることしか配慮していない。しかしその後、神《アッラー》が自らに類似するものを創造しえないことに気付く。かくして彼は判断の誤りに気付き、「神《アッラー》は自らなしうるあらゆることが可能である」が正しいとする。後者に関してはそれ自体矛盾を含んでいない。

(八)「証明が求められるもの」を「三段論法」中の前提とせぬよう留意しなくてはならない。さもないと求められるもの自体を予め認めてしまうことになる。

例。「あらゆる運動は動作者を必要とする。」「動くものは自ら動く。」ところで両者は同一の主張であり、表現が変えられて証明とされたにすぎない。

(九)あるものを、それによって〔初めて〕正しいと認められる他のものにより、正しいと判断してはならない。

例。「霊魂は不滅である」、「なぜならそれは不断に活動するものだから」。ところで霊魂が不断に活動するということは、それが不滅であることが明かされぬ限り認められない。この不滅性こそがその不断の活動を確定するのだから。

(十)「想像的、常識的、擬似的命題」に注意すること。正しい判断は「自明的、感覚的」その他それに類する諸命題(5)からしか得られないのである。

以上の諸条件に留意すれば、三段論法は必ず「正しい結論」を生みだし、それにより「真の確証」が得られることは疑いない。その場合あえて疑問をさしはさもうとしても不可能である。

(1) つまりその方向が指示されず、この世界の中にも外にもなく、それが増える場合他から何ものも付加されぬようなもの。

感覚はこのようなものを否認するが、知性はその限りではない。これは質料から離存する霊魂、質料から成り立たぬ物体の存在しうる世界の出現等により認められる。そして質料から成り立たぬ物体が存在すれば、外部からの付加なしに増量する物体がありうることになる。ただし感覚的事物に依存する想像は、当然これを否認する。

(2) イブン・シーナーはこの個所を以下のように説明している。「自明的前提により感覚の対象とならぬ事物の存在が証明された場合、想像は前提を認めるが結論を変容する能力はない。したがって想像は、方向が指示されず、この世界の中にも外にもないようなものは存在しないと断定するのである」(Le livre de science, p. 71)。

(3) 「神《アッラー》は全智全能である」といわれるが、自らに似た神を認め、もしくは創造することはできない。したがって厳密には、「神は自ら為しうることのみ可能である」といわざるをえない。

(4) つまり確たる証明なしに上述諸学の諸前提、原理を受容するよう求めても、それをよしとしないの意。

哲学者の立場からすれば、上述の諸学は慣行的な原理をもっており、これらの諸原理は他の諸学中で立証されるが、最終的にはすべての学の原理が形而上学で証明されることになっている。

(5) それに類する諸命題とは、経験的、伝承的命題ならびに三段論法とともにある命題を指す。

第五節　三段論法と明証に関する付帯事項

第一項　知的問いとその諸区分

知的問いとは学問上の種々の問いのことで、これには四種類がある。

(一)「あるか」の問い (maṭlab “hal”)。ものの「存在」に関する問い。

(二)「何か」の問い (maṭlab “mā”)。ものの「本質」に関する問い。

(三)「いかなる」の問い (maṭlab “ayyu”)。類が共通するものの「種」に関する問い。

(四)「なぜ」の問い (maṭlab “lima”)。「原因」の探求。

「あるか」の問いには二つの様相がある。

(一)「存在それ自体」を問うもの。

例。「神《アツラー》は存在するか。」「真空は存在するか。」

(二)ものの〔存在を認めた上で〕その状態を問うもの。

例。「神《アツラー》は恣意的であるか。」「世界は有始的であるか。」

「何か」の問いにも二つの様相がある。

(一)話者が意味の分らぬ言葉で述べたことの真意が、それにより知られるもの。

例。「ウカール」といい、「それは何か」という問いに、「酒だ」と答えるような場合。

(二)ものの本質自体を求める場合。

例。「ウカールとは何か」と問われた際に、「それは葡萄の汁から作られる酔いを誘う飲物である」と答えるようなものである。

「何か」の問いは、第一の意味では「あるか」の問いに先行する。「当のもの」について知らぬ者は、その存在について問いえないのだから。また第二の意味では「あるか」の問いの後に来る。なぜなら存在の知られぬものの本質を求めることは不可能なのだから。

「いかなる」の問いは「種差」、「特性」に関する問いである。

「なぜ」の問いにも二つの様相がある。

(一)「存在の原因」に関するもの。

例。「なぜこの着物は燃えたか」という問いに、「それが火中に落ちたから」と答えるようなもの。

(二)「主張の原因」に関するもの。

例。「なぜ君は着物が火に落ちたというか」という問に、「私はそれが火中で燃えているのを見つけたからだ」と答えるようなもの。ちなみに「何か」と「いかなる」の問いは概念作用に属し、「あるか」と「なぜ」の問いは肯定的判断に属している。

第二項　明証的三段論法が、結論の存在の原因を提示するものと、存在に関する肯定的判断の原因を提示するものに区分されることについて

第一のものは「原因提示の論証」(burhān limm)といわれ、第二は「判断根拠提示の論証」(burhān 'inn)と呼ばれる。

例。ある場所に煙が立っているという男が、「なぜそういうか」と問われたとする。それにたいして彼がこう答えたとする。「なぜならあそこには火があり、火がある所には煙が立つから、あそこに煙が立っている。」ここで彼は「原因提示の論証」を用いているが、これはその場所に煙が存在することの肯定的判断の原因であると同時に、煙の存在の原因である。(1)

「あそこに火がある」といい、「なぜか」と問われて、「なぜならあそこに煙があるからであり、煙があれば火がある」と答えた際には、彼は火の存在に関する肯定的判断の原因を提示したことになる。この場合彼は火の存在の原因を提示したわけではなく、火は何らかの原因でその場に生じているのである。(2)

要するに結果は原因を示し、原因もまた結果を示すとしても、原因が(必ず)結果をもたらすのにたいして、結果は必ずしも原因をもたらすものではない。以上が「判断根拠提示の論証」と「原因提示の論証」の相違の真意である。

「二つの結果」が必ず相伴うことが確定された場合、両者がともに一つの原因から生ずる二つの結果であるため、「一方の結果」が「他の結果」を示すことがある。また「原因提示の論証」が、「大概念」の存在の絶対的な原因である必要はなく、それが「大概念」が「小概念」の内的構成要素の原因であれば足りる。つまりそれは、「大概念」が「小概念」中にあることの原因であれば充分なのである。

例えば以下のようにいったとする。「人間は動物である」、「あらゆる動物は物体である」、「したがって人間は物体である」。これは「原因提示の論証」であるが、それは「媒概念」が、「大概念」が「小概念」中にあることの原因であるためである。人間は物体であるが、それは彼が動物であるという原因によるものなのだから。つまり物体性とは、人間が「存在者」であるといった普遍的な意味でも、また「作家」で、「背が高い」といった個別的な意味でもなく、彼が「動物」であるという限りにおいて人間に付帯する「動物」であることの本質的な特性なのである。

(1) あらゆる論証は、同意、肯定のための根拠を提示するものである。三段論法においては、すべての媒概念は結論肯定のための原因となっている。ただしここで問題なのはこのような意味での原因ではなく、事実の次元でなにゆえに事態がそのようであるか、を知るための原因である。この例において火は煙の存在の事実上の原因であり、それゆえ原因提示の論証といわれる。

(2) この例の場合、煙は判断の次元では火の原因(根拠)であるが、事実の次元では火の結果にすぎず、結局それは火の事実的原因ではない。このように論理的判断として主辞にたいする賓辞の肯定(または否定)の根拠を提供するにとどまるものを判断根拠提示の論証という。

第三項　明証的諸学の取り扱う諸問題

これには以下の四つがあげられる。(一)対象、(二)本質的偶性、(三)論証を要する命題、(四)原理。

(一)対象。これは、あらゆる学問が必ず考察する対象をもち、そこでそれに関する理論的探求がなされるという意味での「対象」である。例えば医学は「人体」を対象とし、幾何学は「量」を、数学は「数」を、音楽は「音律」を、法学が「成人の行為」を対象とするようなものである。

上記の諸学においては、研究者はいずれの場合でもこれらの対象の存在を確定する必要がない。したがって「法学者」は人間が「行為」することを確定する必要がなく、「技師」は「量」が実際に存在する偶性であると確定する必要がない。それは他の学の使命なのである。もちろん彼にしても、対象を限定し、その概念的把握を行なうために、それを理解する必要がないわけではないが。

(二)本質的偶性。これは「当の学問中に入る諸特性」を指し、それを出るものではない。例えばある「量」にとっての「三角形」、「四角形」、他の量にとっての「曲線」、「直線」があげられる。これらは「工学」の対象に関する偶性である。他に数にとっての「偶数」、「奇数」、音律にとっての「調和」、「不調和」、つまり協和、〔不協和〕、動物の「病気」、「健康」等がある。

いかなる学問においても、概念的把握を行なうためにまず本質的偶性が理解されねばならない。このような諸偶性が諸対象中に存在する事実は、当の学問の完全な理解からうかがわれることなのである。学問の目的とは、その学の対象中に本質的偶性が存在すると証明することなのだから。

(三)論証を要する命題(1)。これは〔上記の〕本質的偶性と対象との結合であり、あらゆる学が求めるもの、そこで問われるもののことである。そこで問われるものという観点から、これは問題点(masā'il, mas'alah の複数)と呼ばれる。これはまた求められるゆえに「求められるもの」(maṭālib, maṭlab の複数)、論証の結果であるゆえに「結論」(natā'ij, natījah の複数)とも呼ばれる。その意味は一つであるが、観点の相違から名称、表現が異なってくる。

学問におけるすべての論証を要する命題(2)は、その主題が当の学の対象そのものであるか、その学においてその対象にとり本質的な偶性であるかのいずれかである。とまれそれが対象であれば、以下のように分れる。

(一)それが「対象そのもの」である場合。例えば幾何学においては次のようにいわれる。他の量と共通するあらゆる量は同類であり、異なるものではない。また数学では次のようにいわれる。あらゆる数は大小の観点から一定の間隔をもつ二数の和の半分である。つまり「五」は「六と四」、「三と七」、「二と八」、「一と九」の和の半分である。

(二)それが「本質的なもの」、つまり「本質的偶性と共にある対象」である場合。例えば幾何学においては次のようにいわれる。あるものと異なる量は、それと共通のあらゆる量と異なる。そのさい「異なる量」はすでに純粋な量ではなく、「異なる」はその量の本質的偶性である。また数学においては次のようにいわれる。ある数の半分に関して、半分と半分を掛けた数は、元の数と元の数を掛けて半分で割った数に等しい〔例 4×4=8×8÷4〕。ここで「ある数の半分」は、数としてのみとりあげられているのではない。

(三)学の対象の「一種」である場合。例えば次のような場合である。六は完全数である。なぜなら六は数の一つなのだから。

(四)「本質的偶性を伴うものの一種」である場合。例えば幾何学で次のようにいわれる。他の直線と交わる直線は二つの角を作り、その和は二直角に等しい。この場合「線」は量の一種でこれが対象となり、「直線」はその中にある本質的な偶性である。

(五)それが「偶性」である場合。例えば幾何学で次のようにいわれる。あらゆる三角形の内角の和は二直角に等しい。その際「三角形」は、ある量にとっての本質的偶性の一つである。

したがって諸学における論証を要する命題の主題〔註(2)参照〕は、上記の五つのうちになければならない。ただし「それら諸学の賓辞」は、その対象に固有の本質的偶性である。

(四)原理。これはその学において「容認された命題」であって、それによりその学の諸問題が確定され、それ自体がこの学の中で確定されるわけではない。

ただしこれが自明的命題である場合には、「それ自体で認められる知識〔自明の公理〕」と呼ばれるが、これは「ユークリッド幾何学の第一部」で述べられているように、二つの等しいものから等しいものを引いても、加えても等しいといったものである。だがこれが基本的命題でないが学者に容認されている場合には、もしも彼らの心中に疑念が生じないようなものであれば「仮定的原理」と呼ばれ、疑念を誘うものであれば「論点の先取」と呼ばれて、他の学により解明されるまでとりあえず採用される。これは例えば「ユークリッド幾何学の第一部」にある次の問題のようなものである。あらゆる点は、それを中心として円が描かれうるゆえに、中心たりうると認められねばならない。人々の中には、「円」を中心から周囲に至る線分が等しいものとして把握することを拒否する者がいるが、学び初めにはそれを「論点の先取」として認めるのである。

第四項　明証を導く前提の諸条件に関する説明

これには四点が、つまり前提が正しく、必然的であり、自明的、本質的でなければならぬことがあげられる。前提が正しい場合には「確信的」と呼ばれるが、「自明的前提」、「感覚的前提」の部類に入るものがこれに属し、それらの条件についてはすでに上述した。

必然的前提とは、「人間」にたいする「動物」のようなものであり、「人間」にたいする「作家」のようなものではない。これは必然的結果が求められる場合であって、「前提」が必然的でなければ、その必然的結果が知的に正しいとは認められない。

自明的という意味は、「前提」中の「賓辞」が、その主辞ゆえに「主辞」にたいして肯定されるようなものである。例えば「あらゆる動物は物体である」、といったとする。その際この場合の賓辞である物体は、それが動物であるゆえに物体なのであり、例えば「人間は物体である」の場合のようにより普遍的な意味でそうなのではない。なぜなら賓辞が物体であるのは、それが人間だからではなく、動物だからなのである。人間は動物であるゆえに物体なのだが、それは「物体性」がまず「動物」にたいしてあり、その仲介により「人間」と結びつくからである。(3)

またそれは、「動物」にたいする「作家」のように、より特殊な〔ものを必要とする〕意味でそうなるのでもない。なぜなら作家は、「動物性」によって動物と結びつくことはなく、より特殊な「人間性」によって結びつけられるのだから。(4)

したがって「一義的賓辞」とは、それと主辞の間に中間項のないものをいう。その場合〔例えば動物と作家の場合〕賓辞は第一義的に中間項〔人間〕にたいして肯定され、その仲介により第二義的に主辞にたいして肯定される。

以上が自明的前提の条件である。

前提中に三段論法の結論があり、ついでこの前提が他の三段論法に用いられる場合、それは基本的である必要はなく、必然的、本質的であるという条件のみで足りる。

本質的前提は、無関係な偶性から遠ざかっている。なぜなら諸学においては、それは考察の対象とならないのだから。それゆえ幾何学者は「直線」と「曲線」のいずれがより美しいとか、「円」は直線に対立するといった問題を考察しない。「量」を対象とするこの学にとって、「美」とか「対立」は無縁のものなのである。これらの無関係な偶性が「量」と関わりをもつのは、量が量であるという理由によるものではなく、それが「存在者」であるか否かというようなより普遍的な性質によっている。医者は「傷」が「丸い」か否かを問題にしないが、「丸さ」が「傷」と関わりをもつのは、傷が傷であるからではなく、さらに普遍的な理由によっているからである。

医者が次のようにいったとしよう。「この傷は丸いので治りにくい。円形は最も広い形である。」その際彼の言葉は医学的知識ではなく、彼が知っているのは医学ではなく、幾何学であることを明かにしているのみである。したがって諸学中の論証を要する命題の賓辞は本質的たらざるをえず、諸前提中の賓辞も同様に本質的でなければならない。ただし両者の間には若干の相違があるが、それは「本質的」という言葉がここで二つの意味に用いられているからである。

(一)「人間」にたいする「動物」のように、論証を要する命題の賓辞が主辞の定義中にある場合。この場合人間とは特別な動物であるため、動物は人間という概念の本質構成要素中に入り、人間において本質的であることになる。

(二)主辞が論証を要する命題の賓辞の定義中に入るが、主辞の定義中に入らぬ場合。この例としては「鼻」にたいする「獅子鼻」(5)、「線」にたいする「直線」があげられる。「獅子鼻」とは特別な鼻をもつ人物の特性であり、したがって当然賓辞の定義中に入る。

「第一の意味」での本質的なものは、諸学で求められる論証を要する命題の賓辞となることはできない。主辞は本質的なものによってしか知られえないのだから。それゆえ本質的なものに関する認識は、主辞に関するそれに先行する。しかし主辞にたいするその付帯性はいかにして求められるであろうか。「三角形」をその定義により概念的に理解せぬ者は、それに関する理論を追究しえないが、そのさい総角の和が二直角に等しいか否かなどと尋ねることは可能であろうか。このような人間には、それが形であるか否かと問うことは不可能である。なぜならまず形が理解され、その後に三つの辺で囲まれているから三角形であるということが知られるのだから。形に関する認識は、三角形に関するそれに先行しているのである。

次いで諸前提の賓辞は本質的でなければならない。ただし二つの前提の賓辞が、第二の意味で本質的であるが、両者とも第一の意味で本質的ではない場合がある。なぜならこの場合結論は前提より先に知られており、第一の意味における本質的なものの「本質」は本質的なのだから。したがって結果を求めるという形で以下のように述べることは不可能なのである。「あらゆる人間は動物である」、「あらゆる動物は物体である」、「したがってあらゆる人間は物体である」。なぜなら物体性に関する認識は、人間性に関するそれに先行するのだから。

論証を要する命題の主辞が人間だとすれば、まずそれが概念的に把握され、その結果その判断が求められねばならない。なぜなら「人間」を概念的に把握する者は、予め「動物」と「物体」について概念的に把握していなければならないのだから。物体について理解されるとそれは、動物とそれ以外のものとに区分され、次いで動物は理性的なものとそれ以外のものとに分けられる。ただし小前提の賓辞が第一の意味で本質的であり、大前提の賓辞が第二の意味で本質的である場合も可能であり、その逆の場合も可能である。

以上が筆者の意図する限りでの論理学に関する理解、説明のための記述であり、次いで神の思召しに従い、哲学者の考えに基づき形而上学〔神学〕について言及することにする。

(1) アラビア語では「問われるもの」、「疑問点」、「問題点」を意味する masʼalah 複数 masāʼil である。アリストテレスに倣って、イスラーム哲学も公理(mabādiʼ)と論証を要する命題(masāʼil)の区分を踏襲している。前者は説明の余地なく明白であるが、後者はさらに説明を必要としており混同されてはならない。

(2) この部分は、原文では明証的な、論証を要する命題となっている。イブン・シーナーでは「論証的な学における論証を要する命題」となっている個所が見られる。訳文では繁雑を避けるため「明証的な」を省略したが、解釈としては後者が正しいであろう。また本文中の「この主題」とは、諸学に関する諸問題の判断における、賓辞との関連における主辞の意。

(3) 自明的前提の賓辞は、それと主辞の間により普遍的な中間項を介在させない。「人間は物体である」を例にとれば、「物体」と「人間」の間には、人間にとりより普遍的な「動物」という中間項が介在している。これに反して「動物は物体である」は、中間項を介在させておらず当初の条件を満足させる。

(4) 「動物」と「作家」を例にとれば、両者の間により特殊な「人間」という中間項が介在している。これに反して「人間」と「作家」の間には中間項がなく、条件を満足させる。

(5) 具体例として「獅子鼻は鼻である」のような命題があげられる。

第二章　形而上学

慈悲深く慈愛遍ねき神《アッラー》の御名において

哲学者は自然学を先に論ずるのが常であるが、ここでは先ず神学を対象とする。その理由は神学がより重要であり、また学問の究極の目標であるため見解の相違が多いからである。通常これが後に論じられるのは難解であり、かつ自然学を学ぶ以前に研究するのが困難な事情によるが、論旨の理解に必要な限り、論述中にも自然学に関する指摘が交えられるであろう。

この学問の目標については、二つの序説と五つの小論において総論される。第一の小論は存在の区分とその理論について論じ、第二はあらゆる存在の原因、つまり至高の神《アッラー》について、第三は神《アッラー》の特性、第四は神《アッラー》の諸行為ならびに諸存在と神《アッラー》との関連性、第五は諸存在が神《アッラー》の許から存在してくる様態について、哲学者の見解に基づきながら言及する。

第一の序説　諸学の区分

疑いもなくあらゆる学問は、それが諸様態〔条件〕を検討する〔固有の〕主題をもっている。そして諸学により理論的に考察される存在物は、政治、運営(1)、信仰、内的修練、経験的努力等に関わる人間の諸行為のように、その存在がわれわれの行為に依存しているものと、空、大地、植物、動物、金属、ジン(2)、悪魔等のように、その存在がわれわれの行為に依存していないものに分けられる。

従って当然のことながら知的判断を伴う学(al-ʿilm-l-ḥukmī)は、以下の二つに区分される。その一はわれわれの行為の諸様態を知るもので、実践学(ʿilm ʿamalī)と呼ばれる。この学問の利点は、現世における福祉を適切に組織立て、それにより来世におけるわれわれの願望が保証されるような行為の諸様相が明らかになることである。

第二の学問は、われわれに存在物の諸様態を認めさせ、ちょうど鏡の中に形象が認められるように、精神の中にあらゆる存在の形姿を整然と現出させるものである。精神の内部にこれが現出することは精神の完成を意味するが、それはこのようなものを受け入れる準備があるということが、すでに精神の特性に他ならないからである。従ってこの種の学問は現世の美徳の一つであり、来世の至福の原因となるが(3)、これは思弁学(ʿilm naẓarī)と呼ばれる。

これら二つの学問はそれぞれ三つに区分される。

実践学はさらに三つに区分されるが、その第一は、人間が他のすべての人間と交わるさいの処し方に関するものである。人間は他者と交わらざるをえぬ存在である。これが現世の福祉と、来世の安寧につながるよう組織化されるためには、特定の原理に立脚していなければならない。この学問は基本を宗教法諸学(ʿulūm sharʿīyah)に置いており、諸都市の行政、その住民の統治について論ずる政治諸学(ʿulūm siyāsīyah)がこれを完成する。第二は家庭の運営に関する学であり、これにより妻子、下僕、その他家庭に属するあらゆるものに関連する生活の方法が知られる。第三は倫理学(ʿilm-l-ʾakhlāq)と人間が履《ふ》むべき道に関する学であり、これにより性格、性質の点において善良、かつ有徳な人物となることができる。

人間が生活する場合、独りで暮らすか、他人と交わって過すかのいずれかである。他と交わる場合は家族の者と交わる特殊な場合と、同国の人々と交わる普遍的な場合とがある。それゆえこれら三つの状態に応じて、運営の学が三つの部門に分れることは当然である。

思弁学は以下の三つに分れる。

(一)形而上学(4) ('ilāhī) または第一哲学 (falsafah 'ūlā) と呼ばれるもの。

(二)数学 (riyāḍī) または訓育学(5) (ta'līmī)、中間学 ('ilm 'awsaṭ) と呼ばれるもの。

(三)自然学 ('ilm ṭabī'ī) または下位学 ('ilm 'adnā) と呼ばれるもの。

思弁学は三つに区分されるが、その理由は知的に把握される事柄が必ず以下のごときものだからである。まず〔第一に〕、神《アッラー》の本性、知性の本質、「一」性、原因と結果、類似と相違、存在と無等のように質料から離存しており、変化し運動する物体と結合しないものがあげられる。これらのうちのあるものは、知性の本質のように質料中に存在することが不可能である。ただし他のものは一性、原因のように質料中に現われることがあっても、その中に存在せねばならぬ必要はない。なぜなら物体もまた知性同様、原因であり一であると特徴づけられるのだから。しかしそれが質料中にあらねばならぬという必然性はない。

ついで質料と結合しているものがあげられる。この場合には〔一〕人間、植物、鉱物、天、地、その他種々の物体のように特定の質料を必要とし、想念のうちにおいてすらそれと切り離せないものと、〔二〕三角形、四角形、長方形、円のように想念のうちで現実化されるさいには、特定の質料から切り離されているものとがある。後者は特定の質料中にしか存在しえないが、それが存在するさいに特別の質料を必要とするといった仕方で質料と関わっているわけではない。それは鉄、木材、土、その他に現われるのだから。

ただし人間の場合はこの限りではない。人間といった場合、それは肉、骨等の特定の質料中にしか存在しえず、もしも木が素材とされれば、もはや人間たりえないのだから。だが四角形は、肉、粘土、木材いずれの中にあっても四角形であり、これに属するものは想念のうちにおいて質料との関わりなく現実化される。

完全に質料から離存しているものを考察する学は「形而上学」であり、外的実在界においてではなく、想像裡に質料から離存するものを考察する学は「数学」、特定の質料を必要とするものを対象とする学は「自然学」である。

以上は諸学が三つに区分される論拠である。そして哲学とは思弁学に属する三つと、実践学中の三つの学を対象としている。

第二の序説　本書の目的とする形而上学の対象を抽出するための三学の対象に関する説明

「自然学」は、運動、静止、変化の中にある限りでの「現世的諸物体」を対象としている。この学はそれらを面積、量として、あるいは形体、丸さ、その一部と他の部分との関係、至高の神《アッラー》の行為との関連といった観点から考察するものではない。物体に関してはこれらすべての観点から検討しうるが、自然学はその変化、転成の相のみを対象としている。

また「数学」の対象は、一般的にいって量(kammiyah)であるが、さらに詳しく述べれば量(miqdār)と数('adad)[6]である。

自然学は医学(ṭibb)、呪術(ṭalsamāt)〔天体と関係をもつまじない〕、妖術(nayranjāt)〔手品等現実に即しながら尋常でない行為を行なう術〕、魔術(siḥr)その他の分科をもっている。数学もまた多くの分科をもつが、その基本は幾何学('ilm-l-handasah)、算術(ḥisāb)、天文学(hay'ah つまり hay'at-l-'ālam)と音楽(mūsīqā)であり、そこに光学('ilm-l-manāẓir)、牽引学('ilm jarr-l-'athqāl)、球体移動学('ilm-l-'ukar-l-mutaḥarrikah)、代数学('ilm-l-jabr)、力学('ilm-l-ḥayl)等が含まれる。[7]

形而上学が対象とするのは最も普遍的なもの、つまり絶対的存在(wujūd muṭlaq)である。そしてここで求められるものは、存在の存在そのものである限りでのそれ自体への関わりである。例えば存在が実体、属性であり、普遍的、特殊、一、多、原因、結果、可能態、現実態、類似的、相違的、必然的、有始的等であるといったことがこれにあたる。なぜならこれらは存在が存在である限りにおいてそれに付帯しているのだから。これらは三角であること、四角であることと異なる。後者は一度び量となったのちに存在に付帯するからである。これらは数となったのちに存在に付帯する偶数性、奇数性とも異なる。また自然的物体となったのちに存在に付帯する白さ、黒さとも異なっている。要するにあらゆる外的性質は二つの学問、数学、自然学のいずれかの対象となったのちにしか存在に付帯しない。したがってそのような対象の考察は、形而上学の任務ではない。

この学問の対象は、あらゆる存在の原因の考察にある。なぜなら存在者は原因と結果に区分されるのだから。また

〔すべての存在者の〕唯一の原因、その原因が必然的存在(wājib-l-wujūd)であること、その諸性質、あらゆる存在者とそれとの関係、それから諸存在者が出現する様相に関する考察もこの学の対象となる。この学のうち「神的一性」(tawḥīd)に関する考察は特に神学('ilm 'ilāhī)あるいは神性学('ilm-r-rubūbiyah)と呼ばれる。

以上三学のうち、混乱から最も遠いものは「数学」である。「自然学」は混乱が最も多いが、これは自然界に属するものが変化の対象であり、したがって確実さから遠いためである。

以上で序説を終る。

(1) 運営(tadbīr)は、特定の規範、規準にのっとって諸事を円滑に処理すること。ひろく政治学の目的である国家の運営から家庭の運営、倫理学の対象である自らの運営までを含む。

(2) ジンは地上の生物の生活に影響を与えていると考えられる眼に見えぬ存在で、善玉と悪玉がいる。人間が土からできているのにたいし、火からできているといわれる。

(3) 思弁学の究極の目的が、来世の至福の獲得につながるという発想には、特に注意が必要である。

(4) 形而上学を意味するアラビア語の'ilm 'ilāhīという表現は、本来神に関する学の意。したがって後出のように神学を意味する場合もある。形而上学は一般には'ilāhiyāt と呼ばれる。

(5) アラビア語の'ilm ta'līmī はここで直訳したように訓育学の意であるが、例えばイブン・シーナーはペルシャ語でシンタックスを意味するファルハングという表現を用いている。

数学を訓育学と置きかえることには多少唐突な点もあろうが、これは数学を意味する'ilm riyāḍī を検討すれば足りるであろう。riyāḍī は訓練を意味する riyāḍah から派生した語であり、直訳すれば数学は本来は訓練学である。知的訓練を行なう学が数学であり、この他に肉体的訓練を行なう体操、精神的訓練を行なう神秘主義的修練が並存している。

(6) 量(miqdār)は物体のような連続的量(kammiyah muttaṣilah)にあたり、数は不連続的量(kammiyah munfaṣilah)である。

(7) 数学諸分科に関しては諸版に異同が見られるが、牽引学、球体移動学を力学中に収めるのが穏当のように思われる。

第一節〔存　在〕

この節は存在の区分とそれに関する理論、その本質的偶性について論ずるものであるが、これはさらに諸項に分けられる。

第一項〔実体と偶性〕

存在は実体（jawhar）と偶性（ʻaraḍ）に区分されるが、この区分は〔その普遍性において〕、種差（faṣl）と種（nawʻ）による区分に類似している。

この区分の理解のために以下のような説明を付すことにする。知性が概念〔表象〕作用（taṣawwur）によって存在を認識することは疑いない。存在は偶性的定義（rasm）、本質的定義（ḥadd）を必要としないが、その理由は存在にはいかなる偶性的、本質的定義もないからである。

ところで本質的定義とは類（jins）と種差との結合である。ただし存在は、その種差が付加さるべきより普遍的なもの、つまり類をもたない。したがって「存在」の本質的定義は行なわれようがない。

また偶性的定義とは明白なものによる穏れたものの規定（taʻrīf）の謂であるが、存在以上に明白、明瞭で周知のものはなく、したがってそれにより存在を認知せしめるようなものは何一つない。wujūdという言葉がアラビア語で述べられ、それが理解されぬ場合、代りに「外国語」で〔それにあたる「存在」という言葉が〕述べられたとしても、言葉の真意が充分了解される〔ほど明白なものなのである〕。

本質的、偶性的定義は、〔存在に関しては〕不可能である。何とか定義を試みて、例えば「存在とは有始的なもの、永遠的なものに区分されるものである」としてみたところで、これは誤りである。ものの定義は既知のものによってなされねばならないが、有始的なものは、永遠的なもの同様、存在が認められてのちに明らかになるのだから。有始的なものとは無ののちに生じた存在者であり、永遠的なものとは無に先立たれぬ存在者という意味なのである。

存在の概念が、本質的、偶性的定義の探究なしに、第一義的に知性中に実現することが明白ならば、それが知性の中で次のように分割されることも明瞭である。

(一)偶性のようにそれが宿る場を必要とする存在者

(二)場を必要としない存在者

ところで場を必要とする存在者は、さらに以下のごとく分割される。場を占めるが、その場が偶性なしにそれ自体で存立し、それが存立するにあたって偶性を必要とせず、偶性が伴ってもその本質に変化がなく、本質に関する問いの答えも変らぬようなもの、例えば着物の黒さ、人間が〔第一種〕である。

ついで〔第二種〕は、場を占めるが、その場の本質はそこに宿るものに依存しており、したがってそれが場を占めることにより本質が変化し、本質に関する問いの答えも変るようなもの、例えば精液中における人間の形相、土の中の鼠の形相〔古人は鼠が土から生まれると信じていた〕である。誰かが着物を指して「これは何か」と問うた場合、「それは着物だ」という答えが返ってくる。よしんばそれが黒く、厚くとも、それについて問われれば依然として、「それは着物だ」という解答がなされる。なぜなら黒さや厚さは着物が着物であることを変えるものではなく、その本質を無効にするものではないのだから。

だが精液は人間に変化した場合、それが何であるかと問われた際に精液だとは答ええない。土にしても、鼠となったのちにそれについて問われた場合、土だと答えることはできない。

厚さや色は着物に付加される性質であり、着物はそれを伴っても依然として着物であることに変りない。だが土は鼠の形相とともに土にとどまることはない。精液は人間となったのちにも精液であることはない。色も人間の形相も、ともに場を必要とする点では同じであるが、両者の場、状態には相違がある。したがって専門用語の上では二つの異なった表現が必要である。そこで人々は「偶性」(ʻaraḍ)という言葉で、特に着物の色や厚さのようなものを指し、属性の場を「基体」(mawḍūʻ)と呼んでいる。

このような特殊の意味で、「属性」とは「基体」に場を占めるものを指す。また「基体」とはそれ自体で存立するものの意味であり、そこに宿る〔属性的な〕意味を含んではいない。

人間性のようなものは形相(ṣūrah)と呼ばれ、その場は「質料」(hayūlā)といわれる。したがって木材は寝台の形相の基体であり、灰の形相の質料である。なぜなら木材は、寝台の形相とともにある場合には依然として木材であるが、灰の形相とともにある場合にはすでに木材ではないのだから。

そして実体という言葉が、基体の中以外に存在するすべてのものを指すため、形相は実体と呼ばれる。ちなみに形相は、上述のごとく基体の中に存在するものではない。同様に質料も実体である。

実体は四つの種類に分割される。質料、形相、物体(jism)〔質料と形相から成り立つ〕、離存知性('aql mufāriq)がそれである。実体とはそれ自体で存在するものである。そして最初の三つの実体はあらゆる物体の中に見出される。例えば水は水の形相、形相を宿す質料からなっている。この質料自体は実体であり、形相そのものも、また両者を合わせた物体も実体である。

以上が〔存在の〕知的諸区分についての註釈、ならびにそれに関する術語の説明である。

三つの実体に関する存在証明は、以下に述べるように明証によっているが、物体のみは例外で、眼による観察でなされる。他方知性、形相、質料は必ず論証を必要とする。このことから哲学者は「実体」という言葉を「場」であるところのものと、「状態」であるところのものに用いるが、カラームの神学者はこの点について見解を異にしている。神学者によれば、形相は場の存在に従属する偶性なのである。

だが哲学者は以下のように議論を展開している。実体の本質(1)の存立が形相に依存しているのに、なにゆえに形相は実体たりえないのか。属性とは場がそれ自体で存立した後それに続いて生ずるものであるが、いかにして形相が属性たりうるのか。また存立の観点から見て質料は形相の後に来るものであり、したがって実体の根元といいうるが、このような形相がなにゆえに実体たりえないというのか。

一 物体の本質

知性が実体を物体と非物体に区分し、すべての実体のうち物体の存在のみが感覚により認められ、明証を必要としないものであるとすれば、まずその定義、本質について明らかにしなければならない。物体とは直角に交叉する三つの延長をもつ実体の総称である。例えば知性の本質、至高の神《アッラー》の本質について検討した場合、そこに距離、延長を想定することはできない。だが天、地、その他の諸物体を観察すると、それらは必ず連続する延長をもち、分割、区分を受け入れることが分る。

そして一方向にのみ向う延長は「長さ」と呼ばれ、「線」にのみ存在する。また二方向に向う延長は「長さ」と「幅」と呼ばれ、「面積」にのみ存在する。後者は二つの方向で分割されるが、前者は一つの方向でしか分割されない。

三つの方向で分割されるものは物体のみである。想念のうちにおいて直角に交叉する三つの延長をもつとされうるものは、すべて物体である。ここで特に角を直角と規定したが、それはもしもこの条件が課されぬ場合、物体が〔図1のように〕直角で交わらぬ多くの交叉する延長をもつことになるからである。しかし直角が想定される場合には、延長は長さ、幅、深さ〔以下縦、横、高さとする〕の三つに限られる。

直角とは、一つの線分が他の線分にたいし、両側のいずれに傾くことなく、両側にできる角が相等しいように立てられた際に生ずる「角」である。この両角が〔図2のように〕相等しいと、これらの角はそれぞれ直角と呼ばれる。だが例えば〔図3のように〕線分が右に傾いた際には、傾いた側の角は反対側の角より小さくなるが、この〔小さな〕角は「鋭角」と呼ばれ、反対側の大きな角は「鈍角」と呼ばれる。

物体を定義するためにあたり、それは縦、横、高さをもつものといわれる。だがこの表現には一種の不注意がある。

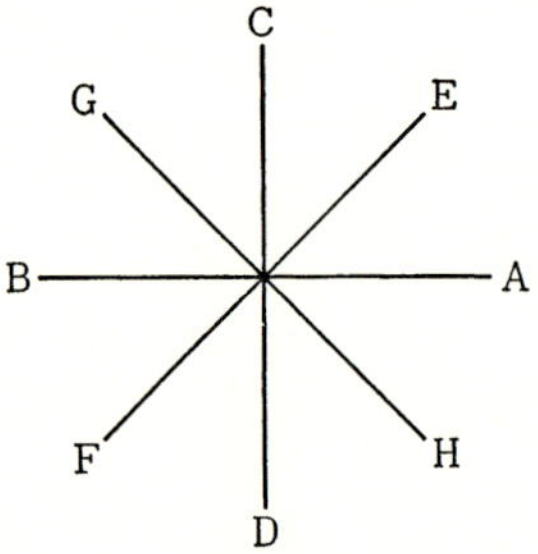

図 1

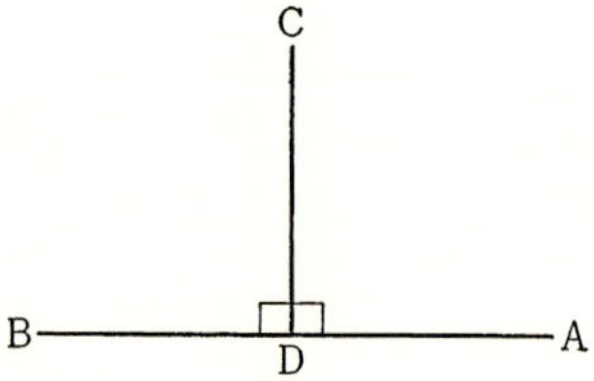

図 2

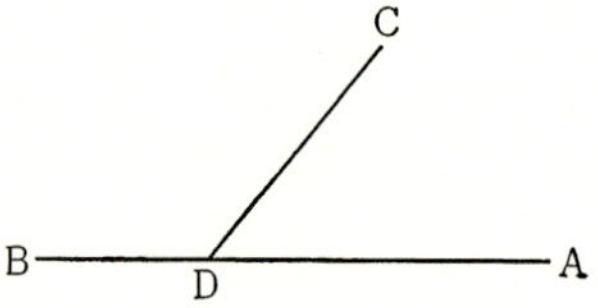

図 3

なぜなら物体とは、実際に縦、横、高さをもつものとしてではなく、縦、横、高さ〔という〕三つの延長を受け入れるものの意味なのである。その証明として蠟を縦一尺、[2]横二寸、高さ一寸の大きさに形どったとしよう。これは物体であるが、その縦、横、高さのゆえにそうなのではない。もしもこれを円形、その他の形に作りかえると特定の延長、長さはなくなり、それに代って物体的形相(ṣūrah jismīyah)に基本的な変化がないまま、他の延長が生ずる。したがって物体中に存在する量は、物体性そのものの外にある属性である。ただしそれは天の形態のように内属的で分離しえぬ場合もある。また属性的なものは属性同様、例えばエチオピア人の黒さのように内属的であることもある。

それゆえ物体にとり本質的なもの、つまり物体的形相とは、現実態における延長の存在ではなく、延長があるという仮定を受け入れるものであり、具体的に生ずる量は属性に他ならない。したがって一つの物体はより大きな量、もしくは小さな量を受け入れることができ、増減することなくそれ自体でありながら大きくなったり、小さくなったりする。量とは物体中の属性なのだから。しかしある量は、その本質ゆえに物体に付加されるわけではない。諸物体は、物体的形相の観点からすれば相等しく、その間に何の相違も認められず、量的観点において異なるという事実は、量が物体の本質でないことを示すに充分である。

二　物体の組成中にある相違

物体の組成(tarkib)〔もしくは合成〕に関しては種々の意見がある。物体の本質を究めるためには、それに関する正しい所説に従う以外にないが、議論は以下の三つに分れている。

ある論者によれば、物体は想念のうちでも、具体的にもそれ以上分割されぬ諸単位からなっており、この単位は「単一実体」(3)(jawhar fard)と呼ばれている。物体はこの実体から成り立っているというのである。

他の論者は、物体が本来合成体ではなく、その本質、その定義において一つの存在者であり、本質的に複合性をもつものではないと主張している。

最後の論者は、物体が形相と質料から成ると説く。

第一の説の誤りを証明するには「単一実体」の誤謬を示せば足りるが、その矛盾は以下の六つの点で明らかにされる。

(一)ある単一実体が他の二つの実体の間(4)にあると仮定した場合、双方の端の実体が中心にある実体と接触する点は同じであろうか、異なっているだろうか。もしも異なれば区分が生ずる。なぜなら並置した際に一方の端の実体が占める場所は、他の端の実体が占める場所と異なるのだから。また同じであれば、紛れもなく不合理である。その場合

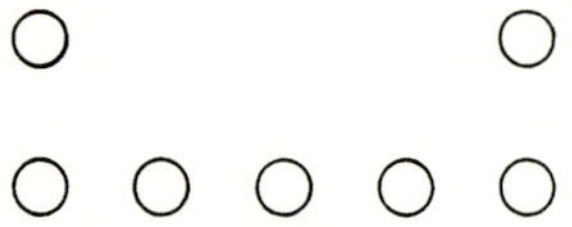

図 4

両端の実体はそれぞれ、すっかり中央の実体に入ってしまうことになる。端が中央の全体と出会うとすると、中央は全体ではなく一である〔三つの実体が合するのであるから三でなければならないのに〕。また一方の端が中央の一部と出会っても、それは中央の全体と出会うことになる〔単一実体に部分がないのだから〕。そして他の端についても同様中央の全体と出会う。すると当然〔三つの実体の〕全体と中央の〔一つの〕実体とが等しいことになってしまう。さもないと中央の実体は両端の実体の間に分け入り、両者がそれぞれ別の点でそれと接触することになる。両端の実体が中央の実体と同じ点で接触するとすれば、すっかり中央と合致する以外にないのである。そして三番目、四番目のものが現われた際も同様であり、千個の部分〔単一実体〕の大きさが一つのそれを出ぬことになるが、これは疑いもなく不合理である。

〔二〕五個の部分〔単一実体〕をまっすぐ一列に並べ、その両端に一つずつ〔単一実体〕を置いたとする（図4）。知性は当然両端の二つが向いあって進むと接触し、等速度でも接触が可能であると判断する。

このように仮定した場合、二つの部分はいずれも中央の部分を通過することになり、中央の部分が分割されてしまう。さもない場合には次のようにいうことになろう。「至高の神様ですら同じ速度で一方を他と接触させることはできない。二つをともに動かして一方が二番目のところに来るとそこで動かす力がなくなり、他方が三番目のところまで進む。」しかしこのようなことがあるであろうか。一体力の停止は右の実体中に起るのか、左の実体中に起るのか。なぜ神様はえりにえって一方においてのみ力を停止させるのか。運動を受け入れる点では両者とも何の相違もないのに。

(三)それぞれ六つの部分をもつ二つの線分を想定し、一方をAB、他方をCDとしよう(図5)。さらに二つの部分〔単一実体〕を置き、一方はAからBに、他方はDからCに移動して両者が出会うようにする。そのさい両者はまず向い合い、接触し、それから通過する。そして両者の運動の速度を一定とする。

この場合もしも単一実体の存在が正しければ、上記のことは不可能になる。とまれ、接触には以下の三種類が可能である。

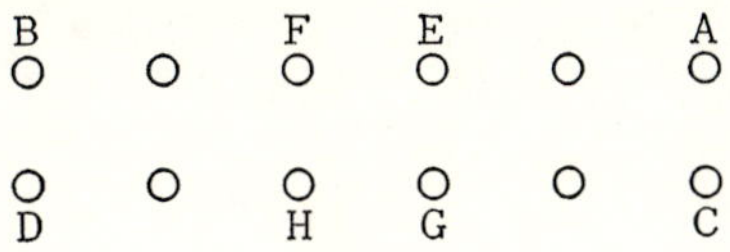

図 5

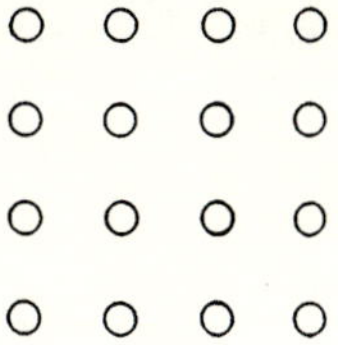
図 6

(一)両者がF・Hの点にある場合に起るもの。この際一方は三こま進み、他方は二こまだけ進んだことになる。

(二)両者がE・Gの点にある場合に起るもの。この際一方は二こま進み、他方は三こま進んだことになる。

以上の二例において運動の速度は相等しくない。

(三)一方が点Hにあり、他方が点Eにある場合であるが、両者はともに二こまずつ進んでいる。ただし点Hと点Eは〔向い合っているが〕接触していない。したがって等しい速度で接触が行なわれることは不可能であり、それゆえ通過することは不可能である。

これが不可能でないことは紛う方ない事実であるが、不可能な原因は「単一実体」というものを想定したことにある。

接触は中心点でなされるが、すべて長さをもつものは等しい二つの部分に等分される。したがってちょうど半分に当る点が中心点となり、そこで接触が行なわれるのである。

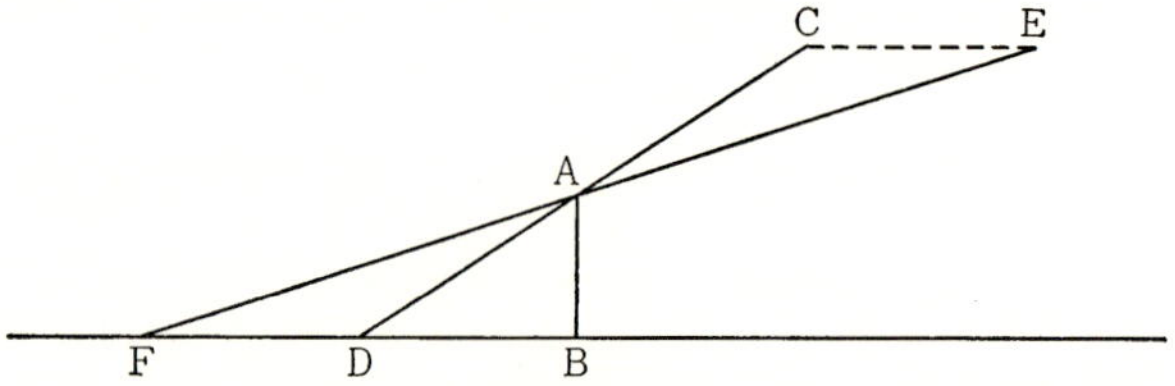

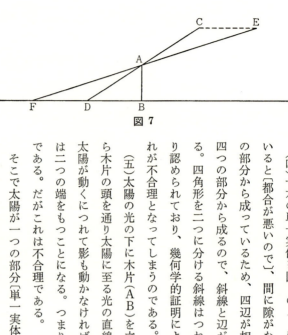

図 7

(四)十六の単一実体を図6のように縦横四つずつの隣接する四角形に並べる。各々離れていると〔都合が悪いので〕、間に隙がないようきちんと並べる。この場合各辺はそれぞれ四つの部分から成っているため、四辺が相等しいことは疑いない。ただし斜線〔にあたるもの〕も四つの部分から成るので、斜線と辺が相等しくならねばならない。しかしこれは不合理である。四角形を二つに分ける斜線はつねに一辺よりも長いことは、あらゆる四角形の観察により認められており、幾何学的証明によっても明らかである。だが単一実体を想定すると、これが不合理となってしまうのである。

(五)太陽の光の下に木片(AB)を立てると必ず影(BD)が落ちる(図7)。そして影の端から木片の頭を通り太陽に至る光の直線(CD)が得られる。ところで光線は常に直進するため、太陽が動くにつれて影も動かなければならない。もしも太陽が動いて影が動かぬ場合、直線は二つの端をもつことになる。つまり太陽がもとあった点と、そこから移動して現在ある点である。だがこれは不合理である。

そこで太陽が一つの部分〔単一実体一つ分〕だけ動いたとすると、影の動きはその部分より小さい。また影が太陽の動いた分だけ移動したとすると、これも不合理である。太陽が数里も動く間に、影は僅か髪の毛一本分しか移動しないのだから。

(六)鉄か石のひき臼をまわしたと仮定する(図8)。そのさい内側の部分の運動が外側のそれより小さいことは、紛れもない事実である。内側の部分が描く円は外側のそれよりも小さいのだから。そして外側が一部分〔単純実体一つ分〕だけ動くと、内側の動きはそれより小さいことになり、区分されることになるか、それとも止まってしまうかのいずれかである。後者の場合ひき臼のすべての部分は分割され、ある部分は運動し、他の部分は静止していることになるが、これは感覚的に不合理である。鉄の諸部分が分割されることはありえないのだから。

第二の説の誤りを示す証明

第二の説とは、物体が本来合成されていると主張する人々の意見であるが、物体は本質的にも、定義上も一つの存在者である。

一つのものはいかなる観点からしても、一方が他の拒否する特性を容認するような二つの表現によって説明されない。だが筆者は、知性が物体に関し、たがいに真偽判断が対立するような二つの事柄[5]を措定することを明らかにした。つまり物体的形相とは、当然連続性の謂である。だが連続性をもつ物体はまた必ず分割を許容するのである。

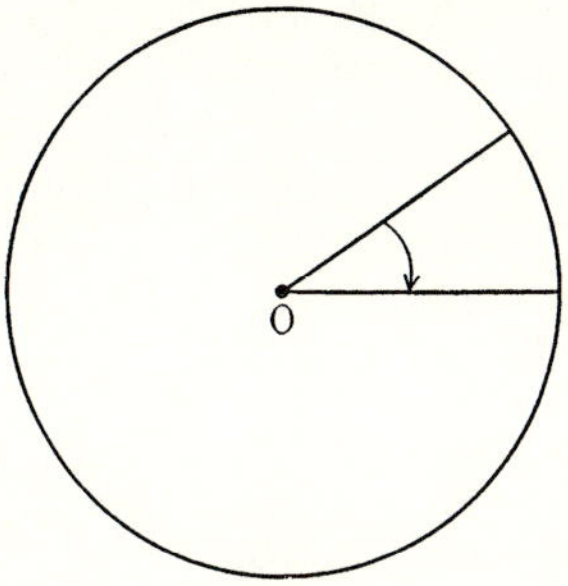

図 8

〔分割を〕許容するものは、連続性そのものであるか、それ以外のものである。だがもしも連続性そのものであるとすれば、それは不合理である。〔分割を〕許容するものは〔分割が〕許容されるものと共になければならないのだから。存在に先立って無化されたものを言及することはできないのである[6]。すると連続は分割を許容しない。したがって連続と分割をともに許容する別のものが必要であるが、これら両者を許容するものは専門用語で質料 (hayūlā) と呼ばれる。また許容された連続性を形相 (ṣūrah) と呼ぶ。

連続性を内包していないような物体は想像不可能である。また連続するものの中以外に連続性を想像することもできない。延長をもつものの中以外に延長を想像することは不可能である。

連続するもの〔つまり物体〕は定義上も本質上も連続性ではない。ただし両者は場を異にしているわけではない。したがって感覚的指示により両者を区別することは不可能である。ただし両者は知的指示により区別されるが、それは知性が〔一般に〕他を判断しえぬもので一方〔つまり物体〕を判断するからである。この判断とは、連続性にとっては不可能と判定された分割の許容である。(7) 知性はあるもの〔物体〕に分割の許容を認めている。したがってそれは連続性以外のものである。すでに知性は必然的な相違〔つまり物体における二律背反の許容〕を認めたが、あるものはいかなるときにもそれ自身と異なるものでありえない〔したがって物体はこの二律背反を許容するものである〕。以上が、質料と形相がすべての物体中に存在するという証明である。

神《アツラー》の本質、知性の本質、霊魂の本質は、連続、分割を内包すると考えられない。したがってその中には組成が存在しない。他方物体は、必然的に形相と質料との合成体なのである。

上述の議論の結果、正しいのは第三の意見であることが明らかにされた。つまり物体とは分割されず、ときに無限であり、ときに有限であるような部分の合成体ではない。

もしも物体が無限ならば、物体の一方の端から他の端まで通過することは不可能である。なぜならそれは半分の半分に達せぬ限り半分に到ることができず、半分の半分は、半分の半分の半分に達しなければ到達できない。そこには無限の半分があり、それゆえそれを通過することができなくなる。

ただし物体は、現実態においてではなく、可能態において部分をもっている。もしも〔知性により〕部分化されるとそこに部分が生じ、分割されたのちに分割が、区分けされたのちに区分が生ずる。

ある論者は以下のように主張する。物体は区分されている。もしもこれにより、物体中に区分が生ずる用意があることを意味しないとしたら、それは誤りである。これは物体が分割、分離されるといわれる場合と同様である。ただし連続する単一の物体は、いかにして分割、分離されるのか。

たしかに物体はそれを受け入れる準備がある。そして区分、分割、部分化とは同義的表現であり、それらはすべて一つの物体中に内在している。ただしこれらは現実態においてではなく、可能態において内在するものである。これが現実態へと転化するためには以下の三つの要因のうちの一つが必要である。
(一)切断により部分が切り離されること。
(二)〔一部が白で一部が黒に〕塗り分けられた木材のように、属性が異なること。白は黒と異なるのだから。
(三)想念による。特に一方を想うと、想起された方は想起されぬ方と異なる。あるものを想い起すことは指をのせることと似ている。ある部分に指をのせると、指で触れられた方は触れられぬ方と異なる。これによって区分が生ずるのである。
このように想念の対象と、対象でないものは異なるが、このことから想念にとり、物体が部分をもたぬ一つのものであると想定することが困難になる。なぜなら想念は、速やかに限界を設定し、量化によってある部分を個別化するのだから。物体はその際、それ自体の定義中には区分をもっていないが、想念による分割により区分される。ただしこれは想念の働きによるものなのである。

物体は本来想念の働きを受け入れる可能性をもっている。この本来的可能性が〔物体に〕現われ、可能にされたもの〔想念の対象〕が容易に物体中に生じ、想像がそれから分ちがたくなるため、想念は、一つの〔単位としての〕水のように各部分が類似した一つの物体が、単一のものであることを容易に認めようとしない。ただしここで次のように述べることもできよう。水がめの底にある水は、水面にある水とは異なる。これは、区分が並置〔底の水が水がめに接し、他が接していないという意味で〕の属性の相違によっているため、正しいといえる。

ついで以下のように述べることもできる。想念は水がめに触れぬ二つの部分を設定する。そして右側〔の水〕は当然左側と異なる。これもまた正しい。この場合区分は、左右からの平行性という属性、もしくは水がめの底または中心からの距離の近さといった属性の相違によって生じている。これらすべては区分を生むのである。

ただしこれらすべての相違が否定され、物体があらゆる点で類似の一体と見なされれば、知性はそれを一つと判断する。そこには現実態において部分は存在しないが、それは部分化を許容するものである。

以上がこの問題に関する困難の解明である。

三　質料と形相の結合

質料はそれ自体で現実態における存在をもっておらず、その存在は常に形相と共にある。同様に形相は、質料なしにそれ自体で存立することはない。

証明。質料は以下の二点により形相を離れて存在しない。

（一）もしも形相を離れて存在すれば、指による感覚的な指示で直接的・間接的に示されるか、そうでないかのいずれかである。それが指示されれば、それは二つの方向をもつ。つまり一方からの指示がそれと出会う場所は、他の方向からの指示が出会う場所と異なり、それが区分されることになる。するとそこに物体の形相が存在することになる。なぜなら物体的形相とその本質の意味するところは、区分の許容に他ならないのだから。

またそれが指示されないとすると不合理である。なぜなら形相が質料に宿る際には、形相があらゆる場所に存在するか、本来場所中にないか、特定の場所にあるかのいずれかである。だが三つの結論は〔いずれも〕誤りであり、したがってそれに導く推論も誤っていることになる。

形相があらゆる場所に存在すること、場所中にないことの誤りは明瞭である。それが特定の場を占めることの誤りは、物体的形相が物体的である限りにおいて特定の場を求めるものではなく、あらゆるものがそれとの関連において等しいという事実によって証明される。したがって場の固有性は、物体性以外のものによっているのである。

この問題は次のように説明される。質料は指示される場にあり、形相がそこで質料と出会い、その場に固有のものとなる。したがって質料が指示されぬとすると、それに固有の場の指示は不可能となる。

ここで次のような反論がなされたとする。この推論は物体の本性についても適用される。なぜなら物体は特定の場に固有のものではないのだから。それは物体として、一様に他のあらゆる場所に相応しいものなのである。

これにたいしてはもちろん以下のように答えることができる。そこに宿る形相なしに現実態における質料の存在が想像しえぬように、物体に関しても物体の形相しかもたぬ純粋物体などというものを想像することはできない。そこに物体の形相以外の、その種を完成させるものが付加されねばならないのである。同様に、馬や人間その他でないような純粋動物など想像することはできない。種が完成し、存在が生ずるためには、類に種差が付加されねばならない。したがって本来純粋物体などというものは存在しない。存在するのは天、天体、火、空気、土、水といった個々の物体、ならびにその合成体なのである。それゆえこれらのものが特定の場を要求するのは、その形相によっている。例えば土は土の形相により中心を求め、火は火の形相により外周近くを求めるが(8)、他の種に関しても同様のことがいえる。

だがさらに反論が加えられるであろう。しかし〔上記の推論は〕ある種の場の部分に関しても適用されるではないか。海水の一部が指された場合次のようにいわれる。それは水である限り、特にその場を指定しはしない。それが海の真中であろうが、遠かろうが、近かろうが構わぬことになるが、すると特に場を定めるものは何であろうか。

その解答は以下のごとくである。その水の中にある水の形相は、その場で質料に出会い、それを宿らせる。例えば空気は水に変るが、はじめそこに空気が存在しており、それに冷却の原因がやってきて水に変化させるのである。その結果そこに水が残ることになる。その際にも質料が形相を欠いたことはなく、まず空気の形相と共にあったが、それを脱ぎすてて水の形相をまとったのである。以上は一つの原因であり、この他にも作動因その他の理由によって部分が〔特定の〕場に移される場合がある。

他方純粋な水性は、水の特定な場を必要としない。場を求めるのはすでに述べたような、〔純粋な水性〕以外のものである。

以上により質料が、形相なしに存立しえぬことは明瞭である。

(二)質料が形相から離れて単独にあると仮定した場合、それは区分されるか、区分されぬかのいずれかである。もしも区分されると、そこには物体的形相が存在することになる。また区分されぬ場合には、質料による区分許容の拒否は、質料の本質的な特質によるか、区分を拒否する異質な属性的性質によるかのいずれかである。もしもそれが本質的であれば、質料が区分を許容することは、属性が物体となり、知性が物体となりえないのと同様不合理である。

また拒否が質料中の異質で属性的な性質によるものであれば、質料の中には形相があり、それなしではありえないことになる。ただしこの形相は物体的形相とは対立的なものである。これは、物体的形相には対立物がないにもかかわらず正しいが、これについては対立性について述べる際に説明する。

また以下のように問われたとする。何ゆえに物体的形相が必然的に質料と結合することを認める論者に反対するのか。彼は形相が質料中にあり、質料と結合した属性であると説いているのに。

解答は以下のごとくである。それは不合理である。基体はそれ自体で存立するものであり、知的に把握される属性を必要としない。属性が外的世界の中で基体から離存していない場合でも、知性は以下のように問いながら基体そのものについて考察する。それは指示されうるか否か。それは区分されうるか否か。だがこれら二つの推論は、それ自体新たな困難を増すものでしかない。つまりもしも質料がそれ自体指示不可能なものだとすると、属性は基体そのものの中に存在するのに、指示が属性である形相に及ぶことになってしまうのだから。

また、もしも基体が指示されぬとすると、それは指示される属性とは別のものでなければならない。するとそれは属性の場でなく、属性も基体中にではなく、それ自体の中に存立することになる。なぜならそれが指示されることになったのだから。だが以上はすべて不合理である。

かくして質料が形相なしに存在しないことが明らかにされた。また物体的形相と質料は、その物体の種を完成させる種差が付加されねば存在しないことも明らかになった。なぜならあらゆる物体は、その本性のみが〔発露される状態〕に置かれると、自ら定着する場を求めるものなのだから。だが物体が場を求めるのは、それが物体であるからではなく、他に原因をもっている。

あらゆる物体は速やかに分離するか、それが困難であるか、不可能であるかのいずれかである。これらすべては物体性そのものではなく、それ以外のものを原因としている。したがって、存在が完成するためにも、それ以外のもの〔形相〕が不可欠なのである。以上で物体が実体であり、それが他の二つの実体、形相と質料との合成体であるという結論が得られた。ただし両者の合成は、これらが予め別々に存在し、その後結合されるといったものでなく、知性による合成であることはすでに述べたごとくである。

四　属　性

実体の区分ののちに属性の区分について述べる必要がある。属性はまず以下の二つに大別される。

(一)その本質を理解するにあたり、それ以外のものの理解を必要としないもの。

(二)〔それ以外のものを〕必要とするもの

第一のものには量(kammiyah)と質(kayfiyah)の二つがある。量は〔量的〕評価、増減、等量といった理由から実体と関連する属性であり、例としては長さ、幅、深さ、時間等があげられる。これは概念的に把握するにあたりこれ以外のものを必要とせず、それが原因で実体の区分が生ずるものである。

第二の質は、それを概念的に理解するにあたり他のものを必要としないが、それ自体が原因で実体の区分が生じないものである。例としては、感覚で把えられるものとして色彩、味、臭い、粗さ、滑らかさ、柔らかさ、固さ、湿気、乾燥、熱、冷たさ等があげられる。また感覚で把えられぬものとしては完全性に属する性質、あるいはそれと反対のもの、例えば抗争力、健康さ、もしくは無力、虚弱等があげられる。またこの中には知、知性のような完全性も含まれる。

ところで、それ以外のものを必要とする第二種としては、関係(ʾiḍāfah)、場所(ʾayna)、時間(matā)、位置(waḍʿ)、所有(jidah)、能動(ʾan yafʿal)、受動(ʾan yanfaʿil)と七種ある。

関係とは、それにたいしてそれ以外のものが存在することにより実体に生ずる状態である。例えば父性、子性、兄弟であること、友人であること、近くあること、平行、右あるいは左にあること等があげられる。父にとっての父性は、彼に子があることによってしかなりたたないのだから。

場所とは、あるものが上にあるとか下にあるというように、ものがある場所に存在することである。

時間とは、あるものが昨日、第一年目、今日あるというように、ものがある時間に存在することである。

位置とは、物体の一部と他の部分との関連である。例えば、ある人物が坐っていたり、寝そべっていたり、立っていることがあげられるが、足の脛の状態によって立っているか、坐っているかの相違が生ずるのである。

所有はmilkとも呼ばれるが、これはあるものが、それ自身が移動すると共に移動するものにとりまかれていることである。例えばある人間がショールをまとったり、ターバンを巻き、シャツを着、サンダルをはいていること、馬が手綱や鞍をつけていることがこれにあたる。それが動くと共に移動しても、それをとりまかぬ場合にはこれに属さない。頭にシャツを巻きつけている男は、とりまかれていてもシャツを着ているとはいわれないのである。またそれが動くと共に移動しないものは、所有に入らない。家は人間をとりまき、壺は水をとりまくが、とりまかれたものが移動しても場所を変えないのだから。

能動とは、あるものが行為し、実際に他に影響を与えている状態にあることである。例えば火が実際に熱でものを燃やす場合、他を熱する場合がこれである。

受動とは、能動を許容するものであり、あるものが他により継続的に影響を受けることである。例としては水が熱せられ、冷却され、黒くまたは白くされることがあげられる。熱せられることは熱さと異なり、黒くされることは黒さと異なる。熱さ、黒さは質に属しており、それらを概念的に把握する際に他のものを必要としない。ここで受動という意味は、影響、変化を蒙ること、一つの状態から他の状態への変化に他ならない。けだし熱には増減があるのだから。もしもこの状態が安定し、熱さによって特徴づけられた場合には、それはすでに受動ではない〔その際には質の範疇に入るのだから〕。この区別には充分留意しなければならない。

五　個々の属性の区分、ならびにそれらが属性であることの証明

量には連続的なものと、不連続的なものとの二種類がある。さらに連続的なものには線(khaṭṭ)、面(saṭḥ)、物体(jism)、時間(zamān)の四つがある。

線とは長さであるが、これは一方向以外に延長、量が存在しない。この延長、量は可能態として物体中に存在する

が、それが現実態となると「線」と呼ばれる。

第二は二方向、すなわち長さと幅の延長をもつもので、物体内に可能態として存在している。これは物体を切断した際に現実態となり、「面」と呼ばれる。「面」とは物体の外面であり、その切断面である。

第三は三つの延長をもつもので、「物体」である。接触が行なわれる面は、その内部になにも含まれぬものと見なされた場合は表面であり、これは属性である。なぜなら〔切断以前には〕物体が存在していても、それは存在しなかったのだから。物体が切断されてはじめて物体中にそれが生ずる。属性とはこのようなものなのである。

表面が物体の断面であるように、線は表面の端から切り出されたものであり、点は線の端から切り取られたものである。表面が属性ならば、線や点がより一そう属性的なことは明らかであろう。

点は線をもっていない。もしもそれがある量、延長をもっていれば線になってしまうのだから。もしもそれが二つの方向に量をもてば面となり、三つの方向に量をもてば物体となってしまう。線、表面、物体のいずれも、運動を想定することにより概念的に把握される。点は一方向に動くと線となり、線はその延長と別方向に動くと面となり、面はその拡がりと別方向に動くと物体となる。

事実は正しいと思われがちであり、線は点の運動により生ずると考えられるかも知れないが、〔実際には〕誤りである。これは想念の考えだしたものである。なぜなら点は場所がない限り動かず、場所は物体がない限り存在しないのだから。したがって〔先後性からいえば〕物体は面の成立に先立ち、面は線に、線は点に、点はその運動の想定に先行するのである。

ところで時間とは運動の量の謂であるが、これについては自然学の部分で述べることにする。

不連続的な量とは数のことである。これもまた属性であるが、その理由は数が単位の繰返しによって得られるからである。したがって一ならびに一という単位が属性であれば、それから得られる数はより一そう属性的といえる。

不連続的量と連続的量の区別は次の点にある。つまり不連続的な諸部分の間には、一方の端が他と接触するような共通する部分がない。なぜならば二番目と三番目の間には接続がなく、両者の間には一方が他と接触するような二つの端にまたがる共通の部分がないのだから。他方線の中央に想定される共通の点は線の左右を結び、線は面の両端を、仮想の面は物体の両端を、現在は過去と未来という二つの時の端を結ぶのである。

一という単位が属性であることの証明は以下のごとくである。それは水の中にも人間、馬の中にも存在する。だが水性の意味と一という単位の意味とは別ものである。それゆえ一つの水は二つに分けられもするし、合して一つにもなる。したがって水は基体であり、一性はそこに生ずる属性である。たしかに一人の人間は、二人の人間とはならない。一性は人間と必然的に結合した属性である。ただしこれは一性が属性であることを否むものではない。

したがって一性とは基体中に存在するものであり、この基体は一性を想定することなく、その本質によりそれ自体の中に自立している。以上が属性の真意である。

質に関しては、色彩と形態の二つの例をあげておく。黒は属性であるといわれるが、その理由は以下のごとくである。もしもそれが基体中にないとすると、それは指示、分割されるか、指示も、分割もされぬかのいずれかである。もしも、指示も分割も許容しないとすると、それは〔いかなる方向においても〕対立を受け入れぬ〔ため識別の対象とならず〕、視覚で認められぬことになる。だが黒とは、特定の方向に視覚で認められる状態であり、視覚により認められ、分割を受け入れるもの以外の何ものでもない。ただしそれが分割されるとしても、それが黒いことと分割されていることと(は)別ものである。分割に関しては〔例えば黒が白と境を接している場合、〕白も黒と同様関与しているのであり、両者は黒性と白性という点で異なるのだから。

ところで物体とは、必ず分割を許容するものである。したがって黒は、属性として「分割されるものの中にある」か、「分割されるもの自体」かのいずれかであるが、後者は不合理である。分割の本質は物体性の本質であり、物体性とはそれ以外の意味をもっていないのだから。黒の本質は分割の本質とは全く別なのである。

たしかに黒は感覚的指示によってそれの場所から区別されないが、すでに述べたように知的指示によって判別されるのであり、したがって属性なのである。

形態はまた属性である。なぜなら蠟の上の形態がさまざまに異なっても、蠟自体は変らずに存続するのだから。したがって円、四角、三角はすべて質の範疇に入る属性である。

円に関してはしばしば異論があり、中心の一点から発して周に及ぶ線がすべて等しいような図形は想定しえないという主張がある。これに関する反駁は以下のごとくである。

物体とは感覚により認められるものである。それは合成体か単一体かのいずれかである。ところで合成体は単一体から成っているから、単一体の証明を欠かすことができない。単一体とは内に異なった種々の性質をもたず、空気、水の性質のように唯一の、均一な性質をもつものである。そこでもしもそこからある量を取り出し、その量のみを考察すると、それには本来形があるか、ないかのいずれかである。そしてもしも形がなければ、それは不合理である。その場合単一体は無限になってしまうが、それは限りあるものと想定されているのだから。

また形があるとすれば、球形、四角、その他の形態をとる。だがそれが球形以外のものであれば不合理である。なぜなら類似の場における類似の性質は異なった形を生ぜしめるものではなく、ある場合に線を、ある場合に角を求めるということはない。そして諸形態中でたがいによく類似する形は球をおいて他にない。したがって、単一体の形は球形の必要がある。球が真直ぐに切られるとその切断面は必ず円であり、かくて円の可能性が証明された。円は諸形態の基本なのである。

他の七つのものに関しては、それが属性であることは明らかである。それは常に物と物との関係を要請し、したがって関係づけられる対象を必要とするのだから。

能動は働きかけ〔作用〕による物と物との関係である。それゆえまず作用を与えるものが存在しなければならない。また受動は作用の受容による物と物との関係であり、まず作用を受けるものが存在しなければならない。残りの四つも同様に、関係をもつ相手を要求している。なぜならそれは時、所、とり巻くもの、部分との関連であり、作用を受けるものをまず初めに必要としており、また任意の時、場所、位置、状態にある何ものかを欠かすことができない。

したがってこれら九つは属性であり、存在という言葉は十のもの、つまり最高類にたいして用いられる。十のうち一つは実体、九つは属性である。

これらのものに本質的な定義を行なうことは不可能である。類はそれ以上普遍的なものをもたないが、本質的定義とは類と種差を集めたものなのだから。したがってこれらは本質的定義をもたないという点で存在と等しいが、属性的定義を許容する点で存在とは異なる。存在は、それにより自らを定義づけるような一そう自明なものをもたないのである。しかし上記のものは曖昧であるため、一そう明白なものにより属性的定義が与えられる。

上述の十のものは、「十の範疇」(maqūlāt 'asharah)と呼ばれる。

存在という語は、これら十の範疇に多義的に用いられているのか、一義的に用いられているのかという問いにたいしては、そのいずれでもないと答えることができる。

ある人々はそれを多義的と考え、〔以下のような議論を述べている〕。属性は存在において実体と意を共にせず、実体の存在とは実体それ自体の意であり、量の存在とは量それ自体である。存在とは一字であるが、意味的に共通しない種々のものを指すことができる点で、〔アラビア語の〕アイン('ayn)という字が種々のものを指すのと似ている。

この見解は二つの点で誤っている。

(一)「実体は存在者である」という表現は有効で、納得しうるものである。だが実体の存在が存在そのものだとすると、「実体は存在者である」は「実体は実体である」に等しくなる。また「能動と受動は存在者でない」という表現は、正しい場合もある。だが「能動と受動は能動、受動でない」となると完全に正しくない。「存在者」という言葉が「能動」という言葉と等しいとすれば、「能動は存在者でない」は「能動は能動でない」となってしまう。

(二)知性は、あらゆるものについて分割は二を出ないと判断する。「ものは存在するか、存在しないかのいずれかである」といわれるのだから。そしてもしも存在にこれら十の意味があるとすれば、分割は二つに限られず、上記の表現は理解されない。むしろこの場合次のように述べる必要があろう。ものは実体か質か、量か、十の残りのものであるかである。すると区分は十であり、二でなくなる。

これは上述の説明で明らかであろう。つまり存在という意味での「実在性」('inniyah)は「本質」(māhiyah)と異なる。したがって「熱を存在させたものは何か」、「その場所に黒さを存在させたものは何か」、と問いうるが、「黒を色としたのは何か」、「色を黒にしたのは何か」、とは問いえない。「実在性」と「本質」の相違は、形相と質料の相違の場合と同様、知性の指示によって認められ、感覚的指示によってではない。

すると次のような反論が予想される。もしこれが正しいとすれば、存在という言葉は十の範疇にたいし同義的に用いられることになるではないか。

これにたいする解答は以下のごとくである。同義的という言葉は、いかなる相違、先行、後行の別なく、同じ意味で示されるもの、例えば人間や馬にたいする動物性、ザイドやアムルにたいする人間性のようなものに用いられる。この場合両者の一方が他より妥当であるとか、他に先行するということはない。だが「存在」という語はまず実体に適用され、ついで実体の仲介により量と質に、さらにこの両者の仲介により他の諸属性に適用されるのである。したがって存在の意味には先行、後行が介入する。

ところで相違(tafāwut)は、黒の存在が安定した状態であり、定着、安定、を欠いた運動、変化、時間のようなものではないことにある。運動、時間、質料の存在は、他の存在に比して一段と脆弱なのである。

したがってこれら十の範疇は、存在のある面〔意味〕で一致し、他の面〔段階〕で異なり、それゆえ同義性と多義性の中間に位置している。このためこの種の言葉は類比的な語('ism mushakkak)もしくは符合〔語〕(muttafak)と呼ばれる。

すると存在はすべてのものにとって属性的であり、原因によって諸本質に現われることになる。本質はそれ自体存在を所有しているものではなく、すべてそれ自体で存在しないものは原因によって存在する。それゆえ第一原因〔つまり神〕は、後に述べるように、外から付加される本質によらぬ〔存在と本質が全く同一な〕存在である。したがって存在は、本質に属するものの類ではない。また属性についても上記の九つに関連する限り同様である。なぜならそれはいずれも、自らの中に本質をもっているのだから。それは、その場〔基体〕との関連において属性をもつものであり、その属性とはそれと場との関連においていわれるのであって、本質との関連においてではない。

なぜなら、例えばそのあるものを想像し、それが属性であるか否かを疑うことは可能だが、種を想像しその類の存在について疑うことはできない。黒を想像してそれが色であることを疑ったり、馬を想像してそれが物体、動物であることに疑念をもつことは不可能なのである。

したがって存在、属性、一性は十の本質の類、種差であることはない。

かくて存在は実体と属性に、また実在は四つ、属性は九つに区分された。同時に九つの属性のうちあるものはさらに小区分され、それらが偶性であることが証明された。ここで論題を存在者の他の区分に戻すことにする。

第二項 〔普遍と特殊〕

存在者は、普遍的なもの (kullī) と特殊なもの (juz'ī) に区分される。その本質については論理学の冒頭で論じたため、ここでは両者に関する理論、付帯的問題について述べる。問題点は以下の四つである。

(一)普遍的という意味は、それが脳中に存在し、具体的に存在しないということである。あらゆる人間は人間性において同一である、あらゆる黒は黒性において同一である、といった陳述を耳にすると、人々は普遍的な黒とは、唯一の、存在する概念であり、普遍的人間も唯一の、存在する概念であると考える。また普遍的霊魂とは個々のものにとっては一であるが、多くの人々の中に、ちょうど父が多くの息子に、太陽が多くの場所にあるようなかたちで存在すると考える。だがこれは完全な誤りである。もしも一つの霊魂が、それ自体で同時にザイドとアムル〔アラブに一般的な人名〕のものであり、ザイドが知者でアムルが無智であるとするならば、一つの霊魂が同一のものとして、同一の状態において知的で無智であることになり、矛盾する。またもしも普遍的生物が多くの生物中に存在する唯一の存在者だとすれば、その一者は歩き、飛び、さらに二本足で歩いたり、四つ足で歩くことになり、矛盾する。

そうではなく、普遍的なものは脳裏に存在しているのである。その意味は以下のごとくである。頭脳は必ず一人の人間を見ることにより人間の形姿とその本質を受け入れる。その後彼以外の人間を見ても新たな影響はなく、以前のままであり、三人目、四人目を見ても事態に変りはない。まずザイドから得られた脳中の像は、至高の神《アッラー》の〔創られた〕世界の人間すべてに関して同一である。種々の人間も、人間性の定義において異なるところがないのだから。だがその後、野獣の姿を見かけると、脳中に他の本質が得られ、像は初めのものと異なる。ザイドという人間からは脳中に個人的な形相が得られるが、それが普遍的であるという意味は、それと現在、未来、過去において存在する人間の関係が同一であり、最初に見かけた人間から脳裏に像が得られると、後の者はこれに付加するものをもたぬということである。

例。同じ図柄の多くの封印があり、その一つを蠟の上に押すと一つの図柄が生ずる。そして同じ場所に第二、第三の封印を押しても図柄に変化はなく、何の影響もない。

この際、蠟に残された図柄は普遍的な図柄、つまりあらゆる封印に〔共通する〕図柄だといわれる。これはその図柄がすべてにおしなべて共通するという意味である。その際、任意の封印とこの図柄との関係は、他のそれと変らないが、これは納得のいくことである。

ただし同一の図柄が金、銀、鉄の封印に刻まれている場合には、種において同一であるといわねば不合理である。また個々別々に見れば、あらゆる封印の図柄は他のそれと異なっている。

とまれ、それらの封印が蠟に残す影響は同一であり、それらすべてから蠟中に得られる図柄は一つである。脳中に印される諸事物の本質的構造、その普遍性の意味はこのように理解されねばならない。したがって、普遍的なものは、それが普遍的である限り脳中に存在し、具体的には存在しない。ゆえに、普遍的人間は外的実在界の中にない。ところで人間性の本質は、具体的にも、脳裏にも共に存在している。

(二)普遍的なものは、すべての特殊なものが種差、属性によって他と区別されぬ限り、多くの特殊なものをもちえない。もしも普遍的なものがそれに付加されるものをもたぬ場合、そこに多性、特殊性を認めることはできない。したがって、同一の場所、同一の状況において二つの黒が存在することは不可能である。絶対的な黒が二になる場合もあるが、その際、両者の間には必ず相違がなければならない。その場合、二つの場所の二つの黒のように場所が問題となるか、二つの時間における同一の場内の二つの黒のように時間が問題となるかのいずれかである。場所と時間が同一の場合には多性は考えられない。

同様に、普遍的な人間性そのものに加えて、時間、性質等の点で一人が他と異なることなしには、二人の人間を想像することはできない。二人の人間が存在しながら、両者の間に何らかの相違がなければ、あらゆる人間が二人、五人、十人の人間でありうることになり、数的区分がなくなってしまう。あらゆる黒に関しても同様に、これは明らかな矛盾である。

この証明は以下の如くである。もしも同一の場所にこの黒、かの黒とたがいに区別される二つの黒があり、一方の黒が黒であり、それが他の黒そのものであるといわれる場合、果して両者は同一であろうか、異なっているであろうか。もしもそれがかの黒そのものであるという意味で同一である場合、われわれが「それは黒い」と述べうるものはかの黒そのものに他ならない。その際、異なるものと想定された黒もまた、かの黒そのものなのである。したがって、そこには多性は存在しない。

もしも「それはかの黒そのものである」という陳述に、「かの黒である」といわれる以外のものが付加される場合には、すでに黒さにたいして付加的なものが必ず補足されており、一方〔後者の黒〕はそれに付加されたものにより他〔前者の黒〕と異なることになる。かくして一つの普遍的なものにとっての種々の特殊なものが多であるためには、種差、属性といった付加的なものが普遍的なものに補足された場合に限ることは明らかである。

それゆえ「第一原因〔神〕」が唯一で離存的〔非質料的〕なものである場合、そこには種差、属性による合成はなく、したがって二性を想像することはまったく不可能である。

(三)種差は類の本性、完全に普遍的なものの本質の内的構成要素たりえず、類の存在中に入るが、存在とは本質と異なるものである。

説明。人間性は動物性の本質の内的構成要素たりえない。動物性の本質は、人間性、馬性その他の種差を必要とせず、物体性とは異なったものとして完全に知性の中に措定されている。なぜならば、物体性が脳裏を去れば、動物性の本質も無意味なものになってしまうのだから。

物体性が動物性の条件であるように、人間性が動物性の動物性たる条件だとするならば、馬は人間でないために、ちょうど動物性が物体でないものに措定されていないように、動物性は馬に措定されていないことになる。だが動物性は、人間にたいすると同様馬にも完全に備わっているのである。

したがって、種差は普遍的なものの本質の内的構成要素たりえない。たしかに種差は、普遍者の存在への転成、現実化に関与しうる。(9) なぜなら、動物は馬、人間等としてでない限り存在せず、動物は馬性や人間性なしに動物たることはないのだから。ただし上述のように存在、本質はこれとは異なる。

種差に関して以上のことが適用されるならば、属性については当然さらに明瞭である。人間性が動物性の本質の内的構成要素たりえないならば、長さ、幅はさらに不可能なのである。

(四)あるものにたいし属性である〔非本質的な〕ものは、すべてある原因の結果であるが、その原因は基体そのものの場合と、それ以外のものの場合がある。前者の例は石が下に落ちる運動、水の冷却であり、後者の例は水を熱すること、石の上方への運動である。以上のように述べた理由は、基体自身にたいするこの属性が、ある原因の結果であるか、そうでないかのいずれかだからである。

もしも結果でないとするると、属性はそれ自体で存在することになる。ところでそれ自体で存在するあらゆるものは、他が無くなることによって無化することがなく、他の存在をそれ自体の存在の条件としていない。しかるに属性が存在するためには、それが属性となる元のものを必要としており、したがってそれ自体で存在するものではなく、当然結果でなければならない。

ついで、その原因は基体そのものの中にあるか、その外にあるかのいずれかである。この区分は包括的であり、したがって明証たりうるものである。そして原因が基体中にあろうが、その外にあろうが、原因の存在はまず第一に現実化され、他の原因とならねばならない。それゆえ、本質はそれ自体の存在の原因とはなりえないのである。したがって、あらゆる本質は外からそれに付加される存在をもっている。またこの外から付加された存在の原因は、本質ではない。原因は他のものの存在を生み出すために、まず初めに存在しなければならないのだから。本質は存在に先立って在るものではなく、したがって存在の原因とはなりえない。

以上のことから、次のようにいえる。もしもある原因の結果ではないものが存在するならば、その存在はその本質と異ならず、存在が本質そのものとなる。もしそれが本質以外のものであれば、本質にたいして属性的なものとなり、本質とは別なものの結果となる。するとそれは〔明らかに〕結果(maʿlūl)であるが、すでにそれは結果でないことが想定されており、したがって不合理となる。

ここで次のような疑問が予想される。特殊なものにたいする普遍的なものは、ザイドやアムルにたいする人間のように種的なものと、人間や馬にたいする動物のように類的なものがあるが、両者をいかにして区別できるであろうか。片方の普遍的なものは属性によってのみ区分される種的なものであり、他方は本質的種差によってのみ区分される類であると、いかにして知ることができるか。

解答は以下のごとくである。ある普遍的なものが示され、それを特定の現実化された存在者と見なす際に、それに属性的なもの〔本質構成要素でない性質〕以外の意味を付与する必要のあるものは、類的である。また属性的なものを必要としない場合は、種的である。種的なものと類的なものの相違を知るためには、すでに述べたように本質的なものと属性的な〔非本質的な〕ものとの相違を知る必要がある。

例。次のようにいわれたとする。四とか五とか指摘された場合、〔例えば〕四の存在を考慮するにあたっては、それがナツメッグや馬、人間であることを付加するだけで足りる。

だがこれらの事物は四、つまり数にとって属性的なものにすぎず、その存在にとり本質的なものではない。すでに指摘したように、本質的なものとは、まずそれを理解せずにはあるものの理解が意味的に完成しないようなものを指している。したがって、四を理解するにあたり、ナツメッグや馬、人間等の数えられるものを想起する必要はないのである。何かの数が指摘された場合、その数が具体的なものと関わっていると想定しえず、当然のなりゆきとしてその数が何であるか、つまり存在しているのは四か五か、それ以外のものであるかと問うことになる。それが五であるとすると、そのあとでそれがいかなるものの五であるかが問われるが、これは数にとり非本質的なものにしかすぎない。これは数が五であること〔本質的〕とは異なっている。後者は数性と別のもの、数性にたいして属性的に現われるものではなく、この数の数性の具体化なのである。

上記の内容はきわめて明白であるが、説明に用いられた〔特殊の〕表現のため、理解が困難であり、多少の面倒が生ずることも予想される。だが字義に拘泥せず、内容の把握に努めることが肝要である。

以上が普遍的なもの〔普遍者〕に関する理論である。

第三項　〔一　と　多〕

存在者は一と多に区分される。ここでは一と多の区分ならびにそれに付帯する諸問題について述べる。

一は本来的な意味ならびに比喩的な意味で用いられる。本来的な一は特定の〔つまり具体的に〕個別的なものであるが、これは三つの段階に分けられる。

第一の段階は真の個別性の場合で、可能態においても、現実態においても多を含まないような個別的な一である。これは点や御稜威《みいつ》類いなき神《アッラー》のようなものである。なぜならそれは現実態において分割されることなく、また分割を受け入れもせず、存在においても可能においても、可能態においても現実態においても多と関わりがないのだから。したがってそれは真に一なるものである。

第二の段階は連続による一であり、現実態には多がないが、可能態において多をもつ、つまり多を許容するものである。例えばこの線は一本である、二本である、またはこの物体は一つである、二つであるという場合がこれで、もしも中に分割があればそれを二と判断し、均一性による連続のために一であるとするならば線は一本であり、物体は一つであるという。それが多を許容するとしても、そこには現実態における多、分割がないのだから。この点でひとは、それが実際の一でないと考えることもあろう。現実態に近い可能態は現実態と見なされがちなものだから。ただし実際にはそれは一であり、この場合の多は可能態におけるものである。

第三の段階は一種の結合による一である。ここでは現実態において多が存在する。例えば多くの異なった部分から成る一つの寝台、一人の人間がこれである。〔例えば〕人間の諸部分には肉、骨、血管等がある。ただし一つの寝台、一人の人間等と呼ばれているため、これが一つとされる。この場合、部分的な観点から現実態において多が生じており、等質の一つの水、一つの物体とは異なる。したがって、この二種の間には相違がある。

以上は、一という言葉が本来的に用いられる個別的なものに関する説明である。

比喩的な場合、一という言葉は種々の事柄に用いられる。それは、これらの事柄が一つの普遍者の中に包括されることによる。これは五つに分れる。

(一)類による同一。例、人間と馬は類において同一である。

(二)種の同一。例、ザイドとアムルは人間性において同一である。

(三)属性の同一。例、雪と樟脳は白さにおいて同一である。

(四)関連におけるもの。例、王の国家にたいするは、霊魂の肉体にたいするに等しいといわれた場合。

(五)基体に関するもの。例、砂糖に関し、それが白くて甘いといわれた場合、白さと甘さは一つである。つまり、その基体が等しいといわれる。

したがって、一という言葉は八つの意味に用いられることになる。なお属性の同一は、属性の区分に応じて区別される。そして量の属性における同一は等量といわれ、質における同一は等質、位置におけるものは平行(muwāzāh)〔本来は対位(muḥādhāh)が正しい〕、特性におけるものは類比といわれる。一という言葉が八つの意味に用いられると認められるならば、それに応じて多という言葉も八つの意味に用いられるのは当然であろう。

一に付帯する問題としては同一（huwa huwa）があげられる。あるものがそれ自体一つでありながら、それを示す言葉、もしくは関係において異なる場合、同一といわれる。例えば獅子とライオン〔アラビア語ではLaythと'asad〕、ザイドとイブン・アムル〔アムルの息子という呼び方で結局はザイドを指す〕のような場合がこれである。

多に付帯する問題としては他性、相違、対立ならびに類似〔等質〕、平行〔対位〕、等量、類比等がある。これは二つもしくはそれ以上のものがないと認められぬが、この点も多の付帯事項に入る。

ここでは対立（taqābul）の区分を欠くことができないが、それは以下の四つである。

（一）否定と肯定の対立。例、人間、非人間。

（二）相関的対立。例、父と子、友と友。一方は他方と対立〔対置〕の関係にある。

（三）所有と欠如の対立。例、運動と静止。

（四）反対の対立。例、熱と冷。

反対と欠如の相違は以下のように説明される。欠如とは、あるものが基体からなくなるという意味であり、別のものが存在してくることを意味しない。[10] したがって静止は運動の欠如である。もしも黒が消えて他の色が生じないとするならば、これは欠如である。そして赤や白が生じたとすれば、それは黒の欠如に外から付加された存在ということになる。したがって、欠如とはあるものの無化にしかすぎないが、反対物はあるものの無化とともに生ずる存在者である。それゆえ、二つの反対物にとり一つの原因では充分ではなく、二つの原因が必要だといわれている。

だが所有と欠如の原因は一つである。この原因が存在すれば所有が起り、それが存在しないかなくなれば欠如が生ずる。それゆえ欠如の原因は存在の原因の欠如であり、静止の原因は運動の原因の欠如である。

相関的対立の特殊性は、一方が他方との類推によって知られることにある。これは熱の場合とは異なる。熱は冷との類推によって認められるものではないのだから。また静止との類推によって認められるわけではない運動とも異なる。

否定と肯定の対立は反対、欠如の場合と次の点で異なっている。つまりそれは言葉の中に存在しており、あらゆるものに適用されるのである。

反対という表現は、ある基体とその反対物の基体とが同一である場合にのみ通用する。ただし〔同一の場で〕一方が他に遅れて生起することがあるが、両者が合一することはないというだけでは充分でなく、さらに赤と黒といった違いではなく、黒と白のような決定的な相違がなければならない。なぜなら赤とは、白から黒に向う中間の色であり、黒から最も遠い色ではないのだから。

反対物の間にはおそらく多くの中間的なものがあり、あるものが他より対立物の一方により近い場合があろうし、中間的なものが一つもない場合もあるであろう。したがって反対は所有と欠如同様、他の反対物と基体を共有する。この点では否定と肯定の場合と異なっている。また反対物間には、男性、女性のように類を共有する場合もあろう。両性が一人の人間に生ずることはないのである。

だが誤解に基づき類を措定し、類の否定をとり出して種差あるいは特性と比較し、それに肯定的な名を与えて反対物と考える場合がある。例えば数は偶数と奇数に分けられる、といったさいに、両者は反対物だと考えられがちであるが、これは誤りである。偶数は決して奇数であったためしがなく、両者の基体は同一でない。偶数の基体と奇数の基体は異なっており、〔したがって反対関係はなく、〕この場合両者の対立は否定と肯定の対立である。偶数とは二つの等量に分割される数の意であり、奇数とは二つの等量に分割されぬ数の意味なのだから。

ここで次のように主張することができる。〔奇数〕が分割されぬということは、完全な否定である。しかし偶数にたいして奇数という言葉が用いられたため、それが反対物として〔偶数に〕対立していると思われているにすぎない。

また一つのものにたいして一つ以上の反対物があるか、という問いには以下のように答えることができる。反対という表現が一つの基体に、たがいに完全な相違をもって交互に現われる二つのものという意味である限り、この特殊な意味に準じて対立物は一つでなければならない。最も遠いものは必ず一つしか存在しないのだから。

第四項〔先行と後行〕

存在者は先行者(mutaqaddim)と後行者(muta'akhkhir)に区分される。先行、後行も存在の本質的な属性である。先行するものについては、「それは先だ」('inna-hu qabl)といわれ、後行するものには「それは後だ」('inna-hu ba'd)といわれる。「至高の神《アッラー》は世界に先だつ」はその一例である。

先行が五つに区分されるため、先行性は五つの意味で用いられる。
(一)最も明瞭なもので、時間的先行である。ちょうど先(qabl)という言葉が本来時間的先行を意味していたように。
(二)段階的先行。〔これに二種あるがその一は〕位置的なものである。例えばホラーサーンからメッカに赴く場合、バグダードはクーファの手前にある。もしくは〔礼拝のさい〕キブラ〔メッカ、カアバ神殿の方向〕等の点から見てこの列があの列より先方にある、といったものである。[11]〔その二は〕本性的なものである。例えば普遍性の観点からすると、動物性は人間性の先にあり、物体性は動物性の先にある。この特徴は、他の側を起点とした場合順序が逆になることである。もしも特殊なものから考慮すると動物性は物体性に先行し、メッカを起点とするとクーファがバグダードの先になる。

(三)名誉の上での先行。アブー・バクルとウマル――神《アッラー》よ両名を嘉し給え――〔を比べた場合〕アブー・バクルが先に来る。彼は名誉、美徳においてあらゆる教友たち――神《アッラー》よ彼らを嘉し給え――に先んじているのだから。

(四)〔推論の際の〕本性上の先行。これはあるものが後に来るものの除去によってなくならず、先立つものの除去によりなくなることである。例えば「一は二に先行する」。そして世界から一がなくなると想定すると、二もなくならねばならない。あらゆる二は一と一とでできているのだから。ただし二がなくなると仮定しても、一がなくなる必要はない。だが一が二に先行するといっても、それは時間的先行の意ではない。一は二と共にありうるが、それにもかかわらず一の〔本性的〕先行性が理解されうるのである。

(五)本質上の先行。これはある存在が他のものと共にあるが、他の存在がこれに依存し、この存在が他に依存していないものである。これは原因が結果に先行し、手の動きが指輪の動きに先行するようなものである。なぜなら手が動き、そして指輪が動くといった方が、指輪が動き、そして手が動くというより正しいのだから。ここで用いられている接続詞「そして」(fa)は順序の先後を示すものであり、時間的には同時であることが理解される。この先行性は、因果関係、必然性によるものである。

第五項〔原因と結果〕

存在者は原因(sabab もしくは ʿillah)と結果(musabbab もしくは maʿlūl)に区分される。一方でそれ自体存在し、特定の他のものの存在に依存していないものがあり、他方この他のものの存在がそのものに依存していたとする。その際、前者は後者の存在の原因と呼ばれ、後者は前者の結果と呼ばれる。

諸部分から成り立つものに関して、部分の存在は全体の存在に依存せず、全体の存在こそ諸部分の存在、それらの合体によっているといえる。それゆえスカンジャビーン[12]は砂糖の原因でなく、それが砂糖で作られているため、砂糖こそスカンジャビーンの原因なのである。以上で部分が全体に時間的に先行していることは明瞭であろう。人間にとっての手のように両者が時間的に同時であっても、事情に変りはない。したがって、全体の部分であるものはすべて全体の原因である。

原因は、結果自体の部分であるものと、その外にあるものとに分けられる。また結果の部分であるものは、椅子にとっての木材のように、結果の存在がその存在と必然的に結びついているものと、椅子の形相のようにその存在を想定する際に結果自体が必要なもの、の二つに分けられる。〔後者の場合〕椅子の形相が存在すると仮定された際には、必ず椅子が存在しなければならぬ点で木材の場合と異なっている。もちろん椅子の存在は、形相と木材の合体なしには存立することはないが。

木材と椅子のような原因と結果の関係は元素因(ʿillah ʿunṣurīyah)と呼ばれ、形相との関係のようなものは形相因

(ʿillah ṣūrīyah)と呼ばれる。

〔結果の〕外にある原因は〔二つに分れるが、その一は〕椅子にたいする大工のようにものが生ずる原因で、作動因(ʿillah fāʿilīyah)と呼ばれ、息子にたいする父、熱にたいする火もこれに属する。〔その二は〕ものの生ずる原因と異なり、ものの目的となる原因で、完全因(ʿillah tamāmīyah)もしくは目的因(ʿillah ghāʾīyah)と呼ばれるが、家にたいする居住性、椅子にたいする腰かけるための有効性がこれに当る。

目的因の特性としては、これにより他の諸原因が原因となるという事実があげられる。大工の心中に腰をかけるという目的性があり、それを許容する椅子の形相がない限り、大工は作動因[13]とならず、木材が椅子の元素〔材料〕となりそこに形相が宿ることはない。目的因は、それがあらゆる原因中に見出されるゆえに、最高の原因であるといえる。

作動因は、火が燃え、太陽が光で照らすように本性によるものと、人間が歩くように意志によるものとがある。

あらゆる作動因は行為〔作用〕の際に目的をもっている。したがって、この目的の有無が等しいことはありえない。目的とは、行為者〔作動因〕にたいし行為〔作用〕の存在をその欠除より一そう妥当ならしめるものなのである。さもなければ、目的とは呼ばれない。行為者にとり、原因の有る場合、無い場合が同様であれば、ある利益、目的のために原因が存在した方がないより良いとはいえなくなる。〔原因の有無が問題にならぬような〕すべてのものには、原因がない。

何ゆえに原因の欠如より原因の存在を選ぶかという問いは依然として続き、原因が指摘されぬ限り問いがやむことはない。原因とは行為者にたいし、行為の存在をその欠如より一そう妥当ならしめるものに他ならず、もしもより妥当でないとすると存在と無が等しくなり、その一方に傾くことが不合理になる。

目的を欠いたあらゆるものには欠陥がある。なぜならば、この目的の達成は、それを達成せぬことより優れているのだから。したがって、それ〔目的を欠いたもの〕は自らのうちに良きものを欠いていることになり、目的が具体的に達成されると、その達成により完成される。それゆえ、この達成なしには自ら完全であるとはいえないのである。

行為者は自らの利益のためでなく、他の利益のために行為すると説く者があるが、これは誤りである。その際には、他のための利益の達成は、行為者にとりそれを達成せぬことより妥当かと問われる。もしも行為者にとり利益の達成がより妥当だとすれば、彼は他を益すと共に、自らもまた一そう妥当なことによって益されている。すると彼は、他を益する以前にはより妥当なことから切り離され、欠陥があったという結果が生ずる。また彼にとってもその達成が何の益もないとすると、必然的に、しからば彼は何ゆえにそれを達成したのか、という問いかけがなされる。

したがって、あらゆる行為者は目的をもっている。そして目的は彼を完成せしめ、それ以前にあった彼の欠陥を、その達成により得られた完全性により除去するのである。ちなみにこのような作動因は、目的、選択の作動因よりも一段と高い位置にある。

当初行為者でなかったものが後に行為者となった場合には、条件、本性、意志、目的、能力、何らかの状態等に属するものの出現、更新が不可欠である。行為者の状態が相変らず以前と同様で、その内部においても、外部においても現在にいたるまで事態が更新されず、彼の行なう行為の存在がその欠如よりも妥当でなく、旧態依然のまま欠如の状態が継続していると、その状態はそのまま継続しなければならない。

もしも、行為の存在に重きをおく要因がないために欠陥が継続し、現在にいたって行為が存在するようになったとすると、その原因は上記のような原因の現実化にあらざるをえない。このような原因が新たに生ずることがなく、依然としてそれが拒否されていれば、当然欠如は旧態のまま在続するが、これについては後に詳述されるであろう。

ここで特に指摘すべきは、原因が本質的原因と、属性的〔非本質的〕原因とに区分されるということである。属性的原因は純粋に比喩的な原因（ʻillat majāz maḥḍ）と呼ばれるが、これは結果がその原因自体によってではなく、他の原因によって現実化されるようなものである。ただし他の原因は、この原因によってしか結果を必然的となしえない。例えば、天井の下の柱を取り除く者は天井の破壊者といわれるが、これは比喩的な表現である。なぜなら、天井が落ちる原因はそれ自体の重さなのだから。ただしそれは柱により落ちることを妨げられている。そして柱を取り除く者が天井の落下を可能ならしめ、その結果天井が落ちることになる。

他の例をあげれば、サカモニア〔という薬〕は冷却の本性を拒ける胆汁を除去することにより、〔人体を〕冷却させる。冷却は〔人体の〕本性であるが、これは障害がなくならねば現実化されない。したがって、サカモニアは胆汁の喪失因であり、それが除去された後に本性的に生ずる冷却の原因ではない。

第六項 〔有限と無限〕

存在者は有限のものと無限のものとに区分される。有限のものはさらに四つに分けられ、そのうち二つは不合理で存在せず、他の二つは三段論法によりその存在が証明されている。
(一)天体の運動は無限である、つまり始りがないといわれる。これについてはすでに三段論法による証明がなされている。

(二)肉体から離存する人間の霊魂の数もまた、無限であるといわれる。これもまた時間と天体の運動の有限性の否定、つまり始原の否定から必然的に生ずる結果である。

(三)物体は無限であり、また距離は上にも下にも無限であるといわれるが、これは不合理である。

(四)あるものには原因があり、その原因はさらに原因をもち、最後まで原因をもたぬ第一原因に至ることはなく、したがって原因は無限であるといわれるが、これも不合理である。

以上の確認。あらゆる数の単位は共に存在しており、本性上それには先行、後行の順がある。したがって無限の数はありえない。無限の原因に関してもこれと同様である。つまり原因と結果の順序は本性的、必然的なものであり、この順序がなくなれば、それが原因であることも無効になってしまう。これは順序をもつ物体、距離についても同様である。要するにそれらのあるものは必然的に他の先にあり、一方の端から始まるとすれば、順序は本性的なものではなく、位置的なものであることは、すでに先行、後行の諸区分の相違について述べたと同様である。ただし天体の運動のように、両者〔本性的な順序と位置的な順序〕の一方〔後者〕だけをもつものに関しては、その有限性の否定も不可能ではない。なぜなら、それは順序、継起性をもっているのだから。しかし同一の状態においてそのあらゆる部分が共存することはない。それゆえ、天体の運動は無限であるという意味は、〔確として〕存在する運動ではなく、消滅し無化する運動の有限性の否定なのである。(14)

同様に死後肉体から離存する人間霊魂については、それらが共に存在するにもかかわらず、その数の有限性が否定される。霊魂中には本性的な順序がなく、この条件が除去されれば〔それに本性的な順序があるとすれば〕、それは霊魂でなくなってしまう。ある霊魂は他の霊魂の原因となることがなく、それらは本性、位置に関して先行、後行の別なく共存しているのだから。先行、後行が想像されうるのは、それらが生起する際のことなのである。他方霊魂それ自体は、それが霊魂そのものである限りにおいて、順序をもつものではない。諸霊魂は存在において同等であり、この点に関しては距離、物体、原因、結果とは異なる。霊魂が無限であり、運動に始原がない可能性については、後にその証明が記されるであろう。

有限性否定の不合理

ここでは物体、距離ならびに位置的、本性的順序をもつものについて論ずる。
距離に関する有限性否定の不合理は、以下の二つの証明によって認められる。

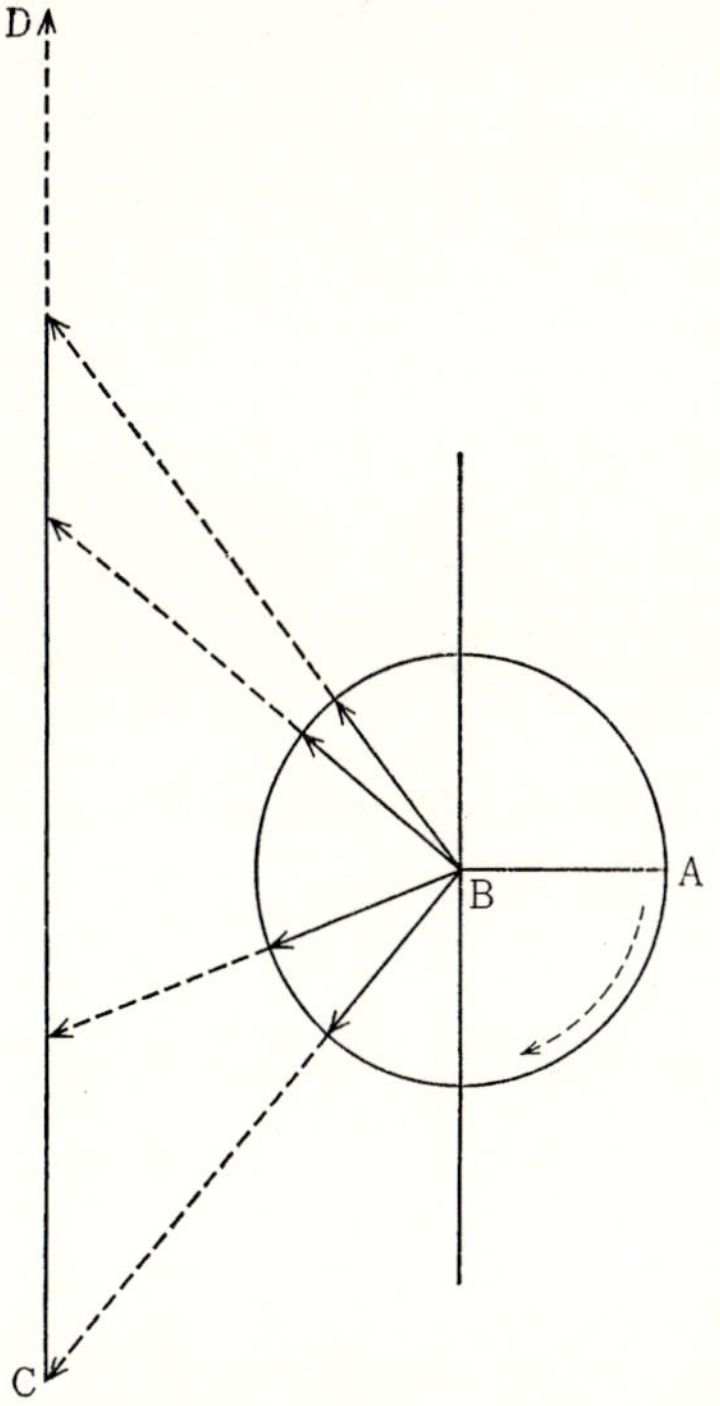

図 1

（一）Dの方向に延びる無限の直線CDを想定し、CDのCの方向に円中の線ABを移動させ、CDと平行にする（図1）。この移動は当然不可能である。だがこの直線を平行の状態からCに近い方向に移動させると、〔直線ABの延長と直線CDとの〕交点ができる。これは最初の交点である。その後〔直線ABの移動と共に〕他の交点が生じ、ふたたび他の方向に平行が生じて交点がな

図 2

くなる。ただしこれは不合理である。

その理由は、平行からの傾斜が想定され、それに交点がないとすれば不合理だからである。また交点も不合理である。交点はまず第一の点に位置するのだが、無限の直線には第一の点など存在しないのだから。すると最初の交点と想定される点はすべて、それが交わる以前に当然他の交点をもつことになる。したがって直線は無限の他の点と交わる以前に最初の交点をもちえない。結局最初の交点などは存在せず、それゆえに不合理なのである。

以上は無限の距離の不合理を示す決定的な幾何学的証明であり、これは具体的存在、空のいずれを想定しても妥当する。

(二)無限の直線をABとし、ABがBの方向に無限であると仮定する(図2)。そしてAB上に点C、Dを定める。その際DBを有限とすると、それにCDを加えたCBは有限である。またDBを無限とし、想像中でDBとCBとを重ねると以下のようになる。

まず両者がBの方向に向って延び、たがいに相違がない場合は不合理である。DBはCBより短いが、(両者が等しいとすると)長いものが短いものと等しいことになる。

またDBがCBより短く途中で終り、CBが延長し続けた場合、DBはBの方向で切れた点で有限となる。だがCBはDBより有限の量CDだけしか長くない。有限に有限を足しても有限でしかなく、それゆえCBは必然的に有限たらざるをえない。

無限の原因の不合理は以下により認められる。ある原因が他の原因の原因であるという具合に、原因に順序があるとすれば、それは当然結果ではない最後の原因に帰着し、したがって有限であることになる。もしもそれが終りに至らず、連綿と続くとすれば、これら無限の原因の総体は、総体として共存するかたちで現実化されることは疑いない。そしてこの総体は、総体として可能的、結果的であるか、必然的であるかのいずれかである。だが総体は結果された諸単位により現実化されるのであり、結果によって現実化されたものは必然的でないという理由で、必然的たりえない。するとそれは結果的ということになるが、その際にはこの総体以外の原因を必要とする。ここではすでに、あらゆる諸単位が総体中にあるものと規定されており、それらすべてを包括する総体が結果的であることが立証されたわけである。したがって、それは結果的でない別の原因を必要としており、それゆえ必然的に終りがあり、有限である。以上が有限のもの、無限のものの説明である。

第七項〔可能と現実〕

存在者は、可能態(bi-l-quwwah)におけるものと現実態(bi-l-fi'l)におけるものとの二つに区分される。可能(quwwah)〔原意は能力〕、現実(fi'l)〔原意は行為〕という言葉は種々の意味に用いられるが、ここではその一部しか対象としない。

可能は、能動的可能(quwwat-l-fi'l)と受動的可能(quwwat-l-'infi'āl)とに分けられる。

能動的可能とは、作動因を作動因たらしめる準備を行なうものの意であり、〔ものを〕熱する際の火の熱がこれに当る。

また受動的可能とは、受動の許容を準備するものの意であり、例えば蠟の中の柔かさ、粘りが、彫塑、成形を受け入れるようなものである。

可能と現実は他の面では対立している。なぜなら、実際に現実化されるあらゆる存在者は、現実態において存在するといわれるのだから。この意味は、前述の現実とは異なっている。なぜなら、第一原理〔神〕そのものはあらゆる点で現実態にあるといわれ、そこには可能態にあるものは何一つないのである。〔可能と対比される〕第一の意味における現実は、第一原理には妥当せず、現実化された存在者を意味する場合にのみ通用する。この現実に対応する可能とは、ものの存在以前の存在の可能性である。ものがいまだに存在していない場合、それは可能態にあるといわれるが、これは正しい。またそれは可能態における存在者であるといわれるが、このさいの存在者とは、酒は酔わせるものであるという表現同様に比喩的である。酒の中の酔いは、酒壺の中に可能態において存在しているが、これは比喩である。なぜならそれは〔実際に〕酔わせるものでなく、酔わせる可能性があるために可能的に酔わせるものと呼ばれているのである。これは一つの物体が分割されるといわれるのと同様である。つまり物体中の分割は可能態において存在しているのであり、さもなければ物体が切断され、諸部分が切り離されて分割が行なわれる以前に、実際の分割が行なわれることになる。

この項を終えるに当り、さらに二つの理論をあげておく。

(一)存在の可能性という最後の意味での可能に関する理論として、それが自らの宿る場、質料を求めることがあげられる。

このことから、具体的に生ずるあらゆるものには質料が先行する必要が生ずる。したがって、第一質料は有始的なものではなく永遠的でなければならない。なぜなら、すべて有始的なものはその生起以前に可能態にある、つまり生起する以前に現象可能なものだったのだから。それゆえ、生起の可能性は生起に先行しており、したがってこの可能性は実現されるものであるか、何ものでもない〔無〕かのいずれかである。

もしも何ものでもないとすれば、この生起するものには可能性が認められず、したがって、存在する可能性がなく、決して存在することができない。存在することができなければ、端的にそれは存在しえず、したがって、これは不可能である。かくして可能性とは、知性がそれを確証するような存在的なものであることが明らかにされた。するとこれは、実体として自立するか、基体を必要とするものかのいずれかである。だが、可能性が自立する実体であるということは誤りである。それは可能的である他のものに付加された〔外的〕性質なのであり、それ自体が自立するとは考えられない。したがって、当然それは基体を必要とするが、結局可能性とはその対象における変化の受容だということである。

例えば、この若者は学習が可能であるといわれた場合、彼に学識が可能となる。またこの精液は人間となる可能性があるといわれた場合、人間の存在の可能性は精液の性質となる。またこの空気は水となる可能性があるといわれる。もしも質料が先に存在せずに有始的なものがありうるとすると、有始的なものは生起に先立って生起する可能性があるという意味がなくなる。なぜなら、可能性とは、それが存立するために必要な存在者を要請する性質なのだから。そしていまだ存在しないものが性質を受容することはない。すると、あらゆる有始的なものはその質料中にあり、その生起の可能性はその場の中にあることになる。それが可能態においてあるとは、まさしくこのような意味なのである。これは知が若者の中に可能態としてあるというのに等しく、棗椰子が核の中に可能態としてあるというのと同じである。〔このような意味での〕可能は近い場合と遠い場合がある。精液が人間であるのは近い可能態においてであり、土が人間であるのは遠い可能態における場合である。後者が人間となるのは種々の曲折を経て後のことなのだから。

(二)能動的可能は以下の二つに区分される。

第一、作用のための可能は、それと矛盾するものを拒否する。例えば、火の燃焼は不燃焼とは異なる。

第二、作用とその中止に関わる可能。例えば、運動と静止にたいする人間の可能のごときもの。

ちなみに、第一のものは本性的可能(quwwah ṭabī'īyah)、第二は意志的可能(quwwah 'irādiyah)と呼ばれる。

この第二の可能は、完全な意志が付与され、なんら障害が存在せぬ限り、そこから行為が現実化されることは本性的に必然的であり、第一の可能が必然的であるのと同様である。なぜならば、能力は、それが将来され、意志が完全となると遅滞、逡巡することなく決定的なものとなる。そして、なおも作用が実現されぬとすれば、それは障害による他はない。能動的可能と受動的可能が出会い、両者がいずれも完全であれば、必ず受動が実現されるのである。

結論。あらゆる原因は、必然的にその結果をもたらす。自らの原因から必然的に結果をもたらさぬようなものは存在しない。それが実現されぬとしても、原因の諸条件が整わぬため現実化されぬ可能性があるにすぎないのである。

原因の諸条件が完備されると、結果の実現が必然的となり、実現されぬことは不可能になる。必然化するものが存在し、必然化されるものが存在せず、遅延するとすれば、本性的な場合には必然化するものの本性が、意志的な場合にはその意志が完全でなく、またその作用がそれ自体によるものであればそれ自体の欠如が原因なのである。それから必然化されるものが実現されぬ可能性がある限り、それは現実態における原因でなく、可能態における原因である。その際には可能態から現実態に移行させる何ものかが必要であり、これが将来されると現実〔態〕への移行が必然的となる。

第八項　〔必然と可能〕

存在者は必然的なもの（wājib）と可能的なもの（mumkin）とに分けられる。つまりあらゆる存在者は〔以下のごとく区分される〕。〔第一は〕その存在が他のものと関連づけられているものであり、他が存在しないと想定するとそれ自体もなくなる。例えば椅子の存在は、木材、大工、坐る必要、形相と関連しており、これら四つのうち一つを欠くと、必然的に椅子は存在しなくなる。

〔第二は〕それ自体の存在が他と一切関連をもたぬ場合であり、他のあらゆるものの非在が想定されても、それがなくなることはない。それは自ら充足しているのである。

専門用語で第一は「可能的なもの」と呼ばれ、第二は「必然的なもの」と呼ばれている。

ここで筆者は、その存在が自らに発し、他に依存していないものすべてを必然的なものと呼ぶ。

また自らに依存していない存在は、それ自体不可能であり、その存在が絶対に不可能であるか、それ自体可能的であるかのいずれかである。

必然的なものとは存在が必然的であり、無〔非在〕が必然的でないようなものである。また可能的なものとは、その存在も無〔非在〕も必然的でないものの謂である。

ただしそれ自体によって可能的なものはすべて、もしも存在をもつ場合、その存在は必ず他に依存している。もしそれ自体で存在しているとするならば、それは必然的となり、可能的ではなくなってしまう。この種の可能的なものと他のものの関係には、三つの場合が考えられる。

(一)原因である他のものの存在から考慮すれば、それは必然的である。すでに明らかなように、結果の存在は原因の存在において必然的なのである。

(二)原因が存在しないとすれば、それは不可能である。なぜなら、それが存在するとすれば、それはそれ自体によって存在し、〔他の〕原因によっていないため、必然的となってしまうのだから。

(三)原因の有無については考慮せず、それ自体を考察すると、それから第三のもの、つまり可能性が生ずることになる。これはちょうど「四」の存在の原因が「二」と「二」の存在であるといったものである。「二」と「二」が存在しないとすると、この世に「四」が存在することは不可能である。ただし「二」と「二」が存在するならば、「四」の存在は必然的である。だが「二」を問題とせず「四」そのものについて考慮した場合、それは自ら可能的に存在する。つまりその存在も、その無も必然的ではないのである。したがって、その存在がそれ自体によって可能的なものはすべて、固有の原因によってその存在が現実化されることになる。

しかし可能的なものが、その原因により生起の可能性にとどまる限り、それは〔依然として〕現実化されない。だが原因により存在が必然的となると、〔初めて〕現実化されるのである。なぜならそれが可能的であるかぎり無〔非在〕が

続くのだから。従ってこの可能性は消滅する必要がある。(15)
この消滅する可能性は、可能的なものがそれ自体でもっているものではない。なぜならこの可能性は消滅するために原因と結びつくのではなく、むしろ可能性がその〔可能性の〕原因から消滅〔分離〕されねばならないのである。すると、可能性は必然性と交換される。それはすべての条件が整い、原因が当然あるべきものとなり、〔完全な〕原因となって生ずるのである。

ここで可能的なものに関する重要な基本問題の認識が必要となる。この問題からは大きな公式が築かれることになるが、それは次のような問いである。世界が永遠的であるとするならばそれは至高の神《アッラー》の行為か、否か。ただしあらゆる可能的なものはその存在が他に依存しており、この他はその行為者〔作動因〕であることが認められている。

あるものが作動因であることからは、二つの事柄が知られる。

（一)作動因は、あるものを無から存在へと移行させることによりそれを生起させる。これは人間が存在しなかった家を建てるように、明白、周知のことである。

(二)あるものの存在がそれ自身によっている場合で、例えば太陽による光の存在がこれに当り、太陽は光の本性的な作動因と呼ばれる。

諸々の生起のみにしか作用の意味がないと考える人々は、生起が起った場合、それを生起させるものは必要でなく、それ〔生起させるもの〕がなくなっても生起はなくならぬと思うであろう。人々は次のような主張をあえてするかもしれない。神《アッラー》が存在しないと想定しても、世界が存在した後に無に帰すとはいえない。その例、論拠としては以下のようなものが考えられる。

例。家を建てた後で建築に携わった者が死んでも、家にとって何の害もなく、彼が死んだからといって家はなくなりはしない。

論拠。無化するものは〔それを〕存在させるものを必要とするが、存在するものは〔それを〕存在させるものを必要としない。

例についていえば、これは誤りである。建築家が家の存在の原因であるというのは比喩的表現である。彼は家の諸部分間の運動の原因であって、これらの運動は彼の運動の結果であり、彼の運動がやむとやんでしまう。次いで、家の形態が存続しているという意味は以下のごとくである。基礎は家の置かれた場所にある。家は重く、下に落ちこむ傾向があるため、その下のがっしりした基礎が家の沈下を妨げている。したがって、原因は家の重さであり、がっしりした基礎はその下にあるが、この基礎がなくなると家の形はなくなる。

煉瓦でできた壁は、煉瓦中の乾燥によって形が維持される。もしも鋳型に入った液体で壁を作るとすると、鋳型をとり除けば乾燥がないため、壁の形は維持されない。

したがって建築家が家の作動因でないことは、父が息子の作動因でないのと同様である。彼は性交という運動の原因であり、この運動は精液が子宮に向う運動の原因なのである。また精液内で人間の形態が現われる原因は、形相と共に存在する精液中の精子である。霊魂の原因は常時存在し続ける原因〔神〕であるため、これに反論する余地はない。

論拠に関して言及すれば、存在者が存在せしめるものを必要としないという点は正しい。ただしそれは自らの存在のために永遠的なものを要求するのである。

説明。有始的な作用は二つの性質をもっている。(一)それは現存している。(二)それは以前非在であった。同様に作動因もまた二つの性質をもっている。(一)それ〔作動因〕から現在の存在が生ずる。つまり、現在それから生起が存在してくる。(二)存在は以前にそれ〔作動因〕から生じていない。ここで留意すべきは、作動因と作用の関わりに三種あることである。つまり作用の存在の側面に属するもの、先行する作用の非在の側面に属するもの、この両者に関わるものである。

ところで非在の側面に属するものは誤りである。先行する非在は作動因と関わりなく、作動因はそれに影響を及ぼすことがない。[16] また両者に関わりあるとする場合も誤っている。非在と作動因との関わりがありえないならば、作動因が両者〔作用の存在と非在〕に関わることも不可能であろう。〔作動因の〕作用との関わりは不可欠であるが、残された可能性は作用の存在しかない。したがって作動因と関わるものは作用の存在であり、その非在ではない。

ここで作用が作動因と関わるのは非在に先立たれた存在としてであると述べられたとする。その真意は、〔作用の〕存在はその非在の後にあるのであって、作動因はそれが非在の後に存在へと転化することに関していかなる影響も及ぼしえない。[17] なぜなら、作用の存在は非在の後の存在でしかありえないのだから。したがって、それは非在自体の後にあり、作動因がそれを非在の後の存在ではない存在へと変化させようと努めても不可能である。それゆえ、それ〔作用〕が非在の後に存在することは作動因の働きによるものでなく、作動因の作用の存在にたいする影響と見なされるべきものである。作動因は作用しないことも、存在せしめないことも可能である。ただし、それを非在の後でなく存在せしめることはできない。

したがって、生起が作動因を必要とするのはその存在の側面においてである。なぜなら、それ〔生起〕はこの側面においてのみ可能なのだから。またそれが非在の後に存在するということは必然的であり、可能的でない。ゆえに、それ〔その非在の後の存在〕は作動因を必要としない。ただし、それと作動因の関係が存在の側面にある限り、それは作動因を欠くことができず、作動因と関わっている。つまり、その存在はいかなる状況においても作動因に依存するが、これは光の存在がいかなる場合にも太陽に依存しているようなものである。

前述したように作動因も二つの性質をもっているが、作動因が原因である場合は、他がそれによって存在するか、他がそれによって存在せず、後にそれにより現実化されるかのいずれかである。事実それは、他がそれによって存在するという意味での原因であり、まず存在せずしかる後に存在するという意味での原因ではない。存在は以前にそれから発しておらず、作動因は原因ではなかったのだから。そしてこの事実は、それが原因であることの否定に役立つが、それが原因、作動因であることを肯定するものではない。

これはちょうど人間が、初めは意志によってしか存在しないものを望まず、後に望むようなものである。そして願望が実現されると、彼は願望、意志が実現されたという意味で作動因となるが、これは意志が非在の後に実現されたという意味においてではない。このようにものの存在と、それが存在するに至ることは別なのである。またものが原因、作動因であることと、それが原因、作動因となることとは別である。ものが存在しなかった後に存在者となることは、それが存在しなかった後に原因、作動因となることに対応し、その存在者たることは、その作動因たることに対応している。

作用とは、ものが存在しなかった後に存在者となることだと理解する者は、作動因とはそれが原因でなかった後に原因となることだと考えねばならない。すると作動因〔非因果的なものから〕は因果的なものへと変化し、存在しない結果が存在へと変化することになる。[18] また作用が作動因により存在すると理解する者は、作動因とは存在の原因であり、存在への転成の原因ではないと考えねばならない。作動因とは、存在自体にとっては付加的な〔本質的でない〕ものの存在の原因にすぎないのである。それがもしもつねに原因であれば、つねに作動因であり、一時的な原因であれば、一時的な作動因である。またそれは作動因となれば原因となり、恒常的な作動因となれば恒常的な原因となる。たしかに一般人士は、ものが作動因であることと、ものが作動因となることを区別しえない。それゆえ彼らは勝手な想像をめぐらすのである。

上述の議論から以下のような結論が得られる。つまり結果は、それが存続する限りいかなる状態にあっても、原因によって存立するのであり、それを欠くことができない。原因と作動因がなくなれば、結果も作用もなくなってしまうのである。もしも作動因が永遠的なものだとすれば、作用も永遠的なものとなる。なぜなら、上述のように、作動因と作用との関連はその存在の面に限られており、非在の後の生起という面でのそれではないのだから。

(1) ここで実体の本質と訳した「本質」の部分には、原文では三つの語が用いられている。dhāt, ḥaqīqah, māhiyah はこの文脈ではいずれも「本質」を意味する。dhāt はそのもの自体、もしくはそれを構成するものの意から転じて「本質」を意味するようになったもの。ḥaqīqah は真実、現実、最高の真実としての神を指すなど用法が広いが、第一の意義から「本質」をも意味する。māhiyah はものの「何であるか性」の観点から本質を意味する。

(2) ここではシブル、アスビウ等アラビアの尺度が用いられているが、以後すべて日本のそれに直す。

(3) 単一実体 jawhar fard は、具体的にも想念のうちにあっても分割されぬ原子のこと。

(4) 原文 law furiḍa jawharayn を文脈の上から law furiḍa bayna jawharayn と訂正する。

(5) この部分は有名な二律背反を含む箇所。物体に関して真偽判断が対立するような二つの事柄とは、すぐ後に説明される二つを指している。これを整理すれば、「物体が(物体的形相を構成要素としている以上)必ず連続性を内包する」ことと、「連続性をもつ物体が分割を許容する」ことになる。連続性そのものは分割を許容しない。したがって理論的には上記二つの事柄のいずれかが誤っていることになるが、物体に関して両者のいずれも正しいとして考察するイブン・シーナーに倣ってガザーリーも論理を展開している。

(6) 分割を許容するものが連続性そのものであれば不合理であることの論証の部分は、いささか説明を要する。「分割を許容するもの」は端的にいって「分割」であり、「分割が許容されるもの」は「分割されるもの」と簡略化されうる。すると後出の「連続するものの中以外に連続性を想像することができない」に倣って、この部分を「分割されるものと共にしか分割はありえない」が得られる。ただし連続性は分割されるものではなく、したがって分割を許容するものが連続性ではありえない。論理的手順からいって分割されるものの存在について確認せずにその無について云々することはできない。以上がこの箇所の大意である。

(7) 理論的にいって連続性は分割を許容しない。ただし連続性を含む物体に関しては分割を許容している。

(8) 中心を求め、外周を求めるという表現は、左の図のように重いものが地球の中心に向い、軽いものがその反対側に向うという考えに基づいている。

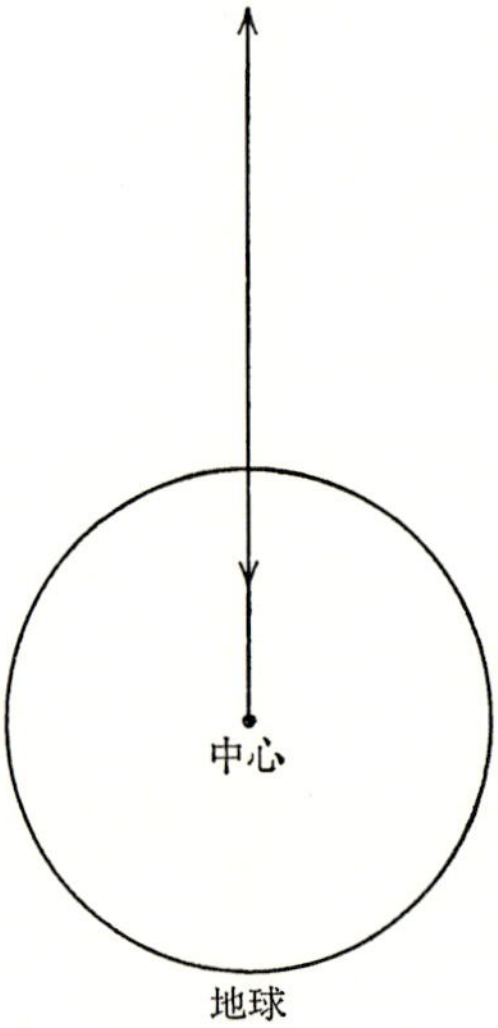

(9) この部分を簡明に表現しかえると以下のようになる。本質はそれ自体では種差を必要としない。種差が介入してくるのは、本質が現実化される場合のみである。

(10) ここでは欠如と反対の説明が次のような関連で説明されている。つまり、欠如とはあるものが基体からなくなるだけである。運動が基体からなくなれば静止が生ずるが、これは欠如の例である。運動と静止は所有と欠如の関係にある。ただし反対の場合、黒と白を例にとれば、まず黒がなくなり、次いでそれとは別のもの、白が生ずるという経過をたどる。反対が成立するのに二つの原因〔黒がなくなる原因、白が生ずる原因〕が必要とされる所以である。

(11) ムスリムは集団礼拝の際、特定の礼拝の方向と定められたメッカのカアバ神殿の方向(キブラ)に向い、何列にも横列を作って礼拝する。したがって、キブラに面し各列ごとに前列、後列、先後の順ができる。

(12) 本来は酢と蜂蜜で作った健康飲料水。質の悪いものは蜂蜜の代りに砂糖が使われている。

(13) ここで作動因と訳した fā'il は、同時に行為者の意味をもつ。後は適宜に二つの訳語を使い分けた。作用と訳した fi'l は、本来行為の意味であり、これも二つの訳を使い分けたので了承されたい。

(14) 天体の運動は、位置的な順序に属し、本性的な順序に属するものではない。したがって、天体の運動の無限がいわれる場合、無限の運動が確として全部存在するわけではなく、継起的な運動が無限に続くという意味である。

(15) 可能的なものは、存在の可能性をもちながらも、実際にはいまだに存在していない。それが現実に生起するためには、その可能性自体が、その存在の必然性と交換されねばならない。そのためには可能的なものが、それを可能的なものにする原因から切り離される必要がある。

(16) ものごとは作動因が未だに存在しない〔つまり非在の〕作用と関わりをもち、それを存在せしめることにより生起する。ところで作動因は、(一)未だに存在しない作用の非在性に関わるのか、(二)未だに存在しない作用の存在に関わるのか、(三)その両者に関わるのか。作動因は先行する作用の非在とは何の関わりもなく、未だに存在せぬ作用の存在と関わるのみである。したがって、(二)のみが正しいといえる。

(17) 作動因は作用の存在、つまり作用そのものに働きかけるのみであり、作用を非在から存在へと転成させる力はもっていない。作用は本来的に非在から存在へ転成するものであり、作動因は作用のこの本来的性格を変化させえない。

(18) この前提、つまり作用の転成説を承認すると、かつて原因でなかった作動因がのちに原因となると認めることになる。するとかつて原因でなかったものの結果が、実際に存在してくることになり、不合理である。

第二節　必然的存在者の本質ならびに付帯的問題

すでに述べたように存在者は、他がなくなることによりそれ自体もなくなるといった具合に、その存在が他と関連しているか、関連していないかのいずれかである。関連している場合は可能的と呼ばれ、関連していない場合はそれ自体によって必然的であるといわれる。

この事実から、必然的存在者(wājib-l-wujūd)の本質に関して十二の事柄が問題となる。

(一)必然的存在者は属性ではない。なぜなら属性は物体と関連をもっており、物体がなくなるとそれもなくなってしまうが、筆者はすでに、必然的存在者とは他との関連を一切もたぬものであると説明した。属性は可能的であり、あらゆる可能的なものは原因となる他のものにより存在する。したがってそれは必ず結果たらざるをえない。

(二)必然的存在者は物体ではないが、これは二つの面から立証される。

第一。あらゆる物体は、量的に部分に区分される。そして全体は部分と関連しているが、部分がなくなることが想定されれば、全体もなくならねばならない。これはちょうど人間の部分がなくなった場合、人間自身がなくなるようなものである。すでに述べたように全体はすべて部分の結果として生じたものであるが、必然的存在者が部分により合成されることはありえない。

もしもインクはなぜ存在するかと問われるならば、それは水と没食子と硫酸塩とその混合であると答えられよう。

インクはこれらのものから得られるのである。これらの部分が全体の原因であるように、すべての合成体諸部分はその原因に他ならない。

第二。物体が形相と質料から合成されていることは、すでに証明ずみである。そして質料がなくなると想定すれば物体もなくなり、形相が欠如した場合も同様である。ただしこの問題と必然的存在者の関係については、すでに述べたはずである。つまり必然的存在者とは、それ以外のものがなくなってもなくならぬものであり、それがなくなるとすればそれ自体の非在が想定される場合のみである。

(三)必然的存在者は、形相のようなものではない。形相は質料と関連しており、共にある質料の非在が想定されると、それ自体もなくなる。それはまた質料のようなものでもない。質料は形相の場であり、形相と共にしか存在しない。それは形相と共に現実態において存在し、形相がなくなると必ず質料もなくなる。したがってそれは、他との関連性をもっているのである。

(四)必然的存在者の存在は、その本質そのものに他ならない。というよりは、むしろその実体性はその本質と合一しなければならない。上述したように実在性は本質とは異なり、実在性である存在とは本質にとり属性的なものなのである。ちなみにすべて属性的なものは結果である。なぜならそれがそれ自体で存在するとすれば、他のものの属性であることはない。他にとって属性的であるものは、この他と関連をもっており、他と共にしか存在しない。存在の原因は、本質であるか、そうでないかのいずれかである。だが後者の場合、存在は属性的な結果ということになり、必然的存在者ではなくなる。

ただし本質は、それ自体で自らの存在の原因となることはない。なぜならば非在は存在の原因たることはないのだから。ところで本質は、その存在以前に存在をもっていないが、しからばいかにして存在の原因たりうるであろうか。もしも本質がその〔現にある〕存在〔例えばA〕以前に存在〔例えばB〕をもっているとすれば、それは第二の存在〔A〕を必要としない。〔第一の〕存在〔B〕に関しても必然的に同様のことがいわれることになる。なぜなら、存在とは本質においては属性的なものなのだから。だが存在はどこから属性として現われ、必然的なものとなるのであろうか。

かくして必然的存在者の実在性はその本質に他ならず、それと存在の必然性との関係は、他のものと本質との関係に等しいことが証明された。

以上により必然的存在者が他といささかの類似性ももたぬことは明らかである。それ以外のものはすべて可能的であり、あらゆる可能的なものの存在はその本質とは異なるのである。またその存在は、後に指摘するように必然的存在者から発している。

(五)必然的存在者は、他が自らと関連するような仕方で他との関連をもたない。つまり両者の一方がそれぞれ他の原因となるという流儀の関連をもたないのである。これは、必然的存在者以外のものにとっても不可能なのだから。〔両者の一方がたがいに他の原因となるとは〕(B)が(C)の原因であり、(C)が(B)の原因ということであるが、(B)は原因として(C)に先行し、(C)は原因として(B)に先行する。するとそれは自らに先行するものに先行することになり、不合理である。両者の一方は原因という点で他に先行し、結果として他に遅れるが、この誤りは明白であろう。

(六)必然的存在者は、他がそれと関連するような仕方で他との関連をもたぬが、これは原因という観点に立ってのことであり、兄弟の間柄のような相互関係の場合のことをいっているわけではない。筆者は他の非在がそれ自体の非在と必然的に結びついていない場合、それは他と関連をもたぬとしているのだから。われわれは他と必然的存在者との関連を認めているが、その理由は原因は結果と関わらぬにせよ、結果は原因と関わっているからに他ならない。もしも他の非在がそれ自体の非在を必然的に伴う場合、それは可能的であって必然的ではない。他と関連をもつものはすべて可能的なのである。可能的なものは以下の〔二つに分けられるが、第一は〕その存在にとり特定の他のみで充分な場合である。その際、この他のみが可能的なものの原因であり、可能的なものはその結果となる。〔第二は〕それが特定の他以外のものを要求する場合であり、この際、可能的なものは多くの他の結果となる。ただし上記のいずれもが存在の必然性に矛盾している。

（七）必然的存在者に関しては、それが二者となり、両者がそれぞれ必然的存在者となって、結局必然的なものに対ができ、一方がいずれもそれ自身で独立し、他に依存せぬようになることはない。その理由は以下のごとくである。この場合両者はあらゆる面で類似しているか、異なるかのいずれかである。両者が完全に類似していれば、ちょうど一つの場、状態に二つの黒がありえないように、複数性が拒けられ、二性が認められぬことになる。普遍的なものは、固有の種差、属性的なものによる以外に現実化されないのである。

また両者が固有の種差、属性的なもののいずれかの点で異なる場合も不合理である。上述したように、種差も属性も普遍的なものの本質に関与することはできない。人間性は、動物性が動物たることに関与しえないのである。種差は普遍的なものが存在者たることに関与しうるが、それは存在が、本質またはそれに類似するものにとり属性的であるようなものに限られている。

実在性と本質が同一であり、種差がその本質に関与しないようなものは、その実在性にも関与しない。したがってそれは種差をもたぬ必然的存在者となる。それゆえ種差も属性的なものも存在しないのである。もしもそれが種差なしには必然的存在者たりえないとすれば、種差がその本質、つまり存在の必然性と関与することになるが、その不合理についてはすでに述べた。種差が本質の存在と関与するのは、本質が存在と異なる場合のことなのである。

（八）必然的存在者は、自らに外から付加される別の性質をもつことはない。もしもその存在が件の性質と共に存立し、後者の欠如によりそれ自体がなくなるとすれば、それはこの性質と関連をもち、それ自体がその全体によってしか構成されぬような諸部分の合成体となってしまうのである。しかし先に述べたように、あらゆる合成体は結果である。またもしこの性質の欠如が想定されてもそれ〔自体〕がなくならぬ場合には、それにとりこの性質は、例えば人間にとっての知のように属性的であることになり、上記の説は不合理である。[1] 上述のごとくすべて属性的なものは結果に他ならないのだから。

もしもこの属性的なものの原因が必然的存在者そのものであれば、それは〔同時に〕作動因であり、〔作用の〕受容者ということになる。だがそれが作動因であることは、受容者であることとは別である。それは作動因として受容するのではなく、また受容者として作用するわけでもない。〔これを認めると〕その中には何らかのかたちで多が存在することになるが、すでに必然的存在者の本質中に多が存在することは不合理であると証されている。なぜならこれは、全体が諸単位の結果であることを要請するのだから。必然的存在者はあらゆる面から見て一なのである。

自然学において詳述されるが、物体は自ら運動しない。そしてあるものが同一の相の下で動因であり被動者であることは不可能である。作動因は受容者ではない。例えば物体の上方への運動のように、物体は受容者であり、作動因はその外にある場合がある。また物体の下方への運動のように、受容者が質料であり、作動因が形相の場合もある。するど物体中に作用と受容の結合、もしくは形相のようなそれにより作用するものと、質料のようなそれにより受容するものの合成体が想像される。ただしすでに説明したように、必然的存在者とはこのようなものではない。

このような属性的なものが他から出てくることは考えられない。なぜなら〔これを認めた場合〕それは他と関連をもつことになるからである。必然的存在者の存在がこのような性質と共にあるとすれば、それはこの他に依存し、このような性質の欠如にあるとすれば、この他の非在に依存することになる。つまりそれは、この性質と一体となっているか、切り離されているかのいずれかであるが、いずれの場合も〔他に〕依存していることに変りはない。

自らの存在が他の非在に依存しているものが結果であることは、自らの存在が他の存在に依存しているものが結果であるのに等しい。なぜならそれ自体は他の非在を必要とし、この非在の他が存在するとそれ自体がなくなってしまうのだから。その場合もそれは他に依存していることになる。

必然的存在者とは他と一切の関わりをもたず、自ら自足している。筆者の意味する必然的存在者とは、まさにこのような存在なのである。

(九)必然的存在者が変化することはありえない。なぜなら、変化とは以前に存在しなかった性質が生起することだから。すべて生起するものは原因を必要とする。上述したように、原因がそれ以外のものとなったり、それ自体となったりすることはない。そのもの自体から生ずるあらゆる性質はそのものと共にあり、それに遅れて二次的に生起することはないのだから。すでに作動因は受容者と異なると指摘した。それゆえ作動因は自らの中で何かを行なうことは決してない。

(十)必然的存在者からは、仲介なしに一しか生じない。そこから多が生ずる場合には、段階をおい、種々の仲介によっている。必然的存在者が、いかなる様相においても多を含まない一であることはすでに証明されている。多とは、合成された物体の多のように個々に独立する諸部分の多か、形相と質料、存在と本質のように、ものがたがいに依存し合う二に分割されるような意味的多のいずれかである。ただし必然的存在者に関しては、このいずれもが否定されており、残るはいかなる観点からしても一であるものしかない。一からは一しか生じない。ただし一の作用は、場の相違、道具の相違、一なる作動因の本質に外から付加された原因によって異なる。

証明。任意の物体をあるものの上で熱し、またそれと同じものを他の上で冷却すると、必ず両者は相違する。両者が類似するとすれば、その作用も類似するのだから。二つの異なる存在が類似の二つのものから生ずることが不可能ならば、それらが一つのものから生ずることは一そう不可能であろう。あるものが他から生ずることは、それ自体から生ずることより迂遠なのである。したがって他との類似から二つの作用の間に相違が生じないとすれば、それ自体との類似から二つの異なった作用が生じないことはより確実であろう。ちなみにそれ自体との類似とは比喩的表現であり、その意図するところは理解を容易にすることにある。

(十一)すでに述べたように、必然的存在者は属性でなく、またそれは実体のようにそれ自体で存在し、場の中にないにも関わらず実体とは呼ばれない。

ただし一般の専門的用法では、実体とは「本来本質のみでは存在しえないが、」もしも存在したと仮定した場合、その存在が基体中にないような本質を指す。本質の存在が基体中にないとは、それが現実態において、具体的なかたちで存在しないという意味である。ここで例をあげてみよう。鰐が実体であることには疑いがない。ただし、それが現在具体的に存在しているか否かについては疑う余地がある。そしてあらゆる実体に関してこれと同様のことがいわれうる。

すると実体という言葉は、存在が基体中にではなく本質に現われた場合に、後者を指すために用いられる。つまり実体とは、本質と実在性の異なるものの謂なのである。この特別な用法では、本質と実在性が等しいものは実体と呼ばれない。ただしこの用法とは別に実体を、場をもたぬ存在とした際には、これを本質と実在性の等しいもの〔つまり必然的存在者〕に用いることができる。

ここで次のような反論があったとしよう。必然的存在者もそれ以外のものも存在者である。すると存在は両者を包括し、必然的存在者は他のものと共に類の下に統べられる。するとそれは種差により他と区別されねばならず、結局本質的定義をもつことにならないか。

この解答は否である。存在は必然的存在者にも他のものにも宿るが、そこには先行、後行の別がある。存在が実体、属性に宿る場合にもこの別があることはすでに述べた。したがってそれは多義的なものではない。そして多義的でないものは、類ではない。さらに存在が類でないとすると、それに否定、つまり「基体中にない」が付加されても類とはならない。なぜなら〔この場合〕存在に純粋な否定が付加されたにすぎないのだから。したがって、必然的存在や他の実体が所有する基体中にない存在は、真の類、真の実在としてすべての実体に通用する類であるとはいえない。

以上から次のような結論が得られる。必然的存在者は十の範疇のいずれかに該当することはない。実体の範疇に該当しないものが、いかにして属性の範疇に該当することがあろうか。あらゆる範疇は本質に付加され、外からそれに属性的に現われるものであるが、必然的存在者がいかにしてそのようなものに該当するであろうか。

必然的存在者の存在と本質は等しい。このことから必然的存在者には、類、種差、本質的定義がないことは明らかである。またそれには場、基体、反対物がないことも明らかである。それは明らかに種をもたず相似た同類のものをもたない。さらにそれはいかなる状態においても原因、変化、部分をもつことはない。

(十二)必然的存在者以外のものはすべて順序を追って必然的存在者から生ぜざるをえず、それ以外の存在はすべてそれを根源としている。

証明。必然的存在者が一者に他ならぬことが明らかならば、それ以外のものは必然的でなく、可能的で、必然的存在者を必要としており、したがってそれを根源としている。あらゆるものは可能的であり、以下の区分のいずれかに属するのである。

〔一〕あるものが他から生ずるという具合に無限に連鎖する場合。

〔二〕端に至るが、この端がそれ自体で原因をもたぬような原因である場合。

〔三〕端に至るが、この端がすべての諸結果の原因を所有している場合。

〔四〕必然的存在者に至る場合。

以上の諸区分を包括する点は、連続するか、一端に至るかという点である。一端に至るとすれば、この端は必然的存在者であるかそれ以外のものである。それ以外の場合には、その端が原因をもっているか、いないかのいずれかである。

第一の区分は無限の連鎖であるが、この誤りはすでに指摘した。

第二は端に至るが、この端は筆者が想定したような必然的存在者ではなく、それ自体の原因をもっていない。だがこれは結局必然的存在者が二つあるという結論に導く。ここでいう必然的存在者とは、本来自ら原因をもたぬものに他ならず、この誤りについては先に指摘したはずである。

第三はこの端の原因が、例えば円環をなすその諸結果の一つである場合である(図1)。つまり(A)は(B)の原因、(B)は(C)の原因、(C)は(D)の原因であり、結局元に戻って(D)が(A)の原因となるが、これは不合理である。なぜならこの場合、結果の結果は結果であるにもかかわらず、結果が原因となっているのだから、原因の原因は原因に他ならぬが、いかにして結果が結果〔実際は原因〕の原因たりうるのか。またそれは〔一たん原因となったとすれば〕いかにして結果に変りうるのか。この誤りについては先に記したごとくである。

すると第四の区分が適用されるが、これは必然的存在者に至る場合である。

ここで以下のような反論が予想される。〔哲学者諸君は〕存在者を、他に依存するものと依存しないものとに区分し、必然的なものはかくかくのごときものと論じて、結局それと他との依存関係を絶ち切っている。ただし具体的な存在中に、このような性質をもった存在者があることをいまだに証明してはいないではないか。必然的存在者が諸君のいうような性質をもつ存在者であるならばそれを確定する証明は一体何なのか。

これにたいする証明は以下のごとくである。感覚で捕えられる世界の存在は明白であり、それは物体と属性である。それらすべての自性は本質と異なっている。すでに立証したように、そのようなものはすべて可能的であるが、これを否定する余地はなかろう。属性は物体によって存立する可能的なものである。物体はその諸部分や、形相、質料によって存立している。形相は質料により、質料は形相によって存立するという具合に、あるものにとって他は不可欠なのである。すでに述べたように、このようなものは必然的たりえない。〔いかなる〕必然的存在者も形相たりえず、質料、物体、属性たりえぬことはすでに指摘したはずである。全称否定命題の主語と述語を換位し

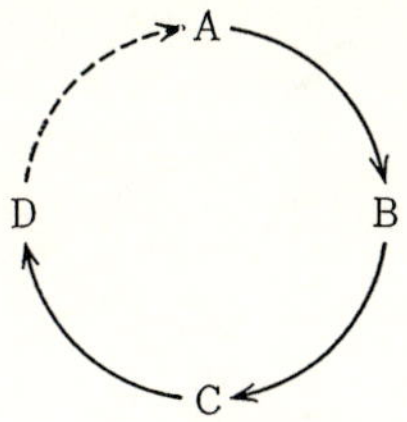

図 1

ても全称否定命題であるゆえに、これらのいかなるものも必然的存在者たりえず、したがって可能的なものである。先に述べたが、可能的なものは自らによって存在者たることはなく、他によっているが、これはそれが〔本来〕有始的であることの証左に他ならない。ゆえに世界は可能的であり、ゆえにそれは有始的である。

世界が有始的であるとは、その存在が他に発しており、それ自体存在をもっていないという意味である。したがってそれは、それ自体で見れば存在をもたず、それ以外のものとの関連においてのみ何らかの存在をもっていることになる。そして本質的先行性という観点に立てば、あるものが自らによって所有するものは、それが他によって所有するものに先行する。それは自らにより非在をもち、他によって存在をもっているが、ゆえにその非在はその存在に先行することになる。したがってそれは永遠に他から発する存在者であるため、永遠に有始的である。

すでにものの存続は、それが作用たることを否定するものではないと述べた。また恒常的にものを生ぜしめるものの方が、無限の期間働きを止めた後に作用を行なうものに優るのである。

一度びすべてが可能的なものと立証されれば、上述したようにあらゆる可能的なものは原因を必要とし、諸原因は必ず必然的存在者へと帰着し、それは一者だということになる。世界は以上の事実から、それ自体によって必然的に一者であり、またあらゆる観点から一であるもの〔必然的存在者〕を所有し〔必要とし〕ているのである。この〔必然的存在者〕の存在はそれ自体によっており、それはそれ自体において純粋な存在の実在なのである。

これは他のものにとっての存在の源泉であるが、その理由はこの存在が完全または完全以上であり、これによりあらゆる本質が順を追って存在者となることにある。他の万物とこの存在との関係は、あらゆる物体の光と太陽の光の関係のようなものである。なぜなら太陽はそれ自体からそれ自体により光を発し、他の発光体に光を負うていない。

他のものは太陽に光を求めており、太陽は光を求めるあらゆるものの光の源泉なのである。換言するならば光は、それ自体から何かが分出するような仕方でなく、その光が他における光の発現の原因となるような流儀で他に溢出している。この例は、太陽がそれ自体で基体をもつことなしに光を所有する場合、完全に正しい。ただし太陽の光は基体である物体中に宿っており、他方万物の存在の源泉である第一者の存在は基体中にない。

相違は他の点にも認められる。つまり光は太陽そのものから純粋に本性のしからしめるものとして必然的に生じてくる。太陽は、それ自体から光が生ずるという認識、意識をもっていない。したがってそれ自体から生ずる光の存在に関する太陽の認識が、それから生ずる光の存在の原理なのではない。ところが万物に認められる秩序の様態に関する第一者の認識とは秩序の原理に他ならず、存在する秩序が、第一者の本質中に生ずる認識可能な秩序に依存することは、後に論及する。

（1） 属性的な性質は、あるものの存在にとり本質的な性質たりえないから、上述の仮定が覆えされる。

第三節　第一者の諸性質ならびにそれに関する主張、序言

序　言

上述したように、必然的存在者はいかなる状況においても自らの中に多をもたない。ここで必然的存在者を諸特性によって叙述する必要があるが、その際それ自体に多を含みこむような性質とそうでないものを区別し、後者のみを必然的存在者に相応しいものとしなければならない。

特性には五つの種類があるが、特定の人間について彼は物体である、白い、知的である、富んでいる、貧乏であるといった場合、これで総てが含まれる。

(一)彼が物体であること。この特質は本質的で、本質に属す類である。この種のものは、先に述べた必然的存在者には類もなく、種差もないという理由でそれに妥当しない。

(二)白さ。これは人間にとって属性的な特性であり、これに類するものも必然的存在者に妥当しない。

(三)知的であること。人間にとり知〔認識〕は属性であり、したがって他、つまり知られるものとの関連をもつ。ただし白さは属性であるが他に依存しておらず、ここに差異がある。他に依存していようが、いまいが、属性が必然的存在者に妥当しないことはすでに述べた。

(四)富んでいること。これはあるものと、それから生ずる作用との関係であり、この種のものは第一者にも妥当する。第一者中における、それから生ずる諸作用との多くの関係は、さまざまな観点において妥当なものとみなされる。

この種のものはもの自体の特性とならぬため、そこに多を生じさせるものではない。関係の変化は、もの自体の変化をもたらすものではない。これはちょうど人が誰かの右にいるようなものである。これはその人と誰かとの関係の特性であるが、この誰かが左に移動しても運動によってこの誰かに変化が生ずるわけではない。またこの人の本質もそれによって変化しない。したがってこの種の性質の多には問題がない。

(五)貧しさ。これは否定的性質である。貧しさとは財産の欠如を意味しているのだが、この言葉は言語的に肯定的な特質と想像されることもある〔が、事実上はそうではない〕。第一者に関しては多くの事柄が否定されるため、この種のものも第一者に適用される[1]。

関係と否定の二つの特性から、第一者に多を課さない多くの名辞が生ずる。つまり第一者が「一」であるという意味は、相似た、同様のものの否定、区分の否定であり、「永遠的」であるという意味は、その存在の始原の否定である。「富んでいる、寛大である、慈悲深い」という意味は、第一者とそれから生ずる作用との関係である。

以上が序言である。

主張

(一)第一原理(al-mabda'-l-'awwal)は生きている。そして自らを知るものはすべて生者である。第一原理は自らを知っているため、知者であり、生者である。

それが自らによって知者〔知る者〕であることの証明は、まずあるものが知者であるとはいかなる意味か、それが知であり、知的対象〔知解されるもの〕であるとはいかなる意味か、を理解することにある。

「自然学」中の「霊魂論」において、われわれの霊魂が自らとそれ以外のものを意識し、認識する次第が述べられるが、とまれあるものが知者であるとは、それが質料から離存する存在者であることに他ならない。またものが知解され、認識されるとは、それが質料から抽象されていることである。そして抽象されたもの(mujarrad)が離存するもの(bariy)に宿る限り、宿るものは知で、宿る場は知者なのである。なぜならば知とは、質料から離存するものの中に、質料から抽象された形相が刻印されることに他ならず、刻印されるものは知、刻印される場は知者である。知とはこれ以外の何ものでもない。上述のような刻印が存在する限り、知、知者という表現は正しいが、これが否定される場合は正しくない。

抽象されたもの、離存するものは〔本来〕同じ意味であるが、表現の曖昧さによる混乱を避けて前者を知の対象、後者を知る者の意に用いた。

人間は己れを知るが、その理由は人間の霊魂が離存すると同時に、彼は自分自身から離れてあるわけではなく、したがって己れを知るために自らのうちに自分に似たもの、自分の形相が生起する必要がないことにある。彼の霊魂は自らに存在しており、その本質はそれ自体から欠けておらず、したがってそれは自らを知る。

必然的存在者は人間霊魂が離存する以上の強さで質料から離存する、とすでに述べた。霊魂は質料中で作用する点で質料に依存しているが、後に述べるように第一者の本質は質料に依存することは決してなく、自らのうちに存在している。非質料的な第一者は、非質料的なそれ自身の本質から離れてあるわけではないため、必然的に自らの本質を知ることになる。知とはこのような状態を指すものに他ならない。

(二)第一者の自らに関する知は、そこに多を生ぜしめるような自らの本質に外から付加されるような〔別の〕ものでなく、その本性そのものである。

説　明

ここであらためて序言を付すことにする。人間の知るものはすべて、外的感覚によるか、内的感覚によるかは問わず、直接的観察によって知られる知的対象であるか、そうでないかのいずれかである。後者の場合には、直接的観察により確かめられた他のものとの類比によって知る以外はない。何らかの点でそれに似たものが観察されぬ限り、その定義は存在しないのである。

以上が確かだとすると、次のようにいうことができる。人間は神《アッラー》に関してこの問題が〔妥当であるか否かを認めるためには、〕自分自身との類比によって知る以外にない。人間が自らを知るというが、その際その知的対象は彼以外か、彼自身か。それが彼以外のものであるとすると、自らを知ることにならず、己れ以外のものを知ることになる。もし彼の知的対象が彼自身であれば知者は彼自身であり、知的対象も彼自身であって、知る者と知的対象は一致する。

ここで知もまた知的対象と等しいことを証明することにする。知的対象を基礎として、知が知的対象そのものであり、上述のように知者が知的対象そのものに他ならぬことを証明すれば、当然そこから万物は多を含まぬ唯一の原理をもつことになる(2)。

知が知的対象であり、感覚が感覚的対象であることの証明。人間は、感覚で認められる形相やそれに類するものを眼に刻みつけることによって感覚する。彼は自らのうちに刻印された印象を意識し、それを感覚するのみである。だが外的事物はこの印象に類似のもの、この印象が生ずる原因であり、意識される第一のものでなく第二のものであって、(3)彼と接触をもつのは彼自身のうちに生じたもの〔第一の意識の対象〕に他ならない。感覚とはこの感覚される印象の謂であり、第一の感覚の対象もその印象に等しい。ゆえに感覚と感覚の対象は同一である。同様に知は知的対象そのものである。そして知的対象と一致する理念的形相は、知解される対象〔そのもの〕、つまり霊魂中に刻印される理念的形相に他ならない。外的存在者は理念的形相に類似しており、それが霊魂中に生ずる原因である。したがって真実の〔第一の〕知的対象は、この形相に他ならない。それがいかなるものであれ、知的対象が知る者そのものであることが証されたからには、知と知る者と知的対象は一致する。それゆえ第一者は自らを知る者であり、その知と知的対象は等しい。観点の相違により表現は異なることがあるが、その本質は、質料から離存し、同時に自らに欠けることなく抽象された本質を所有しているゆえに、知者なのである。またその本質は、それ自体を所有し、それ自体の中にあって、それ自体から離れてあることがないために、それ自体の知である。これらすべては、知が知的対象のみを求めることに起因している。

この知的対象が知者以外のものか、知者そのものかという問いに関しては、〔神の知は人間の知の比でないため〕知は委細をつくすことができず、ただ知的対象は知者そのものか、それ以外かに区分されるといいうるのみである。とまれ知の純粋な知的対象の要求は、知者そのものか、それ以外のものといった知的対象の要求より一そう普遍的なのである。

(三)第一者は存在物のあらゆる種、類について知る者であり、その知の及ばぬものはない。

これは〔前述の〕第一の主張よりも微妙かつ難解である。

説明。第一者が自らを知る者であることはすでに証明された。したがって彼は、自らをありのままに知らざるをえない。彼の本質は、事実そのままのかたちで自らに開示されているのである。

第一者の実在は、それが純粋な存在であることになりたっており、同時に順を追って生じてくる実体、属性、本質の源泉なのである。もしも彼が自らをこれらすべての原理として認識するならば、これらに関する知は彼の自らに関する知に含まれるであろう。またもしも自らを原理として認識しないならば、彼は自らをありのままに知ったことにならず、不合理である。なぜなら彼は自らを知り、彼の本質は自らと離れてあることがないと同時に、これら両者〔彼と彼の本質〕は非質料的なのだから。つまり彼自身には二つの観点があり、彼はありのままでその本質に開示されているのである。

ある人間が自らを知る際には、当然それを生き、能力あるものとして認める。事実彼はそのような存在なのであり、もしもそのようなものとして認めないならば、彼は自らをありのままに知っていることにならない。したがって、第一者も、自らを万物の原理として知り、それゆえ当然のことながら万物に関する知は、彼の自らに関する知に包括される。

(四)上記のことは、彼の知、彼の本質に多をもたらすものではないが、以前の問題よりも難解である。多くの知的対象は、その複数性により多くの知を要求する。そして多くの具体的な知的対象に関して、唯一の知が存在することは不可能である。一とはそこに一つのもの以外にないという意味であり、もしもそのうちのあるものがなくなれば、そこに部分がないため、それ自体がなくなることになる。もしも知が実体と属性との関連における一だと想定し、その属性にたいする関連が消滅したとすると、消滅が想定されぬもの、つまりその実体にたいする関連が残される。二つの知的対象のそれぞれについてもこのようなことがいいうるが、(4)これは一性の意に反するものである。ただし比較によるこの問題の説明は、霊魂の観察に依存している。なぜなら霊魂は全世界の要約された写しであり、そこに〔原文 fīhā を fīhi と訂正〕存在するあらゆるものと類似のものを含んでいるのだから。霊魂によってひとは万物を知ることになるのである。

ここで以下のように主張する、人間は知において三つの状態をもっている。

〔一〕人間はその霊魂中で知的対象の諸形相を、ちょうど法的問題について考察するように、互いを秩序立てて細分化する。これは細分化の知である。

〔二〕ひとが法学を学び、それに完全に熟達して法的適性を得ると、彼は生じてくる限りない諸問題をすべて理解するようになる。すると彼は法学者と呼ばれるが、これは彼の精神の中に知が現存していることを意味しない。彼は一つの状態、適性を獲得したのであり、この適性は無限の法的諸問題が生ずる原理に他ならず、この状態とあらゆる可能な問題の関係は同一なのである。これはきわめて単純な、細分化をもたぬ一つの状態で、無限の諸問題と関連している。

〔三〕これは〔上述の二つの状態の〕中間に位置するものである。例えばある男が、討論の際にある問題に関する別の男の議論を聞いたとする。だが彼はこの問題に関して充分の用意があり、自ら確たる解答をもち、他の男の議論の誤りを完全に立証しうることを知っている。具体的な例をあげれば、彼はその男が難かしい議論のすえ、世界が永遠的であるというのを聞いたとする。この時彼は世界が有始的であり、実際に反論するためには長い詳細な議論が必要だが、とにかくこの難問に反駁する術を知っており、確実に自分が完全な反論を用意していると認めているが、彼の精神中では議論の筋立てが細分化されていない。そこで彼は、自ら意識していたこの単純かつ普遍的なものに依存しながら反論にとりかかり、精神中のこの普遍的なものから具体化された問題を次々にとり出し、それに次々に説明を与え、順次前提を提示して、ついに自らのうちにあった単純な反論を明確化する。その際に用いた前提や詳細な議論は、当初彼の精神の中では具体化されておらず、むしろ彼は具体化を創り出し、それ自体より一そう重要な具体化の原理ともいえる単純な状態を保有していたのである。第一者の万物に関する知は、この第三種に属するものと考えねばならない。

第一種に属するものは不合理である。細分化された知とは、同一の状態でその二つを自らのうちに集めえず、その一つずつしか受け入れぬような人間的知に他ならないのだから。知とは霊魂中の像である。同一の状態において蠟中に二つの像、二つの形があることを想像しえないように、霊魂中にも同一の状態に二つの具体化された知を想像しえない。もしも多くの知的対象が綜合されて一つのもののように見えても、感知しえぬほどの僅かな時間に、先後して異なったものが認められているにすぎない。霊魂はこれらの知的対象にたいして同一の状態を保有しており、それと諸問題にたいする関係が同一である点は、ちょうど像が一つであるのと等しい。

このような具体化と〔知的対象の〕移動は、人間の場合にしか起らない。至高の神《アッラー》にとりもしも具体化された二者が共にあるとすれば、その知は無限に数多い知となり、多を要求することになって矛盾する。霊魂は具体化された一つのものに従事している際には、他を拒んでいるのだから。したがって第一者が知者であるとは、彼が諸々の知的対象とそれとの関係が同一であるような、単純な状態にあるという意味である。

それゆえ第一者の知者性とは、彼に発して他に及ぶ具体化の溢出の原理であり、彼の知は天使、人間の本質中に種々の知の具体化を創りだす原理に他ならない。彼はこのような意味で知者なのであり、このような知は、具体化よりも地位が高い。なぜなら具体化された学は、終りをもたざるをえぬため一を越えることがないのだから。このような学と無限のものとの関係は、第一者と有限のものとの関係に等しいのである。

例。一人の王がいて現世の富を貯えた宝庫の鍵をもっていたとする。ただし彼自身はそれを必要とせず、金銀を利用するわけでもなく、金銀は自ら使用せずにもっぱら国民に分け与えるばかりである。すると金を所有する者はすべて、それを王から受けとり、彼のもつ鍵を仲介として金を手に入れたことになる。同様に第一者のもとには秘められたものの鍵があり、そこから万物に秘められたもの、可視のものの知の原理が溢出してくるのである。そして手中に鍵をもつ王を富者と呼ばざるをえないように、知の鍵をもつ者を知者と呼ばざるをえない。いくつかの金貨を手にした貧乏人ですら、手にした金貨のゆえに金持呼ばわりされているのに、金貨を手中にし、それを使用するために富が万人に及ぶような王を、富者と呼ばぬ道理があろうか。知についてもこれと同様なのである。第一者の所有する状態と具体化〔細分化〕された学との関係は、化学(5)と特定の金貨の関係に等しい。ただし〔化学と金貨を比較すれば〕化学の方がより貴重である。なぜならば、形を決定し、同種の金貨を鋳造するといった具合に、〔化学を活用することにより〕そこから無限の金貨が造られるのだから。したがって第一者の学を単純な〔統一的な〕ものと理解する必要があるが、それは第三の状態との類比においてのことである。第一者の知とすべての知的対象との関係は、論争者の状態と具体化される細分化された解答のごときものだといえよう。

ここで以下のような反論が寄せられたとする。そのような状態は、第一者における知の欠如に帰着する。もちろん彼は〔可能態そのものではないがすぐにそうなることの確かな〕近い可能態〔quwwah qaribah〕において知を受け入れる準備はある。そして近い可能によっても彼が知者だといわれうる。さもなければ彼は知から切り離されてしまうのだから。とまれこの場合第一者は、現実態においては知から切り離されており、可能態においてそれを受け入れるとは思われない。すると彼は可能態においても現実態においても、知者でないことになる。

反論。論者の議論は第二の状態に関するものであり、第三の状態に関するものではない。第二の状態の所持者は、知と知的対象について、全体的にも個別的にも無知であるという点で、両者の間には相違がある。第三の状態の所持者は、世界の永遠性の主張が誤っており、この難問に関する反駁の術を知り、この点について自ら正しいと信じて疑わず、自らそのような状態に至る具体的な状態を、つまりいまだ彼の精神中で具体化が行なわれていないが、それを確実に提示しうる具体化された知との関係を、所有すると確信している。この主張の内容を充分に理解するためには、第一者の状態がこのような状態と類似していることに留意しなければならない。

(五)至高の神《アッラー》は、われわれと異なり、諸々の種、類と同様、有始的な可能的な事柄も熟知し給う。可能的なものは、可能的なものとして認められる限り、それが生起するか否かについて知られえない。可能的なものからは可能性という性質が知られるが、その意味するところは、存在することもしないことも可能だということである。例えば、もしも明日ザイドが来訪することを知っていれば、それはすでに必然的であり、可能的であるとはいえない。それゆえ、可能的なものに関してその可能性のみしか知られぬ場合、それが生起するか否かを想像しえない。ただしすでに述べたように、それ自体で可能的なものはすべて、その原因によって必然的である。ところでもしもその原因の存在が知られれば、その存在は必然的で、可能的ではない。またその原因の無〔非在〕が知られれば、その無〔非在〕も必然的で可能的ではない。それゆえ可能的なものは、原因の観点において必然的である。

もしわれわれがあるものの総ての原因を究明し、諸原因の存在を知れば、そのものの存在を確言することができる。これはザイドが明日宝を見つけることが可能か否かといったようなものである。もしわれわれが宝を見つける諸原因の存在を知れば、疑惑はなくなる。例えば、以下のようなことを知っていたとしよう。彼の家に彼を困らせる原因が生じ、仕方なく彼は家を出てある道にさしかかり、ある方向に歩いていく。彼はその方向に、彼の重みに耐えぬような軽いもので蔽われた宝があることを知っている。彼は必ずそれを見付け出すことを知っているが、その理由は、このことがすでに、その原因の存在の期待によって必然的なものとなっていることによる。

称讃の対象である至高の第一者は、諸々の有始的な事柄をそれらの原因によって知り給う。諸原因、理由は遡って必然的存在者のもとにまで及ぶのだから。したがって有始的なものも、可能的なものもすべて〔必然的存在者の許では〕必然的である。なぜなら、万物は彼を必然的な原因としなければ存在しないのだから。さらにその原因も必然的であり、遡って必然的存在者に及ぶのである。彼が諸原因の構成について知る限り、原因をもつ諸結果について知っていることは当然であろう。

占星学者は存在の諸原因について研究するが、そのすべてを究め尽くさずに、疑いもなく臆測でものの存在を判断する。彼が究めたものには障害が生ずることもあり、彼の述べたことがすべて原因でない場合もあれば、何の障害も生じない場合もある。ただし、多くの原因を究めれば究めるほど臆測は確実性をまし、そのすべてを究めれば〔確実な〕知がえられる。これはちょうど彼が冬に、六カ月後気候が暑くなるのを知っているようなものである。熱さの原因は太陽が獅子座に来て、中天にあることによるが、これは太陽が進路を変えず、時を経てふたたび獅子座に帰るという習慣的、知的判断によって知られる。

以上は可能的なものに関する知の一面である。

（六）称讃の対象である至高の第一者は、個別的なものを、過去、未来、現在との関わりにおいて認識しない。つまり今日は日蝕がないが明日日蝕があると知り、明日になって今日日蝕があると知り、明後日に昨日日蝕があったと知るようなことはない。このような知によれば、第一者は異なる知をもつことになり、彼の本質中に変化がもたらされてしまうのである。しかしすでに述べたように、第一者が変化を受け入れることはない。

変化をもたらす要因は、知が知的対象に従うことにある。知的対象が変化すれば知が変化し、知が変化すれば知者が変化する。知はそれに相違が生じても知者に変化の生じないような性質、彼が右にいたり左にいたりするようなものではない。知とは、その相違に伴い本質が相違するような、本質にかかわる性質なのである。知と知的対象の関係はまた、知的対象の相違が知に相違を生ずることなく、一的な知の存在を想定しうるような関係ではない。

それは日蝕が起るであろうという知であり、それが起きると日蝕が起きているという知となり、それが去ると日蝕があったという知に変る。第一者中の知は唯一であり、知的対象が変化するのである。なぜなら、知とは知的対象の理念的形相であり、異なる対象の理念的形相は異なるのだから。しかし第一者が日蝕が起るであろうなどということを知っているとすれば、この知のゆえにある状態を持つことになる。そして日蝕が起ってこの状態がそのまま残っているとすれば、彼は無智だということになる。なぜなら日蝕は現に起っているのだから。また日蝕が起っているという知に変れば、この状態は先の状態と異なり、変化があったことになる。だが第一者は、自ら永遠にそう形容されるような普遍的な流儀で個別的なものを知るのであり、自ら変化することはない。

例えば彼は、以下のようなことを知っている。太陽が尾の結び目[6]を過ぎて、特定の時間が経つとそこに戻る。そのとき月がそこに達しており、同方向に位置して完全にではないが太陽と地球の中間に位置する。すると、例えば太陽の三分の一が〔隠され〕、特定の地域で三分の一の日蝕が起る。第一者は、これを永遠にこのようなものとして知っており、蝕の有無にかかわらず正しい知を弁えている。

ところで現在日蝕はないといい、翌日になって今日日蝕があるといえば、後の表現は初めの表現と異なる。これは変化が認められぬものには適切ではない。だが個別的なものは、いかに小さくとも必ず原因をもっており、その原因ゆえに時間、継続の指示のない一種の普遍的なもの〔知〕によって知られる。第一者はそれを永遠に知りつづけるのである。それゆえ第一者の知から欠けるものは何一つなく、しかも彼の状態はすべて類似しており、知的対象の変化があっても自らは変化しない。

（七）第一者は意志し給う者であり、意志、摂理をもっているが、それは彼の本質に外から付加されたものではない。説明。彼は行為者〔作動因〕であり、万物は彼から発していることは明らかである。したがって、万物は彼の行為〔作用〕であるといえる。行為者は純粋な本性による行為者と、意志による行為者とに区分される。純粋な本性とは行為の結果、行為そのものの知から切り離された行為であり、あらゆる〔意志的〕行為は知から切り離されず、したがって、意志から離れることはない。万物は、それらが自身から溢出しているという神《アッラー》の知とともに、至高の神《アッラー》の本質から発している。神《アッラー》から万物が溢出することは、神《アッラー》の本質に矛盾せず、神《アッラー》が〔それを〕厭うようなものではない。神《アッラー》は万物を厭うことなく、自らそれらが溢出することを嘉としている。この状態は意志と見なされうるであろう。神《アッラー》から万物が溢出する原理は、万物における秩序の様態に関する神《アッラー》の知であり、それゆえ神《アッラー》の知は知的対象の存在の原因に他ならない。したがって神《アッラー》の意志は神《アッラー》の知なのである。

あらゆる意志的行為は決定的な信によるか、知、臆測、想像によるかのいずれかである。知〔に発する行為〕とは真の知に合致する技師の行為のごときものであり、臆測〔による行為〕は有害であると思いこんだものを警戒する病人の行為のごときものである。また想像〔による行為〕は、好みのものに似たものをそうでないと知りながら求めたり、嫌いなものに似通ったものを遠ざける霊魂の欲求である。

第一者の行為が、臆測、想像によることはありえない。それらは有始的であり、永続、存続せず、したがって第一者の行為は真の知的知によるものたらざるをえない。

ここに残された問題は、いかにして知がものの存在の原因たりうるか、何によって事物が第一者からその知により生来されたと認めうるか、ということである。

第一の問いは、霊魂の観察に基づく例によってしか知りえない。人間が好みのものを想い描くと、その行為から欲望の力が生じてくる。その力が強まって渇望が完全なものとなり、それに好みのものが是非とも存在しなければならぬという想いが加わると、その力は全身にゆきわたって筋肉を動かし、そこから道具としての身体の運動が生じて、期待された行為が実現される。また書こうとする線の形を想像し、それが実際に存在すべきであると思いこむと、それを求める渇望の力が生じ、その渇望によって手と筆が動くと、想い描いたような線の形が具体化される。「それが実際に存在すべきである」とは、われわれがそれが自らにとって有益、快適であり、良きことであると考え、認めているという意味である。したがって手の運動は欲望の力からもたらされ、欲望の力の運動はものが〔実現されることが有益、快適等〕であるに違いないという臆測、知に由来している。

かくてわれわれの知が、ものの生起する原理であることが確認されたが、次にさらに明瞭な例をあげることにする。きわめて高い二つの壁に渡された木の幹の上を歩く者は、落ちるのではないかと想像して落ちてしまう。つまり自分の想像ゆえに彼は落下してしまうのである。しかしこの幹が地上に横たえられていると、その上を歩いても落ちたりしない。この場合彼は落ちることを想像もしないし、感じたりもしない。このように落下を想像すること、想像裡にそのような考えが生ずることこそ、想像された事柄が生起する原因なのである。

魂の観察に基づく例は以上のごとくであるが、ここで話題を第一者に戻すことにする。筆者の主張によれば、第一者の行為に関しては以下のようなことがいわれうる。

運動が欲望の力から生ずるように、それが第一者そのものから生ずるという考えは不可能である。なぜなら第一者が欲望、渇望をもつことはありえないのだから。欲望とは、実現が望まれる欠如したものの要求に他ならないが、すでに証明したように必然的存在者中には、いかなる状態においても実現が望まれるような可能的なものはない。したがって理の当然として、万物の秩序にたいする彼の想念は彼から秩序が溢出する原因ということになる。

ただし人間の場合、線や像に関する想念は線〔や像〕の形相の存在にとり充分なものではない。人間にとり事態は有益なこと、有益でないことに分けられ、したがって五体中のある部分に創り出され、それとの関連で利益、不利益が認められる欲望の力が必要である。そしてこの力が生ずると、つぎに目的達成のために動かす道具、身体の器官が必要となる。しかし第一者の場合、その想念のみで想起されたものが実現されるのである。

また相違は他にも存在する。人間の場合には、その行為が有益であると知り、考え、想像する必要があるが、第一者にとってはこのようなことはありえない。この場合当然目的が問題となるが、すでに明らかなように目的が作動因となるのは欠陥ある存在にたいしてのみである。したがって人間の意志は、想い描かれたものが彼にとり善きことであるという想像と関連している。〔他方〕普遍的な秩序にたいする第一者の意志は、そのような秩序がそれ自体で善であり、存在はそれ自体で無にまさり、存在には種々の区分があるが、中でももっとも完璧、完全なものは一つであり、他はこれと比較すれば充分でないという彼の知に関わっている。より完全なものは、不完全なものにまさる。第一者の本質とは、必然的にそこから万物が可能でないかぎり最高の秩序をもって、もっとも完璧、完全なかたちで溢れ出るような本質なのである。

創造に関する第一者の摂理とは、例えば人間が動く道具を必要としており、それがないと欠陥が生じ、人間のためにならぬという第一者の知である。手、掌のような動く道具は是非とも存在せねばならず、掌の端は指に分れていなければならない。さもないと動きが妨害されてしまうのである。また指の位置もさまざまであり、五本の指が一列の場合もあれば、四本が一列の場合もある。四本の指が親指に対して一列に並び、親指で四本の指〔の頭〕を触れるような位置もあれば、指が二列になったり、それ以外の位置を占める場合もある。手のさまざまな動きは、時に所作、時に殴打のためのものであり、他の場合には防禦の役も果すが、〔これらを行なうためには〕われわれが現に目前にしているような形が最高なのである。第一者は以上のような事柄すべてを知っているが、彼の秩序に関する知は、その存在の原因に他ならない。たしかに第一者は、その他もろもろの位置(7)についても等しく知っているが、特にこのような位置を選び、他の位置と区別している。そこには善、完全があるのだから。彼の本質は、そこから悪よりも善が溢出することを重視するような本質なのである。ここで善、悪とは第一者にとってという意味ではなく、それ自体において、また被造物との関連における善、悪の意である。

したがってもろもろの存在者、つまり星々の数、量、大地や動物の形、その他すべての存在者が現にあるがままに存在するのは、それが、存在のもっとも完全なあり様だからであり、それ以外の可能的なものはそれに比して欠陥がある。もしも第一者が動物に道具としての器官を作り、それをきちんと用いるように導かないとしたら、彼もまた仕事を怠っていることになる。卵から出たばかりのひよこにくちばしを創りながら、その使用法を教えてすぐにものを啄むことをさせぬ場合、彼は仕事を怠ったことになるのである。それゆえ摂理は最上の善によって完成し、善は創造ののちの善導によって完全なものとなる。これについては至高の神《アッラー》が次のように述べられている。「神《アッラー》は万物を創造し、それらを善導する者。」「神《アッラー》はわれを創造し、善導し給う。」「神《アッラー》は規矩を与え、善導する者。」

以上が〔神《アッラー》の〕意志、摂理に関する説明であるが、これは知に帰着し、それと別ものではない。また知が〔神《アッラー》の〕本質に付加的なものでないことはすでに述べた。

第一者の行為〔作用〕が何らかの目的のためであるとか、知によるものでないという考えは誤りである。ここで次のような異論があったとする。一体なぜ人間の知に意図があるように、第一者も意図をもつということを拒けるのか。第一者の意図は他に善を与えることであり、自らのためのものではない。それはちょうどわれわれが溺れる者を助けるようなもので、〔自らの〕ためにすることではなく、他に善を施そうという意志に基づいている。

これに対しては以下のように答えよう。目的という限り、意図する者にとり意図されることがその反対より必ず好ましくなければならぬが、その場合目的という考えが引き合いに出される。だが目的とは欠陥を意味するものである。人間の意図は目的なしに想定されない。それは報酬、報奨を求めることであり、もしくは善行によって自らに徳性があることを示すためのものである。したがって、もしもわれわれにとり、行為も、行為の欠如も同じであるとすれば、われわれが意図し、意図しようとすることはありえない。意図とは、好ましいと思われる事柄にたいする傾向であり、もしそうでないとすれば、意味のない表現にすぎないのだから。

(八)第一者が全能〔能力ある者〕であること。

証明。能力ある者とは、望むときに行為し、望むときに行為しない者の謂である。第一者はこのような性質を備えている。すでに明らかにしたように、彼の欲望は彼の知であり、彼がその中に善を認めたものは存在し、存在せぬ方がよいと認めたものは存在しない。

ここで次のような反論があったとしよう。哲学者によれば、第一者は天地を消滅させることができぬというのに、それは何ゆえに正しいといえるのか。

解答は以下のごとくである。第一者が望めばそれらは消滅するが、彼がそう望まぬだけのことである。存在が永続するようにという彼の不変の欲望はすでに存在しているが、それは善が存在の永続中にあり、消滅、滅亡中にないからである。能力ある者とは、彼が望む際に行為するという意味でいわれるのであり、彼が必ず望まねばならぬという意味ではない。何某が自殺しないことが明らかであっても、彼に自殺する能力があるといわれうるのである。われわれはそれが起らぬことを知っているが、至高の神《アッラー》は今にも最後の審判を行なうことが可能である。要するに〔神《アッラー》にとっては知ることも〕知らぬことも〔同様に〕可能なのである。したがって、彼はもしも望めば行為するという意味で、あらゆる可能的なことを行なう能力がある。

ここでもしも望めば行為するという表現は仮言的命題であるが、この命題中の二つの部分の真は、この命題の真の条件ではない。両者、もしくはその一方が偽であっても、それが正しいことがありうるのである。もし人間が飛べば空中を運動するという表現は、二つの部分が偽であってもそれ自体は正しい。またもし人間が飛べば動物であるという表現は、前提が偽、帰結が真であるが全体としては正しい。

ここで、もしも望めば行為するという言い方は、まるで何かを意志するように感じさせ、変化があることを立証するようなものではないかという異議が唱えられたとしよう。

これにたいする解答は以下のごとくである。この問題は正しくは次のように述べられるべきである。つまり神は、その望むものすべてが存在し、望まぬものは存在しないという意味で、能力ある者なのである。神の望むものも、もし望まぬことになれば存在しない。また望まぬものも、望むことになれば存在する。神の能力、意志とはこのようなものに他ならぬが、この両者はいずれも神の知に帰着し、神の知は神の本質に帰着するため、彼から発するものは何一つとして彼のうちに多をもたらすことはない。

(九)第一者は賢者(ḥakīm)〔叡智ある者〕である。なぜなら叡智(ḥikmah)とは、二つのものについていわれるのだから。その一は知であるが、これは本質と本質的定義を明らかにすることにより事物を概念〔表象〕作用により捉え、純粋かつ正しい判断によってそれを正しいと認めることである。その二は作用であるが、この際の作用とは必要な完成、美しい装いをすべて備えた、正しい秩序をもつ作用である。第一者は、事物をあるがままに、最高の知をもって知る。ところで人間の知は、それにより知的対象の存在が実現されぬもの、例えば、われわれの天や星、動物や植物に関する知のごときものと、それにより知的対象の存在が実現されるもの、例えば像の形相に関する彫刻家の知のごときものに分けられる。彫刻家は模倣する先例なしにそれを自ら創り出したのであり、したがって像の存在は彼から発しているため、彼の知は知的対象の原因である。また他人がこの像を眺め、それを知ったとすると、この他者にとり知的対象は知の存在の原因である。そして存在をもたらす知は、存在を求める知よりも優れている。存在の秩序に関する第一者の知は、上述のように万物の秩序の原理である。したがってそれは諸々の知の上に位している。また彼の諸行為〔作用〕の秩序は完全のきわみの中にある。神は万物を創造してのち善導し、特に必要のない場合でもそれらに必要欠くべからざるものを恵み、美しい飾りと完全性を賦与している。眉の曲り、足の裏の凹み、老年の皺をかくす顎鬚等数えきれぬほどの恩恵を、動物、植物、その他世界の諸部分に与えているのである。

（十）第一者は恵み深き者である。善を施し、それにより恵みを与えることは、結局恩恵の授与者を利するような利益、目的のためのものと、そうでないものとに分れる。また利益は、財には財で酬いるというような、贈与したものに等しいものとそうでないものとに分れる。後者の例としては報酬、賞讃をあてにしたり、徳目を身につけ、それにより完成を求めるために財を散ずるような人の場合があげられる。ただし一般人士がこれを恵み深さと呼んでいるものの、実は代替、交換であって恵み深さと異なる点では、前者〔財と財との交換〕が一種の交易であるのと変りはない。恵み深さとは、代替物を求めることなく、必要なものを与えることである。自分で刀を必要としない者が他にそれを与えても、彼は恩恵の授与者とはいわれない。第一者は、あらゆる存在者に必要なものを授与するが、その際彼は、必要不可欠のもの、美しい飾りを惜しみなく分け与え、しかもいかなる目的、利益をもたない。第一者の本質とは、そこからあらゆる被造物にたいし、それらに相応しいものが溢出するような本質であり、彼は真の意味での恵み深き者なのである。恵み深き者という言葉が、彼以外の者に用いられた場合は比喩的な表現にすぎない。

（十一）第一者は自ら心慰さむ者である。彼は、およそ筆舌に尽くし難いが、自らの本質、完全性の美にたいしてわれわれが享楽、歓喜、快楽、愉悦と呼ぶようなものを所持している。そして、後にその存在が証明されることになる高位の天使たちは、彼ら自身の美に喜びを感ずる以上の喜び、快楽を、神的存在の美を眺めることに見出しているのである。これを理解するためには、以下の諸原理について述べる必要がある。

〔一〕まず初めに快感、苦痛そのものの意味を知る必要があるが、もしもこれが特定の知覚自体とは別なものに還元された場合、その本性について考察することができない。またもしある性質によって特徴づけられる対象の知覚に還元され、その知覚がこのような性質によるものであることが確証されれば、当然その主張は正しいものとなる。

快感、苦痛は必然的に知覚と結びついている。知覚が存在しなければ、快感も苦痛もないのだから。ところで人間の知覚には二種類ある。第一は感覚的なもので、五感の快楽と関わりをもつ外的知覚であり、第二は知的、想像的な内的知覚である。これらの知覚はそれぞれ、その知覚能力との関わりにおいて三つに区分される。第一、知覚能力に相応しく、その本性に合致するものの知覚。第二、反対物の知覚。第三、反対物でもなく、相応しくもないものの知覚。

快感とは相応しいものの知覚に他ならず、苦痛とは反対物の知覚である。反対物でもなく、相応しくもないものの知覚は、苦痛とも快感とも呼ばれない。ここで苦痛とは、反対物の知覚に相応しい性質と考えてはならない。それは反対物の知覚そのものなのである。なぜなら苦痛以外のものが何一つ存在しないと想定される場合に、苦痛という言葉が適用されず、その意味が実現されずに、知覚作用が行なわれるおりに反対物が知覚能力と出会うことは考えられないのだから。これは快感についても同様である。

知覚とは一般的な言葉であり、これは快感、苦痛、快感でも苦痛でもないものに分けられる。したがって後者〔快感、苦痛のいずれでもないもの〕は、知覚にたいし付加的なものではない。

〔二〕個々の力に相応しいものとは、その本性が求める力の行為であるが、その際〔それがもたらす〕欠陥は問題とされない。なぜなら、あらゆる力は、そこから何らかの行為が発するように創られており、そのような行為こそ力の本性が要求するものなのだから。瞋恚の力の本性が求めるものは支配、ならびに復讐の追求であり、その快楽は支配を実感することにある。また渇望の本性が求めるものは風味であり、想像、想念のそれは希望であり、それにより快楽を覚えるが、他のあらゆる力についてこのようなことがいいうる。

〔三〕完全な智者の中では、外的な力よりも内的な力の方が強力であり、彼は知的、想像的力に比して感覚的な力を卑しめる。だが欠陥ある者の中では知的、想像的力より感覚的な力が強い。そのため甘く美味なものと、敵にたいする優位とか、首長、貴顕の地位をうるための原因の獲得のいずれかの撰択を迫られた場合、志卑しく、心萎え、内的な力の消耗した男は菓子、甘味を選ぶことになる。だが撰択を迫られた男の志が高邁で、知性が秀でていると、彼は口腹の快楽を卑しめ、敵を支配する快楽の方を選ぶ。志が卑しいとは、中に欠陥を宿す者のことであり、その内的な力が枯渇しているか、若者のようにそれがいまだ完成されていない場合を指す。若者の内的な力は、いまだ可能態から現実態へと現れ出ていないのである。

〔四〕あらゆる力は、それに相応しい対象を知覚することにより快感をもつが、快感は種々の知覚、知覚の強度、知覚されるものの相違により千差万別である。上記の三つは、快感の差別をもたらす要因である。

第一の要因は知覚の強度の相違である。力がもっとも強度であり、その種の中でもっとも優れたものであれば、その快感はもっとも完全である。食物から得られる快感はそれを求める力に依存しており、性交から得られる快感にしても同様である。知的なものから得られる快楽は、感覚的なものの快楽よりも一そう優れている。したがって前者は後者を凌駕し、その結果知者は食物や感覚的なものより、知的な快楽を選ぶのである。

第二の要因は知覚の相違であるが、知覚が強く、高級なほど、快楽も一きわ完全である。それゆえ美貌の人を間近に、明るい場所で見る快びは、遠くで見る快びに優るが、それは近くで見る知覚がより強度であるために他ならない。

第三の要因は知覚の対象の相違である。なぜなら、これもまた相応しいか否かによって異なるのだから。このような観点からして、完全なものであれば、快感、苦痛もまた完全である。快感は、美醜という点で相違があれば異なるのである。したがって、当然のことながら、もっとも美しいものから得られる快感は最高であり、もっとも醜いものから得られる苦痛も最高である。

〔五〕これは上述の諸原理の結果であるが、われわれの知的快楽は感覚的快楽よりも強度でなければならない。なぜなら力について考察した場合、知的な力は感覚的な力より強く、優れているのだから。「霊魂論」において検討されることになるが、感覚的な力は物体的な器官の中にしかありえない。これらの器官は、感覚の対象が強度になると感覚しえなくなってしまう。眼の快びは光の中にあり、その傷みは暗闇の中にあるが、強度な光は眼を損ねてしまうのである。同様に激しい音は聴覚を損ね、その後微かな音を聞く妨げとなる。ただし明らかな知的対象は知性を必ず強化し、それに一そうの輝きを与えるのである。知的な力は自立しており、変化、変質を許容しないが、感覚的な力は変化する物体中にある。

地上の存在者で第一者に最も近く、類縁性が強いのは、後述するように知的な力である。知的認識は、種々の点で感覚的認識とは異なっている。知性は事物をありのままに認識し、そのもの自体とそれと異質なものとが混同されることはない。ただし感覚は色を認識する場合、それと同時に幅や長さ、遠近等色そのものとは異なる事柄を認める。

知性は、事物をそれとは異質の付帯的なものを除外し、あるがままそれ自体として認めるのである。また感覚的認識は変化し、小さいものを大きく、大きいものを小さく認めるが、知的認識はその対象に即しており、変化しない。つまり対象をあるがままに認めるか、全然認めないかのいずれかである。

認識の対象の点から見れば、感覚的対象は諸物体や変化する卑賤な諸偶性であるが、知的対象は変化を許容しない永遠的な、普遍的本質である。そしてこの知的認識の対象のうちには、世界のあらゆる美、壮麗の源である第一者たる神の本質が含まれる。したがって感覚的な快楽をもって知的快楽に比することは不可能である。

〔六〕快楽をひき起す認識の対象が存在しながら、人がその快楽を認めぬ場合もありうるが、これは考えに耽って素晴しい楽の音に気付かぬ者のように、うっかりしていたり、他に気をとられている場合や、長い間口にすることにより、粘土や酸気の強いものを食べて喜びを感ずる者のように、ある欠陥のために本来の性質が変えられてしまう場合である。長期間なじむことにより、この男の本性とこれらのものの間に適応性が生じ、その結果彼は元の本性にとって忌わしいものにも快楽を認めるようになるのである。これはちょうどブーリームースという特殊の胃病を病んだ者(9)が、身体全体は滋養を要求しているにもかかわらず、胃の欠陥が食物に対する快びを感じさせず、むしろ嫌悪感を催させるようなものである。これは、食物がそれ自体本来の性質にとり美味でないことを示すものではなく、快びを感じない原因は感覚的な力の弱体化にある。弱い視力は光にあうと損われるが、視力そのものは元来健全な〔原典 saqim を salim に訂正〕本性にとり相応しく、快ばしいものなのである。

この点について次のような質問が寄せられるであろう。もしも知的対象が一そう快ばしいならば、われわれが諸学を学ぶ快びと、それを失う傷みは、感覚的な対象を獲得したり失ったりする際の快び、傷みに勝ることになるではないか〔しかし質問者はこの逆だと信じこんでいる〕。

この原因は霊魂が、悪しき慣習、突然ふりかかる欠陥、感覚的なものに馴染み、肉体的欲望のとりことなること等により、〔善き〕本性の要求するものから逸脱することにある。なぜならこれらはちょうど四肢に生ずる病い、萎えのように心や霊魂に襲いかかるのだから。萎えた四肢に焼けるような火が近づいていてもそれは感覚せず、萎えがやんで初めて暑さを認める。眠っている男が恋人に抱擁されても、気を失った病人と同様であり、眠りから醒めぬ限りそれを感ずることはない。肉体に生ずる事柄は、ちょうどこの萎えのような状態をひき起す。したがって霊魂が死により肉体を離れると、霊魂はそれが性悪で無智の場合には無智の傷みを感じ、それが性善で知のある場合には知の快びを感じるようになる。

＊　＊　＊

ここで話題を本論に戻すことにする。

第一者は諸々の快楽をあるがままの美、壮麗さをもって感得する。彼はすべての美、壮麗の源であり、あらゆる善、秩序の礎なのである。

もしも〔第一者の〕感覚の対象をとりあげてみれば、それは事物のうちで最良、最高のもので、その感覚をとりあげれば最も高貴で完全であり、また感覚者としての側面を見れば、その偉大さ、卓越性のゆえに最高の感覚的対象を最も完全な感覚で把えるため、最も強力な感覚者といえる。

この際、人は、自分が知識において蘊奥をきわめ、地上全土に支配権を確立し、これに肉体的健康と人民すべての臣従を併せもった際の快びを思いみるがよい。もしもこれらを一身に集めえたとすれば、快びはまさにきわまるであろう。たといこれらすべてが他から与えられたもので、いずれは滅び去り、諸学に関する一部の知しか修められず、世界全土に比せば地上の一角をしか治めえず、まして知的、精神的諸実体についてはいうに及ばないとしても。以上の事実を勘案すれば、第一者の快楽とわれわれのそれとの比較は、彼の完全性とわれわれのそれとを比べた際のごときものである。

アリストテレスは言っている。もしも第一者が、われわれが彼に視線を向けて逸らすことなく、その偉大さ、極美、御稜威、ならびに万物が彼から最良の秩序をもって現われると同時に服従により彼に導かれることを認め、しかもこの状態が変化の可能性なく、永遠に過去も未来も変らぬことを知る快び程度にしか、自らの美の認識に快びを見出さぬとしても、これのみですら他に類がない。

それはいかにしてであろうか。第一者の快楽の感得は、われわれの第一者にたいする認識には比せられないのだから。われわれは彼の本質、性質に関して、ごくありきたりの一般的なことをしか認めえないのである。

天使もまた第一者を認識する。彼らは後に述べるようにつねに第一者の美を凝視しており、彼らの快楽も永続しているが、それは第一者の快楽には及ばない。彼らの第一者を認識する快びは、自らを認識する快びを上まわっている。天使の自らにたいする快楽は、第一者の下僕として従順であることに発しているのである。

例。ある男がある王を慕い、近づきになってその家臣にとりたてられたとする。その際彼が王の美しさを誇りとし、快びを感じ、満悦すること、彼が家臣にとりたてられたことは、彼が自分の肉体、力、父親、血統について誇りに思う以上である。

同様にわれわれの快びは獣の快びに勝っている。われわれと獣の間には力、知性、中庸の性質等の点で大きな隔りがあるのだから。したがって天使の快びは、肉体的、性的快楽こそ感じないとしても、全世界の主に一段と近く、未来永劫その状態に欠けることがないため、われわれの快びに勝っている。

人間にも永遠的な至福をかちうる道は残されている。そのためには知的な力を可能態から現実態に変え、またあらゆる存在者を秩序正しく〔知性に〕刻印することが必要である。

人間は第一者、天使およびその下に立つ諸存在を認識するが、おそらく現世において肉体にかかずらい、上記のような事柄について吟味すること以下の快びに耽ることもあろう。だが死により肉体を離れ、妨害するものがなくなると快楽は完全なものとなり、蔽いが除かれ、未来永劫にわたる永遠の至福が続く。すると至上の〔天使の〕群と交わり、場においてではなく、性質の点で第一者たる神の近みにある天使たちの仲間に入ることになる。

以上は至福の真意であるが、神《アッラー》は正しきことを最も良く知り給う。

性質に関する結論

上述の事柄から、秘められたものに関しては、可視のものを介してしか知りえぬことが明らかになった。つまり不可視のものの性状について問われるあらゆる事柄を理解するためには、外的なものを感覚で眺め、内的なものを知性で把えて類比する以外にないということである。

ここで第一者はいかにして自らを知るかという問いがなされたとする。これにたいする答えは、ちょうど君が君自身を知るようにという説明で充分であり、これで納得がいく。

また第一者はいかにして他を知るかという問いがなされた場合には、君が他を知るようにという答えで納得がいく。

第一者は単純な一つの知識で、いかにして他の諸々の知的対象を知るかという問いにたいしては、ちょうど君が質問の答えを詳細に考えぬうちに一気に知り、次いで徐々に細かく考えるようにと答えられる。

第一者のあるものについての知が、いかにしてそのものの存在の源たりうるかという問いにたいしては、ちょうど〔横にさし渡した木の〕幹の上を歩く際に、落ちはすまいかという想像が〔実際の〕落下の源〔原因〕であるようにと答えられる。

第一者はいかにして可能的なものすべてを知るかという問いにたいする答えは、以下のごとくである。彼はあらゆる可能的なものを、その諸原因に関する知によって知っている。ちょうど君が、暑さの原因に関する確実な知識によって夏の空気の暑さを知るように。

また第一者が自らの完全性、壮麗さに覚える喜悦はいかなるものかと問われれば以下のように答えられる。それはちょうど君が、他人のものとは異なる格別な完全さを備え、それを実感する際に、自分の完全性に悦びを覚えるようなものである。

要するに君は、至高の神《アツラー》について何事かを知るにあたり、自らの場合との類比によってしか理解しえないのである。

君は自らのうちに完全さ、欠陥という点で種々異なるものを認める。だがこれに反し、第一者のうちに認められるものは、自分の中に認めるものより高貴で上位に立つことを知っている。したがって、これ〔君が行なう第一者と自分との比較〕は、秘められたるもの全体に関する信であるといえる。さもなければ〔それが全体的でなく個別的であれば、〕君が想像する剰余の実態について知りえないことになるであろう。そのような剰余は君自身の中には存在しないのだから。したがって第一者中にあることがあっても、君のうちにはそれと類似のものはない。すると君にはそれを理解する術がないが、これこそ第一者それ自体なのである。なぜなら第一者とは、存在以外に付加的な〔つまりそれとは別の〕本質をもたぬ存在であり、あらゆる存在の始源なのだから。

さらに本質をもたぬ存在はいかにして存在するかと問われた場合、答えは以下のごとくである。われわれは君に君自身から類比させることはできない。それゆえ君は、本質をもたぬ存在であり、本質をもたぬ存在を理解することはできない。第一者の本質とその特質は、彼が存在とは区別される本質をもたぬ存在であり、実在性と本質が同一であるということである。このような例は第一者以外に見られない。その余のものは実体か偶性であるが、彼は実体でも偶性でもないのである。本質のないれは天使たちの間にも認められない。彼らもまた実体であり、彼らの存在はその本質とは異なるのだから。本質のない存在とは実に至高の神《アッラー》のみなのである。したがって神《アッラー》を知る者は神《アッラー》のみである。

ここで次のような問いがなされたとしよう。第一者が付加的な本質をもたぬ存在であり、その本体は純粋な存在であるというわれわれの知は、それが神《アッラー》に関する知でなければ一体何についての知であろうか。

これにたいしては以下のように答えよう。それは神《アッラー》が存在者であるという知であり、このようないい方は一般的なもので〔詳細について語っているわけではない〕。「神《アッラー》は本質そのものである」という君の言葉は、神《アッラー》が君に似たものではないことを意味している。するとそれは類比の否定に関する知であり、類比から抽出された真実についての知ではない。これはちょうど君のザイドは鍛冶屋でもなく、大工でもないという知のようなもので、それは彼の職業に関する知ではなく、彼についての否定的な事柄の知である。また君がもつ神《アッラー》の意志、力、叡智に関する知はすべて、神《アッラー》がもつ自らおよび他者の知に帰着する。神《アッラー》が自らを知り給うという君の知は、ちょうど神《アッラー》の本質に内属する諸性質に関する全体的な知のようなもので、彼の本質そのものに関する知ではない。なぜなら神《アッラー》の本質そのものは純粋な存在であり、付加的な本質を備えていないのだから。

また至高の神《アッラー》の認識に至る道はいかなるものかという問いにたいしては、以下のように答えられる。

君は明証に基づき、神《アッラー》の認識が不可能であり、神《アッラー》以外の者が神《アッラー》を知りえないことを知っている。神《アッラー》について知りうるのは〔せいぜい〕その諸行為、諸性質、絶対的存在、類比の否定であり、本質のない存在ではない〔尋常の〕者にとり、本質のない存在〔神《アッラー》〕を理解しようと試みることが不可能であることを知っている。付加的な本質をもたぬ存在は神《アッラー》以外になく、したがって神《アッラー》以外の者には神《アッラー》を理解しえない。それゆえ人類とジンの主〔ムハンマド〕はいっている。「貴方は御自身にたいする賞讃に相応しく、貴方へのわが賞讃に限りなし。」またアブー・バクルもいっている。「認識することの不可能もまた一種の認識である。」

確かにあらゆる人間は、神《アッラー》を認識することが不可能である。ただし明らかな証処をもって、神《アッラー》の認識が不可能であることを認める者は知恵ある認識者、つまり人間にとり可能なかぎり神《アッラー》を認識する者である。知に欠けるところがあり、上述のような明証により不可能性が必然的であることに気付かぬ者は、神《アッラー》について無智な者であるが、聖者、預言者、学に精通した識者をのぞきあらゆる人間はこの段階にある。

（1）　貧しさとは富の欠如もしくは否定である。もちろん富の否定は人間にのみ通用し、第一者には通用しない。ただし第一者も否定的な性質をもちうる。例えば無知の否定、つまり「無知ではない」＝「全部」あるいは後出の「類似のものがない」＝「一者である」等。

（2）　知、知者、知的対象がすべて同一であることを証して、唯一の原理の必要性を説くのがこの部分の骨子である。

（3）　感覚する者の側から見て、彼の意識の中の印象、つまり彼に感覚されたものが第一の感覚の対象(maḥsūs)である。感覚の対象と訳した maḥsūs は、本来感覚されるものの意。これを生じさせる原因である外的事物は、第二の感覚の対象とされている。

（4）　二つの知的対象にそれぞれ固有の実体との関連性があれば、一性の観点からすれば、その一方をとれば他がなくならねばならぬ。ゆえに、知の一性は実体や属性との関連性をもたない。

（5）　原文では化学となっているが、この場合錬金術ととる方が適当であろう。

（6）　尾の結び目 'uqudat-dh-dhanb は太陽の軌道上の一点である。

（7）　この場合位置は形態をも指す。

（8）　高位と訳した原語 muqarrabūn は、近づけられた者たちの意。汚れない精妙な性質により神《アッラー》の近くに住まいうる高位の存在に付せられる形容詞。

（9）　胃の冷えによるといわれる病気。症状が軽いおりにまず食欲が亢進するが、胃の冷え具合が増すと食欲がなくなり失神するという病気。

第四節　〔存在者の諸区分〕

第一者の性質に関する叙述を終えたのちに彼の諸行為、つまりあらゆる存在者の区分に関する叙述に入る必要がある。なぜならば神《アッラー》以外のものはすべて彼の行為〔作用〕なのだから。

存在者の諸区分について説明したのちに、第五節においてこれらの諸区分がいかにして第一者から生じたか、彼から生ずる原因、結果がきわめて多いにもかかわらず一つの系列を構成していること、さらにそれらが究極的には一つの原因、つまり諸原因の原因たるものに帰着するかについて述べる。

本節は序論と三つの項からなっている。

第一項　月圏下の世界における諸物体と、それらがいかにして諸天の存在と運動を示すかに関する説明

第二項　諸天とその運動の原因に関する説明

第三項　天上の霊的天使、大天使と呼ばれる霊魂、知性〔叡知体〕(1)に関する説明

序論はさらに三つに分割される。

第一。存在する実体は受動性、能動性の観点から、知的な〔区分の〕可能性にしたがい三つに区分される。

(一)他から影響を受けずもっぱら他に影響を及ぼすもの。これは専門用語では離存知性〔叡知体〕と呼ばれ、分割、

合成されぬ実体である。

(二)他に影響を及ぼさず、もっぱら他から影響を受けるもの。これは空間的拡がりをもち、分割される。

(三)影響を受け、及ぼすもの。つまり叡知体から影響を受け、物体に影響を及ぼす。これは霊魂と呼ばれるが、これもまた空間的拡がりをもたず、物体ではない。

諸区分のうち最も高貴な部分は、変化せず、他から影響、完全性を受けとる必要のない叡知体である。それは自らの完全性を備え、そこには可能的なものは何一つない。最低の部分は、変化たえまない物体である。中間にあたるのは叡知体と物体の間にある霊魂であるが、これは叡知体から影響を受けとり、物体に影響を及ぼす。知性はこれらの諸区分について判断しうるが、それらの存在に関しては明証が必要である。

たしかに物体は感覚により存在を認められる。また霊魂は物体の運動によって示され、叡知体は後に述べるように霊魂によって示される。

第二。存在者は完全性、不完全性の観点から以下に区分される。

そのもの自体にある性質を与えるような他の助けを必要とせず、可能的なものをすべて所有し、それを備えているようなもの。これは完全〔存在者〕と呼ばれる。

可能的なものが完全に備わっておらず、したがってそれが現実化されぬ間は、そこに可能的なものが生ずる必要のあるもの。これは完全になる以前には不完全〔存在者〕と呼ばれる。

さらに不完全〔存在者〕は、当然起るべきことが生ずるためにそれ以外のものを必要としないものと、他を必要とするものとに分けられる。前者は自足的〔不完全存在者〕、後者は〔完全に不完全であるという意味で〕絶対的〔不完全存在者」と呼ばれる。

完全存在者はすでに生ずべきことが生じており、これが他に影響を及ぼすようになると超完全存在者と呼ばれる。なぜならそれはそれ自体で完全であると同時に、自らの完全性を他にも及ぼすかのごとくだからである。

特に物体に関する第三の区分。上述のように物体は存在者のうちで最も低位のものであり、これは単一物体[2]と合成物体に二分される。つまりこれは存在中に具体化されることもあるが、知的な〔区分の〕可能性による区分である。

単一物体とは、空気、水のように一つの本性しかもっていないものであり、合成物体とは、水と土からなる粘土のように二つの本性を集めたものである。合成には、単一物体にない特色がある。例えばインクの長所は没食子にも硫酸塩にもない。ただし単純物体は合成物体の根元であり、存在するにあたり当然段階、時において先行する。

単一物体は、知的区分によりそこから合成が生ずるもの、生じないものの二つに区分される。合成を受け入れるものとは、単一物体中にない特色が合成により生ずるものであり、合成しえぬものは、その単純さの中に完全性があって、合成により付加的なものが想像されえぬものである。

以上で序論を終えたのち第一項に入る。本項は、下位の物体であることを示すものに関する説明である。

月圏下の世界における物体の存在は観察によって認められ、例えば粘土が水と土からなるように合成を受け入れる。ここでわれわれは以下のように主張する。この観察された合成は、直線の運動を示すものに他ならない。運動は距離の観点から本性上異なる二つの特定の方向を措定する。そして二つの方向の相違はそれらの方向を囲む物体の存在を示すが、これが天である。また運動はその生起の観点から、それには原因があり、その原因に原因があるというように無限に続くことを示す。これ〔運動の継続〕は天の円形運動による以外には不可能なのである。運動はまた物体に起るという観点から、物体の中には本性的な傾向、動者的本性、運動の時間があることを示している。したがってこれらの証拠と結果について述べることにする。

合成から生ずる第一の結果。直線的運動。

その実相。水は空間的拡がりをもち、土にしても同様である。そしてその空間のいずれも本性的である。なぜならあらゆる物体は本性的空間を必要としているのだから。これについては自然学中で述べる。したがって合成は、いずれか一方が他の空間に向って運動することなしには生じない。両者がいずれも自分の空間にとどまっていれば、たがいに合成されず隣接したままであろう。以上は明瞭である。

したがって知は、存在について観察する以前に、二つの単一実体の合成が存在すればそれは直線的運動による以外にないと判断している。もしも運動があれば、それは一方向から他の方向に向わざるをえず、当然二つの方向を必要とする。これも明瞭である。その二つの方向は本性を異にする限定されたものである。両者の本性的、類的相違は以下の理由から生ずる。

運動とは後に述べるように、本性(ṭabīʻīyah)的か強制的(qasrīyah)かのいずれかである。本性的運動とは石の落下のようなもので、その際に元の場所と後の場所とは当然異なる。それが等質のものであれば、一方を離れて他を求めることはない。土そのものは石と類似しているため、石は本性上土の表面では動かない。とまれ、必然的にそこから離れ去る方向は、そこに赴く方向とは異なる。石の上昇のように運動が強制的であれば、ちなみに強制的運動という意味は本性に反することを指すが、特定の一方に向う強制力が想像されるために本性的傾向(mayl ṭabīʻī)というものがなければならない。あらゆる強制は本性に依拠しているのである。すでに明らかなように、特定の方向に向う本性的傾向は、必然的に二つの方向の相違を必要とする。両者が限定されているという意味は、下の方向が当然限界をもち、そこに達すれば〔運動が〕終るということである。つまり動きが終ったところが限界、終点なのである。

これに関する三つの証明

(一)方向は必ず、感覚的に指示される距離の中にある。指示を伴わぬような知的な事柄には、物体の運動は想像されない。すでに述べたように終りのない距離は、真空中でも、物体的空間においても不合理なのである。

(二)方向で示されるものには特定の限界がなければならない。もしも木や山、東や西が示される場合、例えば木の方向といわれた際の当の木は指示されねばならない。それに向って無限の距りがあるようなものは指示されず、指示されぬものには方向はない。たしかに木は、木の方向の一つの終点である。そして指示する人間と木の間に無限の距離があるとすれば、その木を指示することはできない。同様に下方といった場合、そこで終る限界、終点がなければならない。それは最低の点であるが、上方についてもこれと同様のことがいえる。さもなくて〔下方が〕無限に続けば、それを指し示すことは絶対に不可能である。

(三)人が、下方に位置するものの間で一方が他よりも下にあると知っていたとする。ただしもしも下方に特定の終点、それに近いところが一番下で、それから遠ければ上であることを示す指示された限界がなければ、一方が他より下であるという意味がない。その際には方向〔そのもの〕が曖昧になり、上下がなくなってしまうが、下がなければ最も下とはいえなくなる。

したがって直線的な運動には、二つの限定された異なる方向が必要である。方向は距離であり、真空の不可能性について論ずる際に述べるように、距離は物体中にしかない。それゆえ方向を定める限定された物体があって初めて運動が理解されるのである。(3)

第一の主張の必然的な結果である第二の主張。諸方向を決定する物体は、空が中のものを囲むように、直線的な運動をもつ物体を囲んでいなければならない。なぜなら二つの方向の類的〔上・下の関係のような〕、本性的〔近さ、遠さのような〕相違は、周囲をとり囲む物体なしには想定されないのだから。その際、中心は至遠の点、円周は至近の点になり、近さと遠さの間に類的、本性的な無限の相違が存在することになる。

証明。方角の相違は、真空中にあるか、物体的な空間中にあるかである。ただし真空がありえぬゆえに真空中にあることはない。なぜなら真空が想定された場合、それは等質であり、その一部と他との相違がないことになり、それにより特定の方向を指定することができないのだから。物体的な空間、つまり物体中にある場合には、方向の相違は物体の内側にあるか、外側にあるかのいずれかである。もしも相違が物体の内側にあれば、物体中の相違とは中心と円周以外にはない。なぜなら物体が中空であれば、円周はそのもっとも近い点になり、中心はもっとも遠い点になる。

またもしも円周の〔一点〕から円周の〔他の一点〕に、中心を通過しない方向の相違を仮定すれば、それは円を異なった二つの部分に分割する線分であり、一方の点は他の点と異なるといわれるが、これは不合理である。なぜなら両者の間には数的な相違〔一方の点を一とし、他を二とするような〕しかなく、それ以外では両者は本性的に等質なのである。両者は円周から同じ近みにあるのだから。

中心を通る直径を仮定した場合、その両端の点に方向の相違を見ることはできない。その両者は円周から等しい近みにあるのだから。したがって中空の物体には中心と円周の相違しかない。中心を越えれば遠さから近さに移行することになるのだから。それゆえ中心は遠さの限界であり、円周は近さの限界なのである。

もしも方向の相違を物体の外側にあると仮定すれば、これは不合理である。なぜなら、その際には中心点としての一つの物体が仮定され、そこを基点として方角が定められるか、二つの物体が仮定されるからである。

もしも一つの物体であるとすれば、近さは規定されるが、遠さの方向は決定されない。なぜならその周囲の空間は等質であり、その一部と他との相違は個別的なもの〔個別者としてたがいに相違する〕にすぎないのだから。すでに明らかにしたように、方角には限界が必要である。遠さが限定されないのは、中心の周囲に遠さの異なる円が無限に描かれるからである。中心は円周を規定しないが、円周は必ず一つの中心を定めるのである。

ところで二つの物体が仮定された場合には、一方の近みは他の近みと異なるといわれるが、これは不合理である。なぜなら個々の物体が〔何ゆえに〕そこに場を占めるかが、依然として重要な問題たりつづけるのだから。つまりまず初めに方向が存在しない限り、このような物体が存在することはないのである。[4] また、もしも二つの物体が等質であれば、両者の一方が近さの基準となり、他も同じものとなって本性上の相違がなくなってしまう。両者が異なる場合には、両者の相違はそれら自体によって二つの方向を必然的に決定することをせず、おのおのが〔何ゆえに〕その場を占めるかが依然として問題になる。つまり真空は等質であるのに、何ゆえにこの物体は特にこの場を占め、何ゆえに一つの空間が他のものとの近さ、遠さという点で他の場と異なるかという問いが問題とされるのである。なぜなら二つの物体を仮定し、それらがたがいにその占める空間を交換すると想定して一方が他の場に位置を変えたとしても、方向に変化は生じても方向の相違そのものは消滅しないのだから。またもしも一方がなくなったとしても、想像された方向の相違は、二つの方向の一つが存在し遠さが存続すると想定する限り、物体の消滅にかかわらず依然として存続する。また二つの物体の合成が想定された場合には、物体間の相違は消滅するが、二つの方向の相違は存続する。要するに、物体の相違は、方向の相違の証明とはならないのである。かくして方向の相違は、円周と中心により二つの方向を規定するような、周囲をとり囲む物体によってしか想定しえぬことが明らかにされた。

このような周囲をとり囲む物体は、直線的な運動を受け入れることはない。もしそうだとすれば方向の相違を必要とし、それをとり囲んで方向を規定する他の物体を必要とすることになるのだから。方向を規定する物体は、方向を必要としない。したがってその中には直線的な運動はなく、またそれは変化、亀裂を受けいれない。[5] 変化、亀裂とは諸部分が縦横に真直ぐ移動することであり、その場合には直線的な運動が必要となり、直線的な運動は方向の相違を必要とする。その場合には上述のように、方向を規定する他の周囲をとり囲む他の物体が必要となる。

第三の主張。運動には必ず時間が必要である。あらゆる運動は時間中にあるのだから。時間とは運動の量に他ならないのである。もしも運動がなければ、時間もまた存在しない。霊魂が運動を感じないと、時間を感じないが、これはちょうど洞窟の中の眠り人[6]のようなものである。十時に眠りこみ翌日の十時に目覚めた者は、ただ習慣的な認識の変化によって、その変化が時間の中にしかないと認めることにより、〔その間の〕時間の経過を感ずるばかりなのである。目覚めた者は明暗、影の長さを認め、こうした事柄の習慣的な認識により特定の時間を知るという仕方で、眠った時間を知る。

時間の問題は自然学中で論ずるがより妥当であるが、ここで時間について検討する必要があろう。

あらゆる運動の初めと終りの間に、特定の距離を特定の速さ、遅さで通過する他の運動を想定する可能性があることは疑いない。そこでそのような運動が、それ以上でもそれ以下でもなく、まさにそれと同じ距離を通過したとする。ところでそれと一緒に始まったより速い運動は、より大きな距離を通過し、より遅い運動は、より小さな距離をしか通過しない。もしもそれと共に同じ速さの運動が始められたとすると、両者は中心点においても異なることはない。始点から中心点、中心点から終点までの可能性は、始点から終点間の完全な運動の可能性の半分にあたる。同様にこの可能性は、その四分の一、六分の一を仮定することもできるが、このような規定は量によってのみ可能なのである。

ここで量が問題となるが、量の定義は運動の定義とは異なる。量は運動そのものではなく、運動中にあるその性質である。運動はすべて二種の量をもっているが、その一は距離的なものであり、「彼は一里歩いた」といわれ、他はすでに述べた可能性で時間と呼ばれ、「彼は一時間歩いた」といわれる。〔後者のように〕量的に評定される可能性が時間であり、これは可能性の延長が時間的先後に区分される限りにおいての運動の量である。可能性が運動する物体の量であることは不可能なのだから。

「象」と「南京虫」の運動が時間的に等しいとしても、一里行く者と二里行く者が〔必要とする〕時間が等しいこともありうるのであり、距離が一定ということはない。そしてこのことを遅速に還元してはならない。速度の〔リズムの〕一定な二つの運動が、この可能性を異にすることはままありうることなのだから。なぜなら日の出から日没までの運動は、日の出から正午までの運動に等しいといえるのである。つまりある運動は、時間的には等しくないが、速度の点でその半分と等しいことがありうる。したがって、時間とは運動の延長における運動の量に他ならない。ある運動は他の運動より延長が一そう大きな場合もありうるのだから。延長の多は時間の多であり、延長の少は時間の少となり、延長の基礎は期間、時間の基礎である。時間とは運動の継続期間、つまり延長の謂であり、それは空間的運動でしかありえない。なぜならそれは先後の二つに区分されるものに他ならないのだから。先行するものは、いかなる状態においても後続するものと同時に存在することはなく、したがって時間は必然的に先行するもの、後続するものと関連するが、二つの部分が一つに合体することはありえない。先行する部分それ自体は運動に他ならないのである。運動の先行する部分に対応する時間は先行する〔時間〕と呼ばれ、運動の後続する部分に対応する時間は後続する〔時間〕と呼ばれる。

時間が運動の量であることが明らかとなり、運動の量を規定する尺度の必要に迫られた場合、その尺度は例えば布の長さを計る尺の単位のように、他を計る際に明白で紛れのないものでなければならない。同様に、日々の天体の動きは、被造物中でも最も速く、最も明らかな運動である。太陽は最も明白な感覚的対象物なのだから。むしろ他のすべての感覚的対象はそれにより感覚されるのであり、したがってこれが運動を計る単位としてとりあげられているのである。天体の運動はそれ自体量をもっており、それで他の量が計られるが、これはちょうど尺が特定の量であり、それで他が計られるのと同様である。要するに時間とはそれが先行する部分と後続する部分に区分される限りでの天体の運動の量であり、先行する部分が後続する部分と共存することは決してない。

第四の主張。合成を受け入れる物体の運動中には、必ず一方向へ向う傾向があり、またこの傾向を産み出す本性が存在する。したがって運動、傾向、本性の三つはそれぞれ異なっている。

皮袋に空気を一杯にして水中に置くと、袋は空気の場に向って浮びあがる。水中を浮上する状態には、運動と傾向、本性が存在しているのである。もしも水中でこの皮袋を無理に摑むと運動はなくなるが、摑んだ手は皮袋の傾向、圧力を感じ、それが一方向を求めて押し進むのを感知する。これが傾向である。もしも皮袋が水の上にあれば、運動も傾向もない。だがそこには本性があり、皮袋が固有の場を離れた際に、それに相応しい場を求める傾向を産み出す。

現在の議論の意図は、あらゆる合成的物体が運動を受け入れ、運動を受け入れるものは必ず自らの中に傾向をもつという事実を明らかにすることにある。

合成体に関するこのような証明は明白である。なぜならそれが合成される場合には、運動によらざるをえないのだから。そしてもしも動作するものが、それが動く方向に本性的な傾向をもっているとすると、傾向が除去されても本性が残っている限りそれは運動する。傾向が除去されても本性が残された状態で動作体がその方向に動かぬ場合には、そこには傾向がないのであり、傾向がない場合にはそれが現にある場にたいして傾向をもっているといいうるのである。もしも現に存在する場にも、その他の場にも傾向をもたぬ物体が遠くにあると仮定することは不可能である。その場合その物体の運動は時間中にないことになり、不合理である。したがってこの仮定は不合理である。

ここで、前述の仮定は時間外の運動をもたらすものではないと反論がなされたとする。

これにたいする解答は以下のごとくである。ある物体が例えば下方に向う〔本性的〕傾向をもち、それを上方に動かすと、この〔本性的〕傾向は強制的な運動の傾向に逆らい、これによって運動の速度が遅くなることは明らかである。傾向が強ければ強いほど抵抗も強く、運動の速度も遅い。しかし傾向が弱ければ弱いほど、速度は速くなる。運動の遅速の相違は、傾向の相違に準ずるのである。

ここで次のように説明しよう。いま傾向をもたぬ物体を想定し、これを例えば十尺だけ動かしたとしよう。これは明らかに時間を要するが、それを一時間とする。ついで傾向を有する物体を想定してそれを動かすと、その運動は当然遅く、例えば十時間を要したとする。すると以下のように主張することができる。ここで〔十時間を要した物体の〕十分の一の傾向をもつ物体を想定すると、それは〔規定の十尺〕を一時間で動くことになる。運動の速度と速度との関係は、傾向と傾向の関係に等しいのだから。かくて〔十時間を要した物体の〕傾向の十分の一をもつ物体の運動は、傾向を少しももたぬ物体の運動と等しくなるが、これは不合理である。さらに傾向の量〔度〕に相違がありながら運動の時間が等しいことがありえないとするならば、傾向の有無に相違をもちながら運動の量が等しいなどということはさらに不可能なのである。

以上はあらゆる物体中に、方向の面で物体が現に動いている方向であるか、何か別の方向であるという別があるとしても、本性的傾向が存在することを示す決定的な証明である。

ここで第二の序論で論争を挑んだ人々の意見、つまり時間外での運動の可能性を、いかにして否定するかという疑問が呈されたとする。

運動が時間中にないとすると、それは距離中にあるかないかのいずれかである。もしも距離、遠さの中にあるとすれば、上述のようにすべての距離は区分されることになる。単一実体、単一距離といったもの[7]を想定することは不可能であり、区分されぬ距離などは存在しない。したがって区分されぬ時間を想定することも不可能である。なぜならば時間とは運動の量なのであり、あらゆる運動は運動の距離によって区分されるのである。それゆえ距離の最初の部分が、後にある部分の前に位置する。これはとりも直さずものが時間中にあることを意味している。要するにあるものが十尺運動するにあたり、初めに最初の半分を進み、後にあとの半分を進まずにいかに運動しうるであろうか。そして先行、後行の別が生ずれば、すでに時間が存在するのである。区分しえない距離中の運動を想定しても、それは不可能である。あらゆる距離が区分されることはすでに証明ずみなのだから。距離、物体、運動、時間の四つは必ず区分され、すでに述べたようにそれらのうちに分割されぬ部分を想定することはできない。

第五の主張。これらの合成体が本性的に運動する場合、必ず直線的運動を行なう。その理由は、あらゆる物体は本性的場をもっており、それに指定された固有の場に本性をもったまま置かれるとそこに静止するが、それはこの場がその物体にとり本性的だからである。そして、もしも別の場に置かれると、それはこの場を求める傾向をもつ。したがって、求められる場は本性的であり、その物体の本性的傾向はその本性的場を求める。そして物体はそこを離れるとそこに戻ろうとし、そこに到達すると静止する。ただし物体の傾向がその場を求める際には、最短距離を進むが、その理由は、最短の道を外れた場合そこに向わず、そこから遠ざかることになるからである(8)。ところで二点間を結ぶ最短距離は直線であるため、運動は必ずその上を通らなければならない。また方向には中心、円周の二つしかないことが明らかであるとすると、円周が囲む諸物体の本性的な運動は二つの直線的運動に区分される。つまり円周から中心に向う運動と、中心から円周に向う運動である。

第六の主張。運動をその生起の面から見ると、つまりこれらの合成体の運動というものは、それに原因があり、その原因に原因があるという具合に無限に連鎖し、これが結局天の円形的運動によるものでしかないことを示している。生起するあらゆる運動は、無限に永続する運動を証明しているのである。このような仮定がなされぬ場合には、有始的なものの生起は想起されえない。有始的なものが存在する際には、必ず無限に永続する運動がなければならない。

証明。原因をもたぬ有始的なものの生起は不可能である。

その原因がそれ以前に存在していながら生起しなかったとするならば、生起しなかった理由は生起を準備する完全な状態、条件が欠けていたからに他ならない。したがって、原因〔を生起させる〕この状態が生じなければ、原因が生じないことになる。その際には必然的に次のような問いかけがなされる。その状態は以前に生起せずに、なぜ現在生起したのか。このように原因の追究が次々に行なわれ、結局有始的なものは必ず無限の諸原因を必要とすることになる。ところで、これらの諸理由、原因は同時に共に存在するか、先後関係をもって〔連鎖的に〕存在するかのいずれかである。ただし無限の諸理由が同時に存在することが不可能であることについては、すでに論証ずみである。すると継起的な存在が残されるが、これも永続的運動によってのみ可能である。この運動は一々の部分をとると有始的なもののごとくだが、全体としては生起をもたぬ連鎖的系列であり、その諸部分はたがいに後に来るものの原因となっている。そしてもしもこの運動が何らかの状態において中断されると、その後有始的なものが生起することは不可能である。なぜなら有始的なものがある場合に生起しないと、それ以後生起することがないからである。したがってそれは〔他の〕有始的なものを必要とするが、その有始的なものも他のそれを必要とするということになり、結局生起を想定することができない。ただし永続的な運動を仮定すれば、問題は解決されるのである。

例。次のような問答がなされたとする。「地中のこの種子は、地中に埋まっていたにもかかわらず以前にそうしないで、なぜ今になって植物霊魂を受けとったのか。」「冬の寒さが厳しく、日和りが温暖でなかったからだ。」「それではなぜ今日和りが温暖なのか。」「天候が暑くなってきたからだ。」「なぜ天候が暑くなったのか。」「太陽が上に昇り、牡羊座に入って天の中心近くに来たからだ。」「なぜ太陽は今牡羊座に入ったのか。」「太陽の本性は運動である。ところで太陽は今魚座を離れたところだ。魚座を離れて牡羊座にさしかからなければ、太陽は牡羊座に入ることはない。したがって魚座を離れることが牡羊座に入る原因である。また太陽が本性に基づいて運動しながら魚座に達したことは、そこから離れ去る原因である。そして魚座に達する原因は、前の座から離れることである、等々……。」このように問答は無限に続けられる。かくて有始的なものの生起は地上的諸原因の連鎖が延々と続いたあとで、必ず天の運動に帰着する。有始的なものの生起はこれ以外にありえないのである。

天の運動は、二つの側面から事物の生起の原因となる。その第一は原因が天の運動と共にある場合である。この例は太陽と共にある光がそれと共に巡り、地上のあらゆる部分を徐々に明るくし、すべての地方にゆっくりと昼をもたらし、それが原因となって暗闇が消えて人々がものを見ることが可能になり、ものが見えることが原因となって人々があちこち仕事に赴き、人々があちこちに赴くことによって種々様々な運動が生じ、これらの運動から現世の明白な諸事件が生ずる、といったものである。

その第二は円形運動が諸原因を準備する原因であるが、条件に欠けるところがあるため結果が遅延している場合である。例えば太陽は大地に熱を生じさせるが、この熱はそこに種子が蒔かれている場合それに影響を与える準備をする。ただし熱は種が蒔かれていないため〔影響が〕遅れ、種子はそれを動かす作動因の意志が欠けているため〔影響を受けること〕が遅延している。この作動因の意志は他の原因に依存しており、とにかく種子が蒔かれると熱が作用し始めるが、それ以前には作用の場がないため影響を及ぼしえない。生起の遅延もこのようなもので、事物の生起に関してもこのような事態が想定される。

例えば水と粘土の合成が運動を〔もち、この運動が方向を〕指示することは明らかである。そして運動は必ず異なった二つの方向を指示するが、この二つの異なった方向は周囲を取り囲む物体、つまり天によってのみ指定される。この天は永続的に運動しつづけ、それによって有始的なものの生起が想定されるのである。したがってこれらの証明は感覚的世界に合致しており、実際に天を見たことがなく、またその運動、それが周囲をとり巻いていることを認めたことのない盲人がそれを観察しても、事態は明白になる。彼はほんのちょっとした動きをもその知性で考察した場合、中断することなく回転しつづける天が存在せざるをえないことを理解する。運動はそれをもとにして想定されるのであり、そうでなく天の存在なしに運動が創造されたと考えることは不可能である。そして不可能なことには可能性は考慮されず、したがってそれは決して存在することがない。

かくして天の運動が事実の証明によって明らかにされた。つまり結果によってその証明がなされたのである。それゆえ次に天の運動の原因、それが何ゆえに運動するかを指摘し、それに関する諸理論を述べることにしよう。

天の諸物体について

天の諸物体に関する主張は以下のごとくである。

天の諸物体は自らの意志によって運動する。

天の諸物体はあらゆる個別的なものを、たえず新たに概念的に把握しつづける。

天の諸物体は運動中に目的をもっている。

その目的は劣ったものを志向しない。

その目的は、己れよりも一そう高貴で、物体とはいささかの関係ももたぬ実体で、一般に〔哲学者の間で〕離存知性〔叡知体〕('aql mujarrad)、宗教的術語では高位の天使(malak muqarrab)と呼ばれるものに自ら類似しようという渇望である。

知性〔叡知体〕は数多く存在する。

天の諸物体は本性を異にしている。

そのあるものは他のものの存在の原因とはならない。

第一の主張。天の諸物体は自らの意志によって運動する。

天の諸物体が運動することは具体的に目撃される。またこの問題についてはすでに証明ずみであるが、ここで以下の説明を付加することにしよう。もしもこの周囲をとり巻く物体が静止していると仮定すると、それは特定の位置をもち、例えばその任意の半分が現在われわれの頭上にあることになる。そして現在頭上にあるこの部分をわれわれの足下にあると仮定することも不可能ではないのである。なぜなら周囲の部分間相互の関係は一定なのだから。したがって周囲の一部を他の一部と特別に関係づけることは不可能である。もしもある部分を上方にあるとすると、その部分は下方にあるとされた部分と異なることになり、全体が合成体となってしまう。合成体は単一物体の直線的な運動から成り立っているのである。ただし天の物体が直線的運動を受け入れぬことについてはすでに証明した。

単一物体中においては、(9) 周囲の一部を他の一部と区分しえない。したがってそれは運動を受け入れる。運動を受け入れるあらゆるものは、上述したように本性中に必ず傾向をもっている。だがそれは直線的運動への傾向ではありえない。天の物体は直線的運動を受け入れないが、〔そうでないとすれば〕自らに方向を規定する他の物体を必要とすることになる。したがってその傾向は円周上の諸部分を移行することであり、結局中心点の周囲の円形的運動である。それゆえその本性中には中心点の周囲を巡る運動にたいする傾向がなければならない。円周上のある点が、他の点より価値があるなどとはいえないのだから。

この種の運動が純粋に本性のみによるものであり、意志を欠いているなどということはありえない。なぜならば本性的運動とは、他の位置を求めてある位置を離れることなのだから。そして本性的位置に達するとそこに静止し、先ほど離れた位置に本性的に立ち帰るなどということはない。もしも先の位置が相応しいものだとすれば、何ゆえにそこを離れたのであろうか。もしも相応しくないとすれば、何ゆえにそこに戻っていくのか。

天の物体が運動する際には、離れた位置に必ず戻っていく。それは絶えず離れては戻っていくのである。これは本性によるものではなく意志、撰択によるものであるが、意志には必ず概念〔表象〕作用が伴う。そして概念作用と意志をもつものは、すべて霊魂と呼ばれる。物体は、それが物体であるのみでは意志も概念作用ももたない。ただしそれはいわゆる霊魂と呼ばれるところの特殊の本性、特別の形相によってこれらを所有するのである。したがって意志による天の運動は、霊的な運動である。

第二の主張。天を動かす者は、変化を受け入れぬ純粋に知的なものたりえず、また純粋な本性でもありえない。知的なものとは変化を受け入れぬ安定した実体であり、霊魂的なものは変化を許容する。ここで筆者は以下のように主張する。つねに一つの状態に安定したものからは、同様に安定したものしか生じない。例えば大地の安定性は、それに相応しい安定した原因から生じたものである。その状態は一定して変化がないのだから。これに反して天の位置はつねに変化しており、この変化をもたらすものが、変化のない安定したものではありえない。なぜなら(A)から(B)に至る運動をもたらすものが、そのままの状態にあって(B)から(A)に至る運動をもたらすことはないのである。これら二つの運動はたがいに異なっているのだから。もしも原因がもとのままにとどまっているならば、そこから生ずる運動はもとと同じものである。したがって新たに生じた原因によって第二点から第三点に移行する必然性は、ちょうどあるものの性質が変化してその運動が変化する場合のようなものである。物が冷却されて運動する方向は、熱された際の運動の方向とは異なるのだから。それゆえ動かすものが変化する際には動かされるものも変化しなければならない。動かすものがこの場合意志であるとすれば、意志は変化し、つねに更新されねばならないのである。すると個別的意志は当然更新される必要がある。普遍的意志は、個別的運動を必然的にもたらすものではないのだから。

例えば巡礼をしようという意志は、そこに歩いていくという個別的な意志を新たにもちつづけぬ限り、特定の方向に歩いていくという足の運動をもたらすことがない。そして一歩を踏み出すと、その次の事柄にたいする概念〔表象〕作用が生じ、そこから第二歩目の個別的意志が生じてくる。普遍的意志から複数の個別的意志が生ずるが、後者こそ〔巡礼の目的地であるメッカの〕カアバ神殿に至るまでの永続的な運動を要請するものなのである。それゆえ実現されるものは、運動、概念作用、意志である。この運動は〔個別的〕意志によって生じ、〔個別的〕意志は普遍的意志と個別的概念〔表象〕作用によって生じ、普遍的意志と個別的概念作用は運動によって生ずる。

この例としては闇夜に灯をもって歩く男があげられよう。例えばこの灯は彼の前方一歩分だけしか照らさない。そこで灯を手にした彼は一歩を踏み出すことを想い描く〔表象作用を行なう〕。するとこの概念〔表象〕作用と運動にたいする普遍的意志から、この一歩それ自体にたいする個別的意志が生ずる。かくして具体的に一歩が踏み出されるわけであるが、これは表象作用の結果である意志の結果に他ならない。この一歩は次の一歩の表象作用の原因であり、彼が表象作用を行なうと第二歩が踏み出され、第二歩からさらに他の表象作用が生じ、表象作用から第三歩の意志がもたらされる。そしてこの意志により第三歩が踏み出されるといった具合に続けられるのである。

個別的運動とはまさにこのようなものであり、天の運動もこれに等しい。意志と表象作用の変化により変化するものは霊魂と呼ばれ、知性とは異なる。

第三の主張。天の諸物体は劣った世界を重視〔志向〕して運動しない。下方の世界の対象はその関心をひかず、その目的は己れより一段と高く、優れたものである。

証明。あらゆる意志的な運動は、感覚的、肉体的であるか、知的であるかのいずれかである。感覚的なものは快楽、怒りによる運動であるが、天の運動が快楽に基づくことはありえない。快楽とは、永続の原因の追求である。自らに欠陥や滅亡の怖れを抱かぬものには、快楽や怒りが存在することは不可能なのである。なぜなら、それは滅亡、欠陥をもたらす悪しき対立物を拒否する力に他ならないのだから。とまれ快楽とは妥当なものの追求であり、怒りは対立物の拒否である。ただし天球に滅亡、欠陥はありえず、それゆえその目的はこの種のものではなく、当然知的なものでなければならない。

天球に滅亡、欠陥がないことの証明。もしも天球にこれらがあるとすれば、それはその属性の一つがなくなって分裂、亀裂と結びつくか、その形相、本性が消失するか、その形相、質料がなくなって完全にそれが無に帰するかのいずれかである。

ところで天球に分裂、亀裂が生ずることはありえない。なぜなら分裂、亀裂とは、諸部分が直線的に縦横に消失すること、つまり分離することに他ならず、その際、必ず諸部分が直線的に〔飛〕散するのである。ただし天上の諸物体が直線的運動を受け入れぬことについては、すでに述べた。

また天球の形相が、その質料から切り離されるということはありえない。なぜなら質料は、形相から離れているか、他の形相をまとうかのいずれかであるが、第一の場合は不合理であり、第二の場合も生成と破滅に該当するゆえに不可能である。なぜなら、生成と破滅は必然的に直線的運動を受け入れるのだから。また第一の形相と本性的に異なる形相を受け入れる際には、元の場所と異なった場が要求され、したがってその場に直線的な運動をもって移行しなければならない。例えば、空気の質料が空気の形相を脱ぎすてて水の形相をまとうとするならば、それが直線的な運動で水の場に移行すると考えぬ限り想定しえない。

天球が完全に無に帰す、つまりその質料が消滅するということは不可能である。資料をもたぬものはすべて、存在の後に無化することは、無の後に存在すること同様不可能なのだから。すでに明らかにしたように、あらゆる有始的なものは質料をもっている。なぜならその生起の可能性はその生起自体に先行しているが、この可能性は固有の特性であり、それゆえ必ず場をもつことになる。それゆえものは資料から〔離れて〕無くなるのみであり、消滅した後でもその存在の可能性は質料中に残されている。またそれが消滅する際にも、その後存在が不可能であるような流儀で消滅するわけではない。存在者が不可能となることはありえないのである。そしてそれが可能的なものたりつづける場合、付加的な特質であるこの可能性は己れの宿る実体を必要とする。

以上によって天の諸物体の変化の不合理性が明らかになれば、その運動が快楽、怒りによることは否定され、知的な目的だけが残されることになる。

あるものが、求めるものはそれ自体より劣るという理由で、天の諸物体の関心が滅び去る存在者にあり、それらの存在、運動の目的がこのような低次のものであるとすることは不可能である。この論法によれば、〔結局〕高次元のものが永遠的で、滅亡や変化を受け入れず、他方低次元のものは欠陥をもち、変化し、可能態にあるにもかかわらず、前者が後者より卑しいことになってしまうのである。大地全体は太陽に比べてきわめて卑小なものであり、約百六十分の一にすぎない。そしてこの太陽の大きさもその天球に比べればものの数ではなく、まして至遠の天球とは比べようもない。このように〔偉大な〕物体の目的が、かくも卑賤なものたりうるであろうか。このように永遠的、永続的な運動の目的が、かくも卑賤なものたりえようか。この運動にたいして、低次のものはいかにも低劣にすぎるのである。

低次のものの間で、最も高貴なのは動物であり、中でもとりわけ高貴なのは人間である。その殆んどは欠陥を有し、その中で最も完全な者でも完徳をうることはない。彼は状態の変化から免かれることができず、したがってつねに欠陥をもつ者、つまりそれを身につければ一そう完全になりうるような事柄を欠いた存在たらざるをえないのである。

高次の物体は完全で、現実態にあり、それがもつ唯一の可能態にあるものはその諸属性〔原文 'aqhrād を 'a'rāḍ と訂正〕中でも最も卑しいもの、すなわち位置のみであるが、これについては後述する。高貴なものは、己れの内に宿す卑賤なもののゆえに卑賤なものを求めることはないのである。

ここで次のような反論があったとする。もしも他のために求められるものが、他自体より劣るならば、羊飼いは羊より劣り、教師は学生より、預言者は一般大衆に劣ることになる。なぜなら羊飼いは羊のためにのみ求められ、教師は学生のために、預言者は一般民衆の善導のために求められるのだから。

これにたいしては以下のような論駁が可能である。羊飼いは、羊飼いである限りにおいて羊に劣っている。ただし彼が人間である点においてはこの限りではない。そして彼の人間性は、羊飼い性ゆえにのみ得られるわけではない。だが羊飼いという特質のみで判断されるならば、彼は必然的に羊より劣ることになる。羊の番犬は当然羊に劣るのであり、彼が羊飼いである以外に何らかの特質をもっていない場合、上述の判断は正しい。ただし狩猟もできるということになれば、彼はこの点によって優れた者たりうるのである。しかし羊の番人という観点のみからすれば、彼は羊に劣っている。他のために求められるものは、他におくれて追従しているゆえに一段低い地位に立たざるをえないのである。

この論駁は教師、預言者の場合にも適用される。預言者の高貴さは、よし彼が人類の善導に貢献することがなくとも、自ら身に備えた高貴な諸特質による完全性のゆえに明らかなのである。だが預言者が嬌導という特質によってのみしか判断されぬとすると、彼の嬌導の対象〔たる一般民衆〕は、嬌導のために使われる〔預言者〕より優れていることになる。

また次のような反論があったとする。預言者の目的が、自らを恩恵の授与者、有徳者とし、つねに善を施す者として〔崇まわれる〕ために善事に励むという考えは、何と誤っていることだろうか。善行は〔それ自体〕善であり(10)、預言者が卑しい世界とのかかわりを、そのまま彼の目的としたなどとは到底考えられない。

これにたいする解答としては、以下にある論者の意見を伝えることにする。〈善行は良い〉という表現は有名なもので、一般人士が悪行を避けるためにこの言葉を信じているのは悦ばしい。ただしこれを吟味する際には主語、述語について詳細に検討する必要がある。

まず主語にあたる「善行」をとりあげると、それは善行それ自体のためのものと、ある目的のためのものに分けられる。

善行それ自体のためのものには欠陥がない。この意味は、それはそこからあるもの、つまり善が生ずるものとして在るの意であり、その他のことは何一つ意図されていない。〔この場合善行の行にあたる〕行為は、意志や目的によるものではない。円状の運動が〔それ自体で〕意志的であることは、すでに述べたはずである。

他は目的による善行であるが、これは意図的に行為する者の欠陥を示すものでしかない。なぜなら行為によってそれまで自分に存在しなかったものを獲得するという点で、彼が行為することは行為しないことよりも優れているのだから。もしも彼が完全な存在であれば、敢えて何かを獲得する必要はないのである。さもないとすれば、目的、意志などというものは存在しない。

次いで述語の「良い」を検討すると、それはそれ自体で良いこと、それを受け取る者にとって良いこと、それを行なうものにとって良いことに分れる。

それ自体で良いこととは次のようなものである。万物の存在を万物の無と比較した場合、存在は無に優っている。また第一者の本質とは、そこから善が生じてくるような本質であり、それは第一者にとっての善ではない。第一者はその善から何も得ることがないのだから。

ところで上述の万物は、それを受け取る者にとって善ではない。なぜなら、ここでは万物がその受容者にとって善であるといいうるために、もっぱらこの万物についてのみ語っているのだから。

受け取る者にとって良いことは、〔確かに彼にとり〕良いが、同時に彼に欠陥があり、その存在が無に比して彼を一そう完全にするようなものを求めていることを明らかにする。

行為者にとって良いことは、彼の欠陥を示すものに他ならない。もしも彼自身が完全であるならば、行為を介して善、完全さを求める必要はないのだから。

人間にとり善行は徳目、完全さのしるしであり、欠陥を示すものでないことは広く認められているが、これは人間からは悪が期待されているためである。したがって、善行とは人間の本性との関連において善なのであり、観点を変えてその実相を見、絶対的な完全性との関連から捉えると欠陥にすぎない。

以上が明らかであると、次のように述べることができる。善を施すことが行為者にとり善でないとすれば、善行には目的がなく、それを行なう意志を想定することができなくなる。したがってその目的について考慮するためには、それが行為者にとり善たりうるような様相を特に明らかにする必要がある。

第四の主張。離存知性の存在の証明。運動は、物体とは異なりまたその中にあるわけでもない変化しない高貴な実体の存在を示している。これは離存知性と呼ばれるが、この存在は無限を介して立証される。すでに明らかなようにこの〔天の諸物体の〕運動は、初めも終りもなく無限に続くものであり、したがって作動力に助力を仰がなければならない。物体中に無限の力があることは不可能なのだから。あらゆる物体は区分され、力はその区分に応じて分割されるのである。ところで区分を想定した場合、力の一部が無限に運動させるか、有限の運動をしかさせないかのいずれかである。そして前者は一部と全体に何の相違もないことになり、不合理である。後者の場合、力の他の部分も有限の運動を行なわせることになり、結局その総体は有限となる。それゆえ物体中にある力が、無限の行為を行なうと想定しえないという結論に達する。したがって、この運動は質料の外にある作動主を必要とする。この作動主には二種あり、第一種は、恋の対象が恋する者を、精神的に求められる者が求める者を、愛される者が愛する者を動かすといったものであり、第二種は、霊魂が肉体を動かし、重さが物体を下に動かすようなものである。第一は運動の目的であり、第二は運動の源〔原理〕ともいえよう。

円状の運動は、運動の源たる行為者の行為の執行を必要としているが、この行為者とは可変の霊魂以外の何ものでもない。不変の普遍的な離存知性からは、すでに述べたように可変の運動が生ずることはない。他方、運動を行なう霊魂は、物体と結びついているため有限の力しかもたないが、物体ではない存在者〔知性〕が、その無限の力で霊魂に助力を与える。この知性は当然のことながら質料から離存しているため、そこから無限の力が生ずるのである。それは運動を行なうことはしないが、運動の目的であり、直接運動に手を下しはしないが、渇望の対象、目標なのである。自ら動くことなく他を動かす者については、愛される者が愛する者を動かす愛によらずには想像しえない。

ここで知性が愛による作動主であるという考えは、一体何に基づいているかという疑問が提出されるであろう。

解答は以下のごとくである。この種の作動主は、それ自らが求められるか、それに相似ることが求められるかのいずれかである。前者は知識のごときものであり、それは知識の求め手を彼の知識愛によって動かすが、求められているのは知識自体の獲得なのである。また後者は教師のごときもので、学生が彼に似ることを切望するという意味で学生の愛の対象であり、学生を動かす者である。すべて切望されるものは、それとの類似が望まれる偉大な性質をもっている。

ところでこの運動は第一種ではありえない。なぜなら知的概念は物体そのものを獲得するとは考ええないのだから。知的概念が物体中に宿らぬことは明らかであり、したがって残された道は、それのもつ性質と類似した性質を獲得してそれと質的に近づくことにより、それと相似ることに努める他にない。これはちょうど若者が父親に似、学生が教師に似るようなものであり、命令と命令にたいする服従といった方法によるものではない。なぜなら、命令を下す者は命令において目的をもたざるをえず、この事実は欠陥と変化の受容を意味するものに他ならないのである。命令に服従する者にしても、彼は命に服することに目的をもっており、この目的が目標なのである。ところで命令がたんに命令そのものであり、何の利益もない場合には、命令にたいする服従はありえない。

愛される者との類似以外に方法がないことが明らかであれば、つぎに三つの条件が課せられる。

(一)類似を求める霊魂は、その求める性質、それが愛する者の本質にたいする、概念〔表象〕作用が可能でなければならない。さもない場合、それは自ら知らぬものを恣意的に求めることになり、不合理である。

(二)求められる性質は、霊魂にとり高貴、偉大なものでなければならない。さもなければそれを求める渇望などありえないのだから。

(三)霊魂はこの性質を実際に獲得しえなければならない。これが不可能な場合には、正しい知的な意志をもってそれを追求することは考えられず、臆測、想像に頼らざるをえないが、それらは不安定で束の間のものであり、精神において永続することはない。

したがって天球の霊魂は、当然その愛する者の美を認識し、このような美にたいする表象作用によってその憧れる者への愛が生じ、この愛が霊魂をして高みを仰ぎ見させる。求められる類似に至る運動が霊魂から生じてくるのは、その結果なのである。それゆえ、霊魂による美の概念〔表象〕的把握は愛の原因であり、愛は欲求の、欲求は運動の原因であって、この際その愛する者とは真の一者、もしくは彼に似た高位の天使たちである。高位の天使たちとは、永続的で変化を受け入れることのない離存知性の謂であり、それらは自ら可能ないかなる完全性も必要としていない。

ここで愛と愛される者、霊魂が運動によって獲得する求められた特質について、さらに詳しい説明が必要であるという要請があったとする。

この点については以下のように補説しよう。あらゆる欲求は、現実態において完成しており、可能態のものは何一つない必然的存在者の性質に帰着する。可能態におけるものの存在は欠陥であり、これは獲得可能な完全性を欠いていることを意味する。ある点で可能態にある存在者はすべて、その面で欠陥がある。したがって、それは可能態にあるものを現実態に変えようとする。それゆえ万物の求めるものは完全性、その獲得である。だが可能態にあるものを多く内に宿すものは、必然的に卑しく、あらゆる点で現実態にあるものこそ完全である。人間はその実体において時に可能態にあり、時に現実態にあるが、よし実体的に現実態にあるものとなっても、諸属性においては相変らず可能態にあり、所詮肉体中に存在する限り可能的なものを離れて完璧な完全性を得ることはできない。

ただし、天の物体は有始的でないため、実体的に可能態で存在することはない。また、本質的諸属性においても、その形態においても可能態ではなく、現実態にある。つまりそれは〔獲得〕可能なものを、〔必ず〕獲得するのである。例えば最も優れた形態は球であり、最も優れた様相は光を発し、透明であることだが、その他の諸特質についてもこれと同様のことがいわれうる。天の物体にとって現実態にないものがただ一つだけあるが、それは位置である。(11) それに割り当てられた位置はすべて、他の位置にも割り当てられうるが、それが同時に二つの位置を占めることは不可能なのだから。天の物体中にこの程度の可能的なものしかないとすれば、それは離存知性にきわめて類似しているのである。とまれ位置に関してはあるものが他より妥当であり、それが最高であって他が斥けられるということはない。あらゆる位置は個別的に規定されず、継続という方法により種で規定されるため、天の物体にとって位置の種はつねに現実態にある。これはちょうど人間の場合、個人が現実態において存続することはないが、継続〔子孫を残す〕という方法によって種を保存し、彼自身の存続を計るようなものである。円状の運動もまた現実態にあるという特質をもっており、変化、相違とはかけ離れている。なぜなら直線的運動は、本性的である場合には変化して最後には静止し、強制的な場合には変化して結局勢いが弱まるが、円状の運動は終始同じ勢いのままなのである。それゆえ天の物体は、不断に位置の種を現実態に保つ間は、可能な限り高貴な実体と相似る行為を行なっており、その相似ることへの欲求は神《アッラー》への献身に他ならない。献身とは接近の意であり、接近とは近みにあることの欲望なのである。天の物体はその諸特性において神《アッラー》の近くにあるが、場所的に近みにあるわけではない。それはまったく不可能なのである。以上は〔神《アッラー》が〕諸天を動かす目的である。

第五の主張。諸天が球状であることは観察によって明らかであるが、当然その本性は種々異なり、同じ種に属することはない。この証明として二つがあげられる。

（一）もしも諸天が同一の種に属するとするならば、ある天の一部と他の天の一部との関係は、特定の天の二つの部分間の関係と等しい。仮りにこれが正しいとすれば、諸天はすべて接合し、分離していないことになる。ところで分離が生ずるためには、本性の相違しかない。例えば水に油を注いでも油は水と混ざることはなく、別に層をなして分離するようなものである。水は水と混ざり、油は油と混ざるばかりなのである。この際、水の二つの部分間の関係と、水の一部、油の一部との関係の相違は分離によって理解されるが、上述の点もこのように理解されねばならない。全体が類似していれば、合体を妨げる要因は何一つないのである。

(二)諸天のあるものは高位にあり、他は位が低く、あるものはとり囲み、他はとり囲まれている。この事実は本性の異質性、種の相違を示すものである。仮りに低位のものが高位の種に属しているとするならば、ちょうど水や空気の部分がそれぞれの場から上下運動するように、上方に動くことが可能であろう。その場合これは直線的運動を受け入れることになる。低次のものが高位のものの場に移行するためには、諸元素の場合同様、直線的運動によるものなのだから。以上で諸天が直線的運動を受け入れることの不合理性は明らかであろう。

第六の主張。これら諸天の物体の一部は他の原因となることがなく、またある物体が物体の存在の理由、原因となることもない。物体が他のものに影響を与えるのは、それが他のものと接触、隣接、対峙している場合、つまり適当な関係をもっている場合のことなのである。これは例えば太陽が、物体と対峙して両者の間に障害物がない場合、それを照らすという仕方で影響を与えたり、火が物体と出会い、接触してそれを燃やすという流儀で影響を及ぼすようなものである。したがって、作用を行なう物体が影響を与えるためには、それと出会う存在者がなければならない。これがあって初めてその存在者中に、この物体の影響により別のものが生ずるのである。このような存在者がない限り、物体による他の存在者の産出は不可能である。

ここで以下のような疑問が寄せられたとする。水の下から火を燃やした場合、火は空気(12)が発生する原因ではなく、空気の物体が火によって現実化されたのではないか。

これにたいする解答は以下のごとくである。空気は〔基本的な〕第一物体ではなく、火が出会って影響を及ぼす他の物体〔水〕から生ずる。ところで現在問題としているのは天の諸物体であり、それは第一物体であって他の物体から成り立つものではない。もしもそれが他の物体から成り、消滅するようなものであれば、直線的運動を受け入れることになるが、このようなことがありえぬ点はすでに明らかである。したがって第一物体のあるものが、他の第一物体の存在の原因とならぬことは明瞭であろう。

次いで、さらに以下のような疑問が呈されたとする。物体から作用が生ずるためには、接触その他の仕方でそれが作用を宿すものと出会わなければならぬ、と主張する理由は何か。

解答は以下に証明するごとくである。物体が作用する際には、その質料によってのみであるか、形相によってのみか、質料の仲介を条件とする形相によるものかのいずれかである。

物体が質料によってのみ作用することは誤りであるが、理由は以下のごとくである。質料は本質的に形相を受け入れるものであり、それが作用する際には形相を受容するものとしてでなく、他の様相において作用する。その際二つのものが存在する。その一はそれにより受容が行なわれるもので、この観点からすると物体は質料である。その二はそれにより作用が行なわれるもので、この観点からすると物体は形相である。ここで形相というのはまさにこのような意味であり、質料は内に形相を宿しており、単独で存在するものではない。

物体が形相によってのみ作用することも誤っている。それは単独では存在しえず、資料中に在るのだから。

もし物体が質料の仲介を条件とする形相によって作用するとすれば、次の二つの可能性が考えられる。

(一)質料が真の仲介的役割を果し、形相が質料の原因となり、質料がものの原因となる場合であるが、この際、形相は原因の原因である。この意見によると質料は質料として作用を行なうことになるが、この誤りはすでに指摘した。

(二)質料の仲介によるが、それにより形相がものに到達し、それに影響を与える場合である。例えば火は質料の仲介によって、ある時はここで触れたものに影響を与え、ある時はかしこで触れたものに影響を与える。このためにはここ、かしこに、当然〔作用する〕物体が影響を及ぼしうるものが存在しなければならない。

第七の主張。離存知性〔叡知体〕は多数存在し、天の諸物体の数より少なくてはならない。なぜならすでに述べたように、それらは本性を異にし、可能的であるため、それらの存在は原因を必要とするからである。一からは一しか生じないため、多が存在し、その一々から一が生ずる必要がある。そして、多くの種が生ずるためにはそこに種の相違がなければならない。だがこの実態はいかなるものであろうか。

上述したように、数的多は質料の多によらぬ限り同一種中に想定しえない。だが質料中にないものが多数存在するためには、種の相違によらざるをえない。つまりその一々は、他との区別を明らかにする種差によって特殊化されねばならず、それは属性的なものによってはならない。なぜなら、あるものがその種に属さない属性的なものに付着することはありえないのだから。質料が存在しない場合、多は種による以外にない。

これらの知性〔叡知体〕は、諸天の霊魂の愛の対象でなければならない。したがって天はそれぞれ固有の原因〔知性〕を注視し、それと類似することに努める。あらゆる〔霊魂の〕愛の対象が一つということは不可能であり、さもないとすべての天の物体の動きが一様になり、誤った結果を生ずる。数学〔具体的には天文学〕中に明らかなように、天の諸物体の運動には相違があるが、一つの目的には一つの〔固有な〕欲求が存在している。したがって、天の物体はそれぞれ固有の霊魂と離存知性をもつことになる。そして、霊魂はそれを特殊化し、具体的な行為の遂行によって運動させ、離存知性は同様にそれを特殊化し、愛によってそれを動かす。霊魂とは諸物体に特に割り当てられた天使たちであり、知性とは、質料との関わりがなく、諸特性において神《アッラー》の近くにある高位の天使たちである。

(1)　この場合知性 ʿaql は一般的な人間の知性とは異なるため、叡知体という語で訳した場合がある。

(2)　単一物体 jism basīṭ は、あくまでも合成物体 jism murakkab あるいは合成体との対比における概念。単一実体 jawhar fard とは異なる。

(3)　方向は、周囲にあって外側から内側の方向性を規定するものがない限り定められない、という考え方が以下に述べられる。ここから諸天の存在の必要性が生じてくる。

(4)　方向が定まらねば物体の存在する場が定まらず、存在の場が定まらねば、物体はそこに存在しないことになる。

(5)　亀裂 ʾinkhirāq は縦、横のいかんを問わず真直ぐに裂けること。直線的運動が必要な例として後にもあげられる。

(6)　クルアーン第十八章洞窟の章に出てくる。

(7)　この場合単一とは、分割されないという意味。

(8)　Aを物体、Bをそれが求める場とする。ABが直線〔最短距離〕の場合問題はないが、それから外れ、例えば点CでDの方向に向ったとする。するとこの時点でAはBを求めなかったことになる。

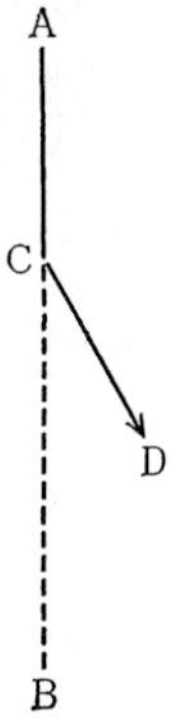

(9)　ここでは天の物体を指す。

(10) この部分の直訳は、後出するが「善行は良い」である。
(11) 位置は変化が可能であるため、これのみが現実態にないとされる。
(12) 水を熱した際に生ずる気泡中の空気を指している。

第五節　諸事物が第一原因から発して存在する様態、原因、結果の秩序とそれがあらゆる原因の授与者に帰着する様相

この節は形而上学の真髄であり、その総決算といえる。これは真の第一者の諸特性に関する知識の総体から得られる最終の結論にあたる。

これに関する第一の難問は、上述のように第一者があらゆる点からして一であり、しかも一からは一しか生じないことにある。存在者は数多いが、それらがたがいにあるものから他へと整然と秩序づけられているとはいえない。万物は完全にあるものから他へと系列づけられているわけではないのである。たしかに天の諸物体は本性上諸元素に先立ち、単一物体は合成体に先立つといいうるが、これはあらゆるものに完全に通用するわけではない。四つの自然的事物[1](ṭabī'ah)中には〔存在の面での〕先後関係はなく、馬と人間、棗椰子と葡萄、黒と白、暑さと寒さの間にもそのような関係は存在せず、すべては存在の面で同等である。しからば、それらはいかにして一から生ずるのであろうか。もしもそれらが多を含む一つの合成体から生じたとすれば、その多はどこから得られたものなのか。

要するに多は必ず一と遭遇するが、これは不合理である。この解決は、第一者から一つのものが生ずることにある。この一つのものからは、第一者との関わりとは別に一つの他の性質が生ずるが、それによってこの一の中に多が生じ、

それが多の実現する原理なのである。この多はまず同時に、次いで先後関係をもって生じ、次いで両者が合体した形で生ずる。

したがってこの一は自らの含む多によって多をもたらし、これによって種々の事物が生ずる。〔一から多が生ずるには〕これ以外は不可能である〔原文に否定的表現を付加〕。

次いでこの多の様相について述べることにする。第一者は真の一者であり、その存在は純粋な存在であって、その実在性はその本質そのものであるが、彼以外のものは可能的である。あらゆる可能的なものの存在は、上述のようにその本質とは異なる。なぜならすべての存在が必然的であるわけではなく、その場合存在は本質にとっての属性であり、それが本質の属性となるためには本質を欠くことができない。それゆえ、存在は本質の観点からすれば可能的な存在であり、原因との関連からすれば必然的な存在である。なぜならば、すでに明らかなように、それ自体で可能的なものはすべてその原因によって必然的なのだから。それゆえ、可能的なものは二つの側面をもつことになる。つまりそれは一面では必然的であり、他の面では可能的なのである。それは可能的である点では可能態にあり、必然的である点では現実態にある。またそれが可能的であることはそれ自ら生じており、必然的であることはそれ以外〔第一者〕から生じている。それは内に合成を宿しているが、この合成は質料に似たものと形相に似たものの合成である。ここで質料に似たものとは可能性のことであり、形相に似たものとはそれが他から得る必然性である。かくして第一者からは離存知性〔叡知体〕が生ずるが、それは単一なる第一者から、彼により必然的とされた単一なる存在のみをもつ。また可能性について述べるならば、それは離存知性自身からもたらされたものであり、第一者から得たものではない。とまれ離存知性は、その存在がその原理〔第一者〕に発しているため、その原理を介してそれ自身を知るにせよ、とにかく己れ自身と己れの原理とを知るのである。ただしこの点で離存知性の性質は異質であり、この種の多様性という観点からして、離存知性から多が発し、その後徐々に数を増して最後の存在者に及ぶことになる。〔現世に瀰漫する多から見ればこの多は〕少量の多ではあるがとにかく多を欠くことができず、しかもこのような仕方でしか多が生じえない場合、〔一からの発出という観点からすれば〕最初の存在者の種類は多大なものではありえず、〔その後〕徐々に増加していくばかりである。そして遂に知性〔叡知体〕、霊魂、物体、属性が登場するが、これらの区分はあらゆる存在者〔を包括する〕ものである。

ここでこれら存在者の秩序、合成に関する詳細な説明を求められた場合、さらに付言する必要がある。

第一者からは離存知性が生ずるが、上述のごとくそこには二重性がある。つまりその一は第一者からもたらされるものであり、他はそれ自身からもたらされるものである。かくて離存知性から天使と天球が生ずるが、天使〔もまた〕離存知性である。ところで最も高貴なものは最も高貴な特性から生じなければならないが、知性〔叡知体〕はより高貴であり、それが第一者から与えられた特性、つまり必然性もより高貴なものである。したがって離存知性が必然的であるという観点により、それから第二の知性〔叡知体〕が生ずる。また離存知性がもつ質料に似た可能性の観点により至遠の天球が現実化される。(2) そして第二の知性から第三の知性と遠い星の天球(3) (falak-l-burūj)が、第三の知性から第四の知性と土星の天球 (falak-z-zuḥal)、第四の知性から第五の知性と木星の天球 (falak-l-mushtarī)、第五の知性から第六の知性と火星の天球 (falak-l-mirrīkh)、第六の知性から第七の知性と太陽の天球 (falak-sh-shams)、第七の知性から第八の知性と金星の天球 (falak-z-zuharah)、第八の知性から第九の知性と水星の天球 (falak-'aṭārid)、第九の知性から第十の知性と月の天球 (falak-l-qamar) が生ずる。ここに至って天の諸存在は完結し、第一者を除き十九の高貴な存在者が現実化されたことになるが、その内訳は十の知性と九つの天球である。これは天球の数がこれ以上でない場合には正しい。もしもこれ以上であるとすれば、知性の数が諸天のすべてに行きわたるよう増加する必要があるが、観察により知られているのは九つのみである。

以上を境として卑近な存在が始まるが、その第一は四つの元素である。四元素は本性上その場を異にしているため、それぞれ異なったものであることは疑念の余地がなく、あるものは中心を求め、他のものは周を目指す。これらの元素が、いかにして生成と消滅を受け入れるという本性をもつことになったかについては、後の自然学中で述べられる。とまれ、この場合これらの元素は共通の質料をもつことになる。ところである物体が、天の諸物体以外に存在の原因をもつような物体から成り立つとは想像しえず、また四元素の質料が共通であるため、それらの質料の存在の原因は多数ありえない。またそれらの形相は異なっているため、それら諸形相の原因は多数で異なるが、それらの数が四つであるゆえに四つのもの、あるいは四種類を出てはならない。そして形相のみが質料の存在の原因ともなりえないのである。仮りにこれが正しいとすれば、形相がなくなると質料もなくなることになるが、実際はこうではなく、質料は他の形相をまとって存続する。しかし形相は当然、質料の存在に関与、介入することが可能である。もしも関与しえないとすれば、質料はその原因さえあれば形相はなくとも単独で存続することになるのだから。ただしこれは不合理である。

したがって質料の存在は種々の事柄によっているが、第一は質料の存在の原理がそれに依存しているような離存実体である。ただしこの原理は離存実体にのみ依存しているわけではなく、形相もこれに関連している。これはちょうど作動力が運動の存在の原因であるとはいえ、運動の場にそれを受け入れる力があることを条件としていたり、太陽が果物の熟する原因でありながら、果物の中の影響を受容する本性的な力を必要としているようなものである。質料の存在もこれと同様、離存知性に依存しているが、その依存は形相の協力によっている。特別な形相の選定はこの離存〔知性〕の働きによるものではなく、ある質料に特定の形相の受容を優先させる他の原因によらねばならない。さもないと質料はすべての元素に共通したままで、特別な選定が質料に固有の形相の受容を準備させることがなくなってしまう。ともあれ、このことは当初天の諸物体からのみ派生してくる。つまり諸質料はそれらの近くにあるか、遠くにあるかという理由によって異なった準備を行なう。その準備が完了すると、離存〔知性〕から形相を受けとる。ところで天の諸物体は普遍的な本性、つまり万物に円運動を要求するという点で相等しいため、質料に個々の形相を受容する完全な準備を行なう。この際、天の諸物体はそれぞれ特別な本性をもっているため、ある質料に特定の形相にたいする準備を施すが、その後個々の質料にたいし離存〔知性〕から形相が与えられることになる。したがって、物体的質料の原理は離存知性的な実体に発しており、その方向的限定性ならびに準備は天の諸物体に発するものである。ただし、個別的なものにたいする準備は質料の一部から他に与えられることも可能である。これはちょうど火が空気に触れると、空気が火の形相を受け入れるよう準備され、その結果離存〔知性〕から発した火の形相が空気に現われるようなものである。

あるものが準備されていることと、可能態にあることの間には相違がある。〔可能態の意味での〕可能とは物質が形相とその反対物を受け入れることを意味し、準備とは秤が二つの形相のいずれの一方に傾くかを意味している。したがって可能の場合、ものの存在の側面と無の側面が同じ重みをもっているが、準備の場合は、二つの可能のうちいずれが優勢を占めるかが問題のため、存在の側面のみが問題となっている。これはちょうど空気の質料が、火の形相、水の形相を同様に受け取りうるようなものである。しかし寒気が強くなると、空気の質料は水の形相を受け入れる傾向を強め、寒さをもたらす原因から充分な準備を得るとともに、離存〔知性〕から水の形相を受け取って水に変化する。これと同様な理由から、つねに運動する物体に隣接する質料は、運動が熱にたいして適性があるため火の形相を受け入れやすい。また静止に相応しい質料は、運動から遠くに位置しているものである。いずれにせよ生成と消滅を受け入れる諸物体、つまり諸元素はこのような具合に存在しているのである。以上のことから明らかなように、〔第一〕質料にたいしてなされる第一の〔一般的な〕準備の原因はすべての形相と関連しており、質料にたいする特殊の準備の原因は四つの自然的事物と関連している。(4)

その後これらの元素の混合から他の諸物体が生じてくる。第一は気象的諸現象、つまり蒸気、煙、彗星等であり、第二は鉱物、第三は植物、第四は動物、そして最後の段階で人間が現われるが、これらはすべて諸元素の混合によるものである。まず水の形相と空気の形相との混合により蒸気ができ、火の形相と土の形相との混合により煙が生ずる。要するに第一の混合により気象的諸現象が生ずるのであるが、水と空気の形相混合の原因は、天の諸物体から生ずる熱気、寒気から諸元素中に生まれる運動である。かくて水と空気の形相は天の諸物体から準備を得、その後に形相の授与者から形相が与えられることになる。そして混合がそれより強度、完全になり、さらに諸条件が付加されると、鉱物の実体の形相〔原文 ṣadd を ṣuwar ととる〕にたいする準備ができ、この形相にまた形相授与者から形相が与えられる。混合がさらに完全になると植物が生じ、さらに完全性を増すと動物が生ずるが、最も完全な混合は人間の精子の組成で、それは人間の形相を受け入れる準備ができている。

これらすべての準備の原因は天、地の運動、その連合であり、諸形相の原因は離存実体〔能動的知性〕である。それゆえ諸天は依然として準備を与え、離存〔知性〕は形相を与え続けており、この両者によって存在の持続が完遂されているのである。これらの混合は決して偶然的なものではなく、その原因は整然と秩序に従っているが、これが即ち天の運動に他ならない。それゆえ、あるものはそのままの状態にとどまるが、これは星であり、他のものはそのままの状態にとどまることがない。後者の部類に属するのは、例えば植物や動物であるが、これらのためには種の存続が計られている。ちなみに種の存続は、ある場合には特別な天の原因により準備が完了した際に土から生ずること(5)(tawallud)、他の場合には子を設けること(wilādah)という方法によっているが、後者の例が圧倒的である。なぜなら、あらゆる種には一つの能力が備わっており、親から可能的にそれと似た部分を引き出すが、これが親からそれに似たものの存在を産み出す原因である。したがって、これが有始的なものが生起する原因なのである。

有始的なものは月圏下の世界にしか存在しない。天の諸物体は、最も卑しい属性、つまり位置と関連性を除いては、その本質においても属性においても一定の状態にあって安定している。ちなみに関連性とは、天の諸物体の運動が他との関連により〔特別な位置を占め〕、他の星々との間で三角形や六角形を描いたり、対になり、向い合い、四角形を成すことをいう。これにはさらに光線の位置の相違、その他天文学で言及される種々の組合せが含まれるが、人間にはこれらすべてを究める力はない。

とまれ上述の事柄は、種々の混合、準備の相違の原因であるが、これは惜しみなく与える形相の授与者から形相が与えられる結果なのである。時に形相の授与者から形相が与えられぬこともあるが、それは受けとる側の欠陥によるものであり、前者がもの惜しみしているためではない。ところで種に関し天の諸関係が異なる場合、種の異なる準備がなされ、人間、馬、植物の形相のように異質の形相が生ずることになる。馬の形相を受け入れる質料は、決して人間の形相を受容することはなく、したがって馬からは決して人間が生まれてこないのである。ただし種を一にしながら力に相違があると、準備の様態において相違が生じ、同一種の形相に完全なものと欠陥あるものとが生ずることになる。五体、性質に欠けるところのある動物の欠陥の原因は、母親の子宮、教育の時期等、その原因と関わりをもつある事柄にのみよっている。この原因はまた他に原因をもち、他の原因も同様であるが、これは無限に続くわけではなく、結局は天の運動に帰着する。そしてこのことから、第一の原理に発し諸天使の仲介によって善が万物に溢れ出、それまで可能性の中にあったものが最も美しく、最も完全な形で存在することになる。あらゆる存在者の存在は寸分の隙もなく、完璧のきわみである。蝿を形づくる質料が、仮りに蝿の〔一般的な〕形相よりも完全な形相を受け入れるとしても、この形相はその物質の必然性から発している。(6) なぜなら、そこには吝嗇も禁止もなく、彼〔形相の授与者〕は本性上遍く与える存在なのだから。そのさまはちょうど太陽から発する光が空気、大地、鏡、水に遍く及ぶが、その影響はさまざまに異なり、光は空中では姿を見せず、大地の上では姿を現わすが反射せず、鏡や水の中では姿も示し、反射するようなものである。ただしこの相違は太陽の側からもたらされたものではなく、質料の準備の相違によっている。したがって、もしも蝿の質料を〔形相のない〕そのままの状態にしておいた場合、蝿そのものはその質料に優り、(7) さもない場合には蝿は存在しないことに留意しなければならない。

ここで反論が予想される。この世界には諸悪、災害、悪業が満ち満ちているではないか。雷、地震、洪水に始まり、猛獣その他はさることながら、人間の霊の中にも快楽、怒り等のものがある。だが、悪はいかにして第一者から生じたのであろうか。これは神意によるものなのか、それ以外の理由によるものなのか。これがもしも神意によらぬとすれば、第一者の力、意志に何か欠陥があることになる。しからばこの理由は何であろうか。もし神意によるとすれば、善そのものであり、そこから善しか生じない者がいかにして悪を意図したのか。

これに関する解答は以下のごとくである。神意の秘密を明かすためには、まず善悪の意味について述べねばならない。善とは二つの意味に用いられるが、その一は善それ自体である。つまり、ものが存在する際にはそれとともにその完全性も存在するが、善がこれを指すならば、悪とはその反対、つまりものが存在せぬこと、もしくはその完全性が存在しないことである。しかし悪とは固有の存在をもたぬものであり、存在が純粋な善であるのに反して無は純粋な悪である。悪の原因とは、もの〔自体〕あるいはそれがもつある完全性を消滅させるものであり、それはこのものを消滅させるものとの関連において悪なのである。

善の第二の意味は、諸物の存在と完全性の源となるものという意味に用いられる。この意味において第一者は純粋な善であるが、諸事物はこの観点から四つに区分される。第一、純粋な善で、そこから悪が生ずることが考えられぬもの。第二、純粋な悪で、善が生ずることが考えられぬもの。第三、善悪を併せもつが、悪が優勢なもの。第四、善が優勢なもの。

第一は第一者から生じた諸天使であるが、種々の善の原因たる彼らから悪が生ずることはない。

第二に属するものは存在しない。これは善がその中にあると考ええないもの、というより悪そのものである。

第三は悪が優勢なものであるが、この種のものも存在するには値しない。なぜなら善が劣勢であるため多くの悪を容認することは、悪であり、善ではないのだから。

第四は当然存在するが、これは例えば火のようなものである。火は世界にとって重要な役割を果しており、仮りにこれが創造されていなかったならば世界の秩序が乱れ、その乱れのゆえに悪がはびこったことであろう。ただし創造されたとなると、それは種々の原因により貧乏人の着物に触れ、着物を焦がすこともある。雨にしても同様で、これが創られぬ場合は農業が行なわれぬことになり、世界が亡んでしまう。だが創造されると、老人の家に降りかかり、その家の屋根を壊してしまうこともある。しかし雨が創造された際には、それがどこか固有の場所に降る、つまり屋根には降りかからぬが、近くの畠には降るといった区別はなされていない。そのような作用は自由な選択の部類に属するものであり、〔意志のない雨とは関りがない〕。

混じり気のない水の形相そのものは、生命あるものの形相を受け入れないが、それが他と混ぜられて動物となると、すでに水そのものの利益はそこから完全な形で得られなくなるが、これはすべての動物についていいうることである。ところで善に役立つ理由としては、以下の二つのうちの一方が正しいといえる。つまり第一は、雨は世界の善のために創られるべきで、そこから必然的に僅かな悪が生ぜざるをえないが、この程度の悪は問題としないという理由であり、第二は、悪が遍く拡がることを避けて雨を創らないというものである。この両者を比較すると、創造説の方が優れていることは決定的に明らかであり、このような理由で土星、火星、火、水、快楽、怒りが創られた。これらの事物が仮りに存在しないとすれば、それらの創造により生ずる僅かな悪のために、多くの善が存在しないことになるのである。それから生ずる悪は人々に認められているのであり、〔それらは〕本質において善であり、属性において悪と定められている。要するに万物は神意によるものなのである。

ここで、万物は純粋な善として創られるべきだったのではないか、という質問が寄せられたとする。

これにたいする弁明は以下のごとくである。この質問によれば、第四種のものは創造されるべきでなかったということになる。なぜなら、純粋な善である第一種はすでに存在しており、完全に善そのものでないものだけが可能性のうちに存在しているのだから。しかしそこでは善が優性を占め、悪が劣性である。したがって善はその存在のうちにあり、無のうちにないといえる。もしこうでないとすれば、この種のものは存在しないことになる。この質問の趣旨からすれば、火は火としてでなく、土星は土星としてでなく創られるべきであり、不合理である。

そしてさらに質問が寄せられ、なぜ悪が劣っているということができるか、と尋ねられたとする。

答えは以下のごとくである。悪とは消滅、欠陥であり、それはものの本質、もしくはその性質、つまり完全性そのものの無を意味する。これが天使、天球にとり不合理であることはすでに述べた。これは相対立する諸形相、つまり諸元素の存在なしには起りえない。ある形相は、それらの対立のゆえに当然他を無化するが、これは地上においてしか行なわれない。仮りに地上に悪が瀰漫しているとすれば、存在という観点からして大地全体はきわめて小さなものとなる。(8) しかし実際はいかなるものであろうか。〔この地上においては悪からの〕安全性が行きわたっている。問題の悪は動物に関してのみ存在し、動物は地上の存在のうち最も数少ない。また悪はきわめて少数の動物中にのみ存在し、多くのものは悪から免れている。免れていないものにしても、殆んどの場合には悪に染まっておらず、ある場合、ある性質においてこれが変化を来たすのであって、全体が悪に染まるわけではない。要するに以上のすべては本質に関わるものの消滅、本質自体の無化にたいする怖れに帰着するものといえよう。本質にまつわる怖れは諸特性の無にたいする怖れより強度であることは、容易に想像しうるのだから。ところで悪とは無であり、無の認識は痛みである。また善とは完全性であり、その認識は快楽である。

かくして第一者よりよろずの存在者が生ずる様態、その秩序、そこに悪が派生するさま、それが摂理、神意によるものであることが明らかにされた。神意の秘密について述べることはかたく禁じられているが、それは一般人士が神《アッラー》に欠ける点があると臆測しがちなためである。したがって彼らにたいしては、第一者は万能であると述べておくべきであろう。これにより彼らの胸中に神《アッラー》にたいする畏敬の念がもよおされるのだから。

だが、さらに詳しく以下のように述べられるとしよう。[9] いや、神《アッラー》は可能なことについてすべて行ないうる力をもたれる。ものごとは可能なことと不可能なこととに分れるのである。そしてさらに以下のような反論が提せられたとする。火は、それで料理人が料理し、種々の貴金属が熔かされるために創られたものであるが、貧しい人の家で彼の着物〔原文 khatab を意味上 thawb ととる〕も焦がしてしまう〔などと議論がつづけ〕ば、人々はこれを欠陥と見なすであろう。またある人々が、神《アッラー》は自らに似たものを創造したり、黒と白とを一つにすることができないと耳にすれば、これもまた欠陥と思いこむであろう。

以上が哲学者たちの意見に基づく神意の秘密である。正しきことに関し神《アッラー》は全智におわします。

以上で形而上学を終り、次いで自然学に入る。

(1) 自然的事物 ṭabī'ah は四つに区分される。もしくは四つの自然的事物があるといわれる。この四つは、具体的には、人間、動物、植物、鉱物である。

(2) 第一者からの多の派生を図示すれば下のようになる。図では第四叡知体以下を省略する。

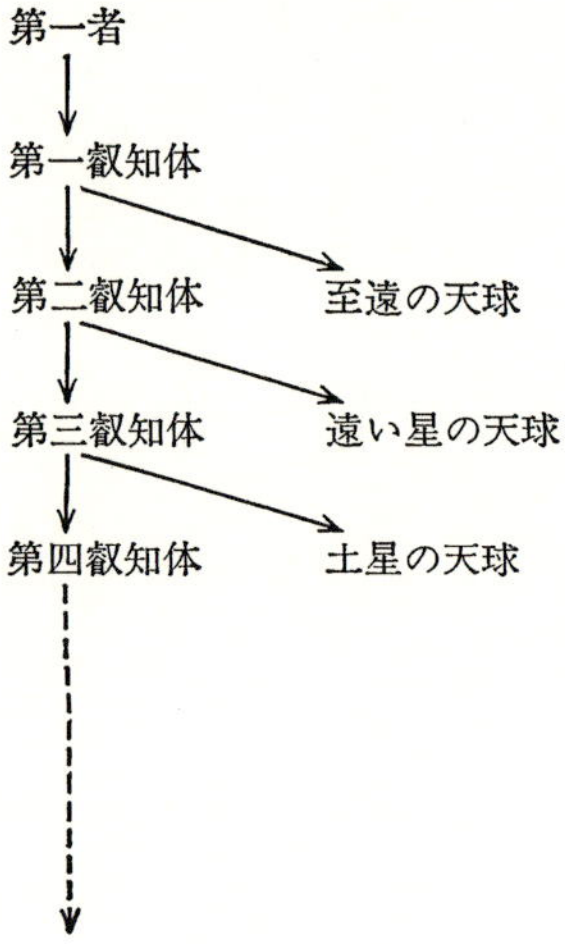

(3) 遠い星の天球は土星以遠の星の天球を指す。

(4) 前出注(1)参照。ただしこの場合四つの元素の方がよい。

（5） 繁殖の理由が不明な場合、土から生ずるという説明がなされていた。例えば鼠が土から生ずるといった解釈が本書中にも見られる。

（6） ものはその本来的性質に応じて固有の形相をとっている。例えば実際に蠅の物質は、本来蠅の形相しかとらないようになっている。したがって、この仮定は実際にはありえない。

（7） 蠅はもちろん蠅の質料と蠅の形相からなっている。固有の質料と固有の形相を備えた蠅は、形相のない蠅の質料そのものより優れている。事態が逆であれば創造者は蠅を創造したりしないのである。

（8） 善は存在であり、悪を無とすれば、地上に悪が多ければ、善が多い場合に比して相対的に存在の点で大地が小さいことになる。

（9） 以下の説明はこのパラグラフの終りまで続くが、これは結局凡人をして神《アッラー》を蔑ろにさせる原因となる。例えば「神は万能である」という代りに、「神は可能なことは何でもできる」といいかえたとする。実際に神は、厳密にいえば自分と似たものの存在を認めえないのだから万能ではないが、この種の説明は凡人には適切ではない。

第三章　自　然　学

上述のごとく存在者は実体と属性に分れ、さらに属性は他との関連なしに理解される量、質のようなもの、関連なしには理解されぬ実体、質、量に属するものに分れる。実体、属性、存在に関する理論は形而上学に属し、そこから下って区分は数学の対象である量と、想像上でも事実上でも質料から独立せずにそれと関わりをもつものとに分れるが、後者が自然学の考察の主題である。したがって自然学は変化、運動、静止の中にある限りでのこの世に存在する物体の考察に帰着する。

自然学の目標は、以下の四節中に包括される。

(一)すべての物体と関わりをもち、最も普遍的なもの。例えば形相、質料、運動、場である。

(二)それより個別的なもの、つまり単純物体の理論に関する考察。

(三)合成体、混合体に関する考察。

(四)植物、動物、人間霊魂に関する考察。

以上により目的は達せられる。

第一節　あらゆる物体と関連するもの

これに属するものは、上述のように物体がそれから離れえぬ形相と質料、ならびに運動と場の四つである。したがっていまやこれらについて論及する必要がある。

運動について

先ず運動の本質、その諸区分について説明しなければならない。

運動の本質に関して一般に認められているのは、それがある場から他の場への移動のみを意味するということである。ただし〔哲学者たちの〕専門的な用法としてはこれよりも広い意味に用いられ、段階的にある特質から他の特質に移行することをも含んでいる。

説明。可能態にあり、現実態に転化しうるものはすべて以下のごとく区分される。(一)一気に現実態となるもの。例えば白が一度に黒くなったり、暗さが一定の限度のあかりを受けて一気に明るくなること。(二)徐々に現実態になるもの。この場合には純粋な現実性と純粋な可能性の間には過程があり、徐々に可能性から現実性に移行する。したがってそれは、すでに可能性から外に出始めているため純粋な可能性ではなく、またいまだに移行の目標である限度に至っていないため純粋な現実性ともいえない。この例としては早朝、暗闇が光を受けて徐々に明るくなるさいの変化があげられる。あたりはすでに明るさが存在し始めているため、可能態において明るいとはいえず、またそれは到達すべき限度に達していないため純粋な現実態にあるともいえない。同様に物体が白さを離れて黒くなり始め、白と黒の間を移行している際は運動中である、つまり徐々に変化中である、といわれる。ある状態から他の状態への移行は、十の範疇中で必ず起るものである。

第一項　運　動

すべての運動は以下の四種類に区分される。(一)場と関わる運動。(二)量的変化。(三)位置の変化。(四)質の変化。場の中における移行が、一気になされるとは想定しえない。なぜなら、場は物体同様区分を受け入れるものなのだから。物体が場を離れる際には部分的に順を追って離れ、この際ある部分は他の部分に先行するという以外にはありえないのである。それゆえ場の中にある存在は、位置中にある存在、つまり坐っていることから寝ることへの移行同様に、運動を要求する。ものが大きくなったり、小さくなったりする量的変化にしても同様である。そして位置量の運動のいずれをとっても、場の運動を離れることはない。

ただし質に関しては、一気に黒くなる場合のように一時の変化が可能であり、また徐々に黒くなる場合のように運動をもつこともありうる。だが実体中の変化には、運動は想定しえない。水が一気に空気に変ったり、精液が一気に人間になることはないのである。

証明。変化が開始された場合には、以前の種が残っているか、残っていないかのいずれかである。もしも残っていれば、いまだに以前の種がなくなっていない。人間を例にとると、彼には実体における相違は想定されない。黒の場合とは異なり、人間にとって一方が他より人間性の度合が強いなどとはいわれないのだから。もしも種がなくなれば、彼も完全になくなってしまうのである。したがって実体の変化は種の変化に続き、種の変化とは種を消滅させるものである。種が残存する限り、属性中に変化はあるが、種差、類における、つまり本質的定義、本質そのものにおける変化はない。

円運動は位置の運動であり、場の運動ではない。それは場を離れることがなく、同じ場をまわっているのだから。至遠の天は後述するように場をもたずに運動しているのである。

量的な運動には二種が想定される。(一)滋養によるもの。これは成長、衰弱による運動である。(二)滋養によらないもの、つまり膨張、凝縮である。

滋養による成長とは、滋養をとる物体が可能態において自分の近くにある物体の助けを借り、現実態においてそれと類似することによって完全に生育することである。また衰弱とは、諸部分の膨張が原因ではなく、消耗されるものを補う滋養の欠如によって物体に欠乏が生ずることである。周囲の空気中の湿度と本性的な熱により溶かされて、常時何ものかを失っている物体は、滋養を必要としている。滋養は、間断なく失われているものを補給しているのである。

膨張とは、物体が外部からの援助なく運動して大きくなることであり、それはたしかに大きくなるが、当初の量より多量のものを外部から受けとってこうなるわけではない。例えば、水を熱すると膨張するようなもので、この際、容器の蓋をきっちりしめると、水は拡がることができず、容器はこわれてしまう。また体中に入った食物は醸成され、蒸気を含んで量が増え、腹もそのためにふくれあがる。

質料自体に量はなく、量がその属性であることが明らかになれば、質料にとってある量が他の量よりも相応しいなどということがなく、その結果量が特に定められず、多少を問わず量を受け入れることが可能になる。もちろんそれは無限定的で無闇やたらなものではなく、納得のいく限界内のことではあるが。

凝縮とは、物体から何ものも失われずに、それが小さな量を受け入れることにより生ずる欠乏への運動である。水が冷えると少量になるのはこの例である。

第二項　原因の観点から見た運動

運動は、(一)属性によるもの、(二)強制力によるもの、(三)本性によるもの、に区分される。属性によるものとは、物体が他の物体中にある場合である。その場合、外側の物体が動くと内側の物体にも運動が生ずるが、その際、後者は個別的な場でなく、一般的な場を変えることになる。[(1)] 例えば水を入れた水差しが運ばれる場合がこれであるが、その際、個別的な場、つまり水差し中の水は動かない。水差しがある家から他の家に運ばれれば、水もまた家から家へと動くが、その水の個別的な場は家ではなく水差しなのである。そして水の実際の運動とは、それが水差しの外に出ることである。

強制力〔による〕運動とは、ものが個別的な場を離れるが、その際、自らの力以外の原因によるものである。例えば弓により矢が放たれ、ものがそれを牽引したり、押しやるものによって動かされ、石が上に投げられる際に上に向う運動等がそれである。

また本性的力とは、物体がそれ自体のうちにもっているもので、石の下方への運動、火の上方への運動、水が強制的に熱せられても自然に冷却すること等があげられる。

以上は物体が運動する際、必ず原因をもつことに由来している。そして、原因がそのもの以外にある場合には強制的といわれ、さもない場合には本性的と呼ばれるのである。それが物体である以上、それ自体では運動しないことは疑問の余地がない。物体が自ら運動するとすれば、それは永久に運動し、あらゆる物体の運動は一様になる。だがこれ〔この種の運動〕は物体とは別の意味、つまり「本性」(ṭabīʻah)的という意味でこういわれるのである。(2)

次いでそれ自体による運動は以下に区分される。その第一は意志によらぬものであるが、例えば石の下方への運動がこれであり、運動の種類が一致している〔一定の〕場合には特に本性と呼ばれる。そして運動の方向が一様でない場合には植物霊魂と呼ばれるが、植物の運動がこれに相当する。また意志を伴い、種々の方向に向うものは動物霊魂と呼ばれ、天球の運動のように方向が一定の場合には天使的霊魂、天体霊魂と呼ばれる。

ここで以下のような反論が予想される。石や火の運動は果して本性的なものであるといえるであろうか。おそらく空気は石を下に押しやり、もしくは大地がそれを牽引しているのである。空気の入った革袋を水中に入れるとそれは浮上するが、その理由は空気がそれを引き寄せ、あるいは水がそれを押し上げているのである。

これにたいする解答は以下のごとくである。この議論の誤りは次のような説明で明らかであろう。もしもこれを認めれば、小さいものは大きなものより運動が速いことになる。小さなものを押したり引いたりする方がより簡単なのだから。だが事実はまさにこれとは反対であり、運動がそれ自体から生ずることを示している。さもないとものが大きくとも運動は強まらず、小さい場合に運動が弱くならぬことになるのだから。

第三項　ふたたび運動について

運動は、天球のそれのような円運動と、諸元素のそれのような直線的運動とがある。直線的運動はまた中心から周囲に向うものと、中心に向うものとがあり、前者を軽さ、後者を重さという。(3) この両者はそれぞれ、最終目標に達するもの、つまり火の周囲への運動、土の中心への運動のようなものと、途中で終ってしまうもの、つまり空気が水の上に出ようとする運動、水が空気を離れ大地の上に降下する運動、のようなものの二種に分れる。運動はまた中心との関連で、運動は三つに区分される。つまり中心をめぐる運動、中心を離れる運動、中心に向う運動である。

場について

場に関する議論は紙数を要するが、一般の一致した見解を簡単に要約すると以下の四つの特性をもつことになる。

(一)物体はある場から他に移行し、そのいずれかに静止する。

(二)一つの場は二つの物体を収めない。したがって水が外に出ぬ限り、水がめの中に酢が入ることはなく、空気が外に出ない場合水が入ることはない。

(三)上・下に関してもそれらは場の中にある以外の何ものでもない。

(四)物体も場の中にあるといわれる。この点で場が質料だと考えている者は誤りを犯している。彼らは、質料がさまざまなものを次々に受け入れる点で場と似ていることを理由としているが、これは誤りである。質料とは形相を受け入れるものであるが、場は物体を受け入れこそすれ、形相を受容するわけではない。また他の人々は、物体がそれと切り離されぬ形相中にあるために、場が形相であると考えているが、これも誤りである。形相は質料と同様、運動する際に物体を離れないが、場は運動によって離れるのである。

ある人々は次のように考えている。物体の場とは、その物体の両端間の拡がりの量であり、したがって水の場は水がめの上下間にあって、それを水が占めることになる。また他の連中は異説を立て、中には次のように述べる人々もいる。この拡がりを真空と考えることは不可能であり、そこには必ず中が詰まっている。

真空(khalā')説を唱える論者たちは、この拡がりから中にある物体を取り去ることが可能であると主張している。彼らはまた世界の彼方に無限の真空があるとし、またこの世界の中にも真空を認めている。したがって、ここで真空を仮定する誤りについて述べねばなるまい。

第一の説。場とは拡がりである。水がめの両端間に拡がりがあり、それは中にある水、または空気の拡がりに等しいと考えうる。その際その拡がりは水、空気のものであるが、これは明瞭ではない。なぜなら、観察によっては水がめの中の物体の拡がりしか証されず、それを含む他の拡がりは明らかでないのだから。

ここで、もしも水をとり出して空気を入れぬとすれば、〔水がめの〕両端間の拡がりが残るではないか、という反論がなされたとする。

これは〔言葉の上では〕正しいが、明らかな論証であるとはいえない。空気が入らずに水が出ることはなく、この考えは不合理の上に成立しているのである。不合理に依拠する正しい推論は、この不合理が排除されぬ限り正しいとはいえない。ちょうど五が二等分された場合、偶数であるということは言葉の上では正しいが、実際にそれが偶数ではないようなものである。同様に水がめが真空となれば、そこには拡がりが存在するといいうる。ただしこの前件は不合理であり、後件はそこから生じてこない。

以上は、彼らの主張を読者が容易に理解するために付した説明である。

この説の誤りを示す証明は以下のごとくである。水がめの両端間にある物体の拡がりは、すでに明らかに認められている。そこに他の拡がりを想定すれば、それは物体の拡がりの中に入ることになるが、諸物体は互いに中に入り合うことがないという理由により、拡がりも相互に混在しあうことはない。

ただしこれは、物体が実体であるという原因によるものではない。この説を主張する者にとって、拡がりは自立するものであり、したがって実体であるにもかかわらず物体の中に入ってしまうのである。

またこれは物体が冷たい、熱い等の諸属性によるものでもない。もしもこのようなことによるとすれば、これらの特質がない場合にも相互混在が可能であり、したがって物体にはそれが拡がりをもつという原因しかないことになるが、拡がりは互いに混在することがないのである。これは以下のように説明されよう。例えば箱の両端間に一尺〔立方〕の空気があったとする。そして他に一尺〔立方〕の物体があるとして、空気がそこから出ることなくこの物体が中に入ったとすれば、一尺〔立方〕のものが二つ共に存在しながら一尺〔立方〕になってしまう。だが二尺〔立方〕が一尺

〔立方〕になることは不合理であり、この物体が空気の一尺〔立方〕中に入ることは、他の中に入ることと同様不合理である。

したがって、二つの拡がりは互いに混在しない。ところで混在という言葉が、一方が消滅し他方が残存することを意味すれば、これは消滅に他ならない。また両者が残存することを意味すれば、すなわち二尺〔立方〕が一尺〔立方〕となることになり、不合理である。二つの拡がりが共に存在するとすれば、何によってそれが二つであると知りうるであろうか。

同一の場に二つの黒が存在するという主張の誤りを指摘した証明が、ここにも適用される。〔この場合の黒の〕二者性は、先に述べた証明が示しているように、一つの属性が他から別れたのちにしか理解されない。(4) 二つの拡がりが互いに混在し、一方が他と別れていないとすれば、そこに拡がりが二つあるという者と、三つ、四つあるという者の間に差異がなくなるが、これは不合理である。

また差異が、それまで存在したが、混在した折になくなった特質によることはありえない。なくなったものは二つのものの区別に役立ちはしないのである。

第二の説の誤り。これは真空説の誤りを指摘することにある。拡がりが互いに混在するという説に関して述べたことで充分のはずであるが、ここではいくつかの証明を行なう。

(一)真空は空気中にあると想像されるが、これは感覚が空気を認めえないことによる。それゆえ人間は、水の入っていない水さしは空で、中に何もないと考えるが、ここに真空という考えを想像する契機がある。真空説を唱える者が考えているのは、特定の量をもち、それ自体で自立し、分割される空気のようなものなのである。だがわれわれのいう物体とは、まさにこれらの特質をもつものであり、このような観点からして空気は物体なのである。またこの真空の拡がりは、実在の二尺〔立方〕分であり、それ以上ではなく、それより小さいということはない、などと規定される。しかし純粋な欠如はこのような諸性質、つまり自立し、属性ではなく、量をもち、分割を受け入れる等をもって特質づけられるものではない。われわれが空気の例を示して物体とするものこそまさにこのようなものなのである。

(二)もしも真空が存在すれば、その中の物体は静止も運動もしない。ところでこの命題の後件は不合理であり、ゆえに前件も不合理である。

われわれの主張によれば、真空中の静止は以下の理由により不可能である。つまり、静止は本性によるか、強制力によるかのいずれかであるが、もしも真空のある部分に物体の静止が本性的に可能であるとすれば、真空中の諸部分は類似し、相違がないため不合理である。また強制力によるとすれば、現に物がある場所以外にそれに相応しい他の場所があって初めて可能である。しかし相違が否定されれば本性的な区別もなく、本性ののちに規定される強制力に関しても同様である。

真空中の運動も二つの証明により不合理である。

(一)これについてはすでに証明したが、運動が本性によるものであれば、それはちょうど物が現在ある場所とは別の場所を求めるようなものである。ただし、真空中には〔本性的〕な相違も、強制もない。

(二)真空中に運動があれば、それは時間の中にないことになり、不合理である。したがって前件も不合理である。これが不合理な理由は、上述のようにあらゆる運動は時間中にあることによる。ものは第二の部分にある前に、当然

第一の部分になければならないが、このことから不合理性が生じてくる。石が空中を落下する際には、空気がより微細で、その阻止力、抵抗力が小さいため、水中を落ちるより速度が速い。もしも水に小麦粉その他のものが混ぜられると、その中の石の運動は、そこに生ずる阻止力、抵抗力によりさらに遅くなる。

ところで、真空中の運動を仮りに例えば一時間百尺とする。次いで運動が空中、あるいは水中で行なわれると仮定すると、同じ距離を進む速度は遅くならねばならない。その時間を例えば十時間としよう。そして水ではなく、抵抗力がその十分の一にあたる微細、精妙な物体があるとすれば、そこにおける運動は一時間で足りることになる。すると、阻止するものをもつ運動と、阻止力のない真空中の運動が等しいことになる。阻止力の相違が運動の相違をもたらすものならば、その有無が相違をもたらさないといかにして主張しうるであろうか。

これは、上述のようにあらゆる物体はその中に傾向を有することを示す決定的な論証である。

(三)真空説の誤りを示す自然のしるしに次のような事実がある。鉄の碗を水の上に投げても沈まない。これは空気が底から支えているからに他ならない。もし碗が沈めば、空気は水の場に達するまで沈む邪魔をする。空気は水の場から上昇しようとするのだから。空気が碗から離れてその場に止まり、碗が沈むと、碗の表面と離れ去った空気の表面の間に真空ができると考えるのは不合理である。

船は上述の原理にしたがって作られており、それゆえ、もしも空気が碗、もしくは船から離れ去り、それが水で満たされると沈んでしまう。

同様に、採血球を吸うと、中の空気がとり出され、採血されている者の皮膚がもち上がる。そして、もしももち上がらなければ真空が生ずるとするのは誤りである。

また水の器があって、逆さにしても水がこぼれなかったとする。その水がこぼれたとすれば、器の底にその代りとなるものはなく、空になるが、だからといってそこに真空が存在したり、補うものがないままに諸物体の表面が切り離されたりすることはない。

同様に長口瓶が乳鉢の上に密着して置かれ、それがもち上げられると、乳鉢ももち上るなど、これ以外にも真空の不合理性に基づく種々の手品がある。

ここで場とは実際に何かと問われたとすると、解答は以下のごとくである。万人が認めているアリストテレスの見解によれば、それはものを包む〔つまり外側にある〕物体の表面、つまり包まれるものに接触する内側の面ということである。なぜならば、その中には上述の四つの要素[5]が含まれているのだから。そしてこの四つの要素を含むものは、すべて場所である。これらはものを包む物体の内側の面の中にあり、したがってそれは場であるといえる。〔だが〕これらは形相の中にも、質料等の中にもなく、それゆえそれらが場であることはない。

したがって全世界は、元来場の中にない。それゆえ世界は何ゆえに特にここに位置づけられ、より上か、下にないのかと問うことはできない。なぜなら真空はありえず、それゆえそこにはより上も下もないのだから。

火の場所は月の天圏の内側の周であり、空気の場は火の内側の面、水の場は空気の内側の面である。われわれはこのように考えねばならない。

(1)　一般的な場を変えるとは、例えば水差しの中の水が、水差しごとAからBに移ることである。個別的な場の変化は、例えば水差しの中の水が、水差しからこぼれることを指す。

(2)　この種の運動の原因は、物体そのものにあるのではなく、その自然な本性にあるの意。

（3） 地球の中心を基点として、外に向う運動を軽さ、この中心に向う運動を重さと表現している。つまり軽さの順から諸元素を区分すると、火、空気、水、土の順になる。

（4） この部分は第一章二三頁参照。

（5） 前の文章の中に含まれている四つの要素、つまり物体（1）の表面（2）が、ものを包んでおり（3）、包まれるものと接触していること（4）を指す。

第二節　単純物体、特に場について

物体が単純物体(jism basīṭ)と合成体(j. murakkab)に分れることは明瞭である。単純物体はさらに、諸天のように生成、消滅を受け入れぬもの、四元素('anāṣir, 単数'unṣur)のようにそれを受け入れるものに分れる。すでに述べたように、諸天は変質、消滅、直線的運動を許容せず、必ず円運動を行なう。その数は多く本性も種々あるが、それらは概念〔表象〕作用を行ない、意志で動く霊魂をもっている。以上については、すでに形而上学で述べた。

ここではこれに加えて、諸天の質料は、それらの形相同様本性的に異なり、共通でないと指摘しよう。元素についてはこの限りではないが、それは諸元素の質料が共通なことによる。ところで、もしも諸天の質料が共通であるとすれば、ある天の質料は、その本質にかんがみて、他の形相とともにあることも考えられ、矛盾が生ずる。もしもこのような想定がなされれば、それが特別な形相をもつことは、偶然的なもの、たまたまそれを特定の形相に結びつけた原因によることになる。だが〔この場合〕他の原因と出会うことも可能であり、すると他の形相を受け入れ、第一の形相がなくなって第二のそれが残ることになる。その結果直線的運動が本性の異なる場に及ぶこととなり、不合理である。可能的な命題は不合理な命題に導くことがないのだから。

かくして諸天の質料が、諸元素の質料と異なり、共通することがないという証明がなされた。

以上が天の単純物体に関する理論である。

他方、諸元素に関してわれわれは以下のように主張する。

(一)それらは以下のように区分される。火のように熱く、乾いたもの。空気のように熱く、湿ったもの。水のように冷たく、湿ったもの。土のように冷たく、乾いたもの。

さらにわれわれは、〔次のような諸主張を行なう〕。

(二)熱、湿、乾、冷は諸元素の属性であり、形相ではないと思われる。

(三)諸元素はこれら属性中にあって、ちょうど水が熱せられる場合のように、さまざまに変化する。

(四)ある元素は他の元素に変化する。

(五)すべての元素は、現にある量より大きくなったり、小さくなったりする。

(六)諸元素は天の物体の影響を受ける。

(七)諸元素は天の物体の中心にある。

以上が七つの主張である。

第一の主張。変化、生成、消滅、合成を受け入れるこれら諸物体は、必ず熱冷湿乾のいずれかに属する。なぜならそれらは、簡単に形を受け入れ、捨て去るもの、つまり湿気に属するものと、形を受け入れたり、合体することが困難で、ある部分は触れ合っているが他は結合しないようなものに分れるのだから。素早く合体する水や空気のようなものは、湿ったものと見なされ、触れ合っても合体しない土や火のようなものは、乾いたものと見なされる。また諸元素は熱か冷のいずれかに属するが、その理由は後述のように、それらが混合を受け入れるからである。諸元素は互いに作用し、影響を及ぼし合うが、さもなければ隣接であり、混合ではない。諸元素の働きは分離か、凝縮のいずれかによるが、前者は熱、後者は冷と呼ばれる。

したがって、諸元素には衰弱が伴うが、これは乾燥と湿気の強い混合が行なわれた際に起る。柔かさは湿気により、固さは乾燥に起因している。また、自然の滑らかさは湿気によっており、自然の粗さは乾燥による。したがって、自然的諸事物(1)(ṭabā'i')の根本は以上の四つであり、その余のものはこれに付随しているにすぎない。諸物体は、これら四つを欠くわけにはいかないのである。

匂い、味、色、〔音〕は欠如しても問題がない。空気は色をもたず、水と空気は味がない。また匂いは空気や石の中にはない。したがって種々の触知されるものはまず、視覚、臭覚、味覚、聴覚の対象に先んじて物体中にあることになる。それゆえ第一の混合は、これら四つを原因としている。

軽さは熱とともにあり、重さは冷とともにある。そして熱、冷のそれぞれに乾燥が強まると、軽さ、重さが増加する。したがって熱乾はもっとも軽く、冷湿は一番重いことになる。

ところで、あらゆる物体に必ず二つの様態が合わされることになると、以下のような四つの組合せができる。熱乾。この両要素にもっとも近いのは火であり、火とは熱く乾いた単純物体である。熱湿、つまり空気。冷湿、つまり水。

冷乾、つまり土。したがって、これらののちに来る合成体は種々の点で程度が低く、合成体でもこのような性質が強ければ、これらに近づくことになる。

空気が本性的に熱いことは、以下のことにより証明される。空気は水中に閉じこめられると上に昇ろうとし、水の下で火がたかれると、それは熱くなり、蒸気を立て、空気となって上昇する。

われわれは身体の周囲をとりまく空気を冷たいと感ずるが、それはこの空気が隣接する水から生ずる蒸気と混合しているためである。もしも土が太陽によって熱せられず、土に隣接する空気がそのために暖められるとすれば、空気はそれより冷たいことになる。しかし、土に隣接する空気がある程度熱せられると冷たさがなくなり、それより上の〔空気〕がある程度冷たくなる。そして火のように熱いというわけではないが熱気を増す。

土は乾冷であるが、その冷とはそれが放置された場合に冷たくなるという意味である。もしもこの冷がなければ、土がきわめて重く、火とは反対の方向を求める〔下方に向う〕ことはないであろう。

単純物体は以上の四つであり、それは諸物体の母である。あらゆる物体はその混合によって生ずる。

第二の主張。以上の四つの特性は属性であり、人々の考えるように形相ではない。なぜなら、形相とは実体であり、それは増減、強弱を受け入れないが、これらの物体は熱冷の状態により異なるのだから。しばしばある水は他の水より冷たい。そしてもしも水の形相が冷だとすれば、その形相は熱により破壊されることになり、その場を離れて熱の場に赴かねばならず、また水の本質が残存することはなく、冷の消滅とともに消滅しなければならない。もしも空気の形相が軽さ、上方への運動であれば、皮袋に入れられて水中に閉じこめられた場合には、その形相がなくなるため空気でなくなることになる。したがってこれらは属性である。また元素の形相はいささか性質を異にしている。つまりそれは質料中に宿った本性なのである。それ自体は感覚によって認められないが、感覚により認められる色、冷たさ、湿気はこの本性から生ずる属性である。

その本性はその作用から理解される。つまり本性はそれが宿る物体中にあってものがその本性的な場にとどまり、そこから離れている場合にはそこに戻るようにさせる。本性は軽さ、重さと呼ばれる傾向を課し、あらゆる物体に特別の性質、特別の量をもたらす。したがって、水の本性は水中に冷たさを生じさせ、そこから強制的に冷たさが除去されても、強制力がなくなった際に再び元の状態に戻すのである。同様にそれは、ものが上に投げ上げられた場合にも、強制力がなくなるとものを落下させる。また水の量は強制的に少なくなったり、多くなったりするが、強制力がなくなるとふたたび本来の量に戻る。したがって、これら四つのものにはそれぞれにその存在の本性である形相があり、上述のような感覚される諸様態は属性なのである。

第三の主張。これらの元素は変化を許容し、したがって水が火となる、つまり熱の特性が水の中に入ることが可能である。これは他の諸元素にしても同様である。

熱は三つの原因によって生ずる。

(一)火のように熱い物体が隣接する。水はこのようにして熱せられる。

(二)運動による。例えば牛乳が皮袋の中で運動により熱せられる。また流れる水は澱んだ水より熱く、石と石とをこすり合わせると熱されて火が出る。

(三)光による。光を浴びた鏡がその光線でものを焼くように、物体に光が当ると熱くなる。

人々はこの点について異説を唱え、水も土も熱せられず、空気は冷やされないと主張している。彼らはこれらの問題に関して議論を捏造し、次のようにいう。水が火と隣接する際には、水と交わった部分が火から分離する。したがって熱は火の部分となり、水の冷たさがかくされる。これは火の部分が優勢だからであり、さもなければ水自体は元のように冷たい。そして火の助力が断たれるとそこから火の部分が分離し、かくれていた冷たさがふたたび明らかになるが、これは冷たさがなくなっていなかったためである。

ものは運動により熱せられるが、それは内部が熱の部分をもっており、運動によりそれらの部分が表面に現われる。

光線は他のものを熱しない。それは属性ではなく、それ自体熱い物体であり、軽妙であるためにあちこちに移動する。

彼らは以上のような議論を捏造しているが、誤りのもとはこれらの属性を形相と思いこんでいるところにある。それゆえ、水の形相が残されたままでその冷たさがなくなる口実を作り、そのために弁舌を弄している。筆者はすでにこの基本的誤りを指摘したが、以下の三点で彼らの主張の意味のなさを明らかにする。

第一点。運動が内部から火の部分を引き出すという説の誤りは、以下のように証明される。もしもこれが正しいとすれば、熱が内側から[外に]移行することにより、外側が熱せられ、内側が冷えることになる。ただし、実際はこうではない。鉛の矢じりは〔強く〕射られると全部溶けてしまう。もしも熱が外側に移行するならば、内側は凝固し、そのまま残るはずである。

だが実際はどうであろうか。〔矢が〕射かけられ、運動により生ずる熱に触れると、〔矢じり〕の内部は以前より熱くなり、外側にしても同様である。また長時間皮袋の中で水がゆり動かされると、全体が熱くなり、外側も内側も同じ熱さである。以上により熱は全体に生ずるものであり、移動するものではないことが証明された。

ここで熱は、最初は存在しなかった熱をもつ火の部分を生じさせるのではないか、という反論が寄せられたとする。これは不合理を敢えて認めるようなものであろう。元来熱がなかった、もしくは熱の弱かったものが、後に熱くなるということは〔不合理以外の何であろうか〕。

また矢じりは空気中にある熱で溶けたのであり、矢じりの中の熱で溶けたのではない、矢じりのあらゆる部分が溶けるのもこれと同様である、という反論がなされたとする。

これは明らかな誤りといえよう。空気は火そのものよりも熱くはならない。燃焼度においては、火中にとどまるものの方がそこを急いで通過するものより高いが、その理由は影響を与えるものはそれを及ぼすのに時間を要するからである。これはちょうど空中〔にとどまって〕影響を受けるものの方が、そこを軽々と移動するものより燃焼しやすいようなものである。

また〔矢が〕運動する際には、その運動の速度により〔矢じりは〕空気の〔含む〕火を自分に呼びこむ。その結果火が内部に入りこみ、多くの火が集まることになるという反論がなされたとする。

この答えは以下の通りである。火の部分が外に出ることは、中に入るより簡単である。するとものは当然冷たくなり、火が外に出ることにより一そう凝固する。火は微細な穴から中に入らざるをえないが、火が中に入る場合と同様、外に出る際にもこの穴を通過すると思われる。しかし火はその本性以外の場所から脱れる方が、本性に相応しくない場に赴くよりも簡単なのである。運動が出ることを妨げるならば、入ることも妨げるであろう。

第二点。火の部分が隣接により水や木の中に入ることは、混合が〔熱くなる〕原因の一つであるため、否定しえない。ただしものが〔それ自体で〕変化することが認められていれば、火の部分がその中に入らなくともそれが自ら変化しないわけではない。

第三点。光が熱い物体だという主張は、以下の諸事実に基づき誤っている。

(一)もしも光線が炎のように熱ければ、火がものを隠すように、光はそれに当るたびに隠さなければならない。だが光が、火のようにものを隠さず明らかにすることは明瞭である。

(二)〔物体は〕一定方向に動かざるをえないが、光はあらゆる方向に拡散する。

(三)〔物体は〕遠くからやってくる場合、近くから来る場合よりも遅く届くはずである。しかし日蝕がやむ際にランプに灯をともすと、両者の光は大地に同時に到着する。

(四)家が天井窓から光を受け、それが一度に閉ざされた場合、家は中にあった〔光の〕諸物体により光り続けていなければならない。天井窓が閉ざされれば、それは外に出ることがないのだから。天井窓が閉ざされたときにその物体の光がなくなったとすれば、それはときに光を受け入れ、ときに闇である物体ということになり、光は物体の属性となって光が存続する必要がなくなってしまう。ここで大地は、太陽と相対しているか否かにより、ときに光を受け入れ、ときに闇であるという真実を認めねばならない。

(五)これらの〔光の〕諸物体が切り離されているとすれば、光はいかにしてあらゆる空気、大地と結びつくのであろうか。また分離しておらず〔一つに〕結びついているとすれば、いかにして空気のある部分と〔だけ〕混合されるのか。もしも空気と混じり合っていないとすれば、切り離されているわけだが、すると光はいかにして地表と結びつくであろうか。

(六)もしも太陽やランプから光り輝く物体が出てくるとすれば、それが切り離されているために次のときには太陽のある部分が分離し、光は弱くなる。これらの物体が太陽から外に出〔ても切り離され〕ず、そこに結びついて、太陽の動きにつれて動くとすれば、これらの物体は太陽に向い合った地上にあることになる。(2) これにたいする解答は、すでに二カ所で行なった。つまり太陽から出る物体は〔物体である限り〕その背後にあるものを隠し、〔同時に〕空気の物体中に滲透している。この場合〔光を太陽と大地を結ぶ糸のように考えて任意の二点をとると、〕同一の物体が同時に大地から遠かったり近かったりしえないから、空気中にはそれが少しも存在しないことになる。だが〔他方では〕それは空気から切り離されてはありえないのである。

ある物体が空中に引き出された場合、それは必ず光を受ける必要がない。なぜなら地上にある光が、その邪魔をする物体を認め、そこに移行するなどということは不可能なのだから。

(七)光が物体であれば、石のような固いものには反射するが、水のように柔かいものには反射しない。

以上の諸点から、光が属性であることは明らかである。つまり太陽は、両者の間に透明な物体が介在する場合、それと向い合うものに属性を生じさせる原因なのである。また光を受ける物体も、反射、屈折によって光に面する部分に光が生ずる原因である。物が光を受け、熱を吸収すれば、そこに熱が生ずるが、これは別の属性である。

第四の主張。諸元素は、ちょうどそれが時に膨脹し、時に収縮するように、外から何も受け取らずに量的に大きくなったり小さくなったりする。水は熱ければ量を増し、冷たくなれば少なくなり、生ぬるいときにはその中間である。上述のように量は質料中の属性であり、それは一定の量でなければならぬことはない。ただしここでは、この説の正しさを観察により証明することにする。酒は酒壺の中で膨脹し、酒壺を壊す。また長口瓶に水を満たして蓋をし、下から火で熱すると割れるが、理由としては水が以前よりも量を増すこととしか考えられない。

この際、おそらく火の部分が中に入ったため量が増したのではないか、という説が予想される。

これにたいしては以下のように答えられよう。水から何も出ていないのに、どうして火の部分がそこに入ることができようか。水から何かが出たとしても、それに代るものが入れば結果は同じであり、長口瓶が割れることはない。

また火は本来上方を志向するため、容器が割れるとする説もある。

この説には以下のように答えることができる。その場合、火は容器を持ち上げ、上に飛ばすことはあるが、壊したりはしない。容器が頑丈で軽ければ、持ち上げる方が割るより簡単なのだから。また壊れる場合には、火の当った部分が壊れなければならぬはずである。

ところでこの〔真の〕原因は、水があらゆる方向に膨脹してすべての方向から容器の表面を圧迫するため、その一番弱い部分が壊れるのである。

したがって量とは、それを要求する本性が存続する一方で増減する属性である。ところで本性は、強制的なものが何も存在しない場合特定の属性を受け入れる。ただし強制的なものが存在すると、それはある種の原因により、本性の作用をそれが要求しうる限度以上に強制〔拡大〕し、その結果本性が失われる場合もある。

第五の主張。四元素は、それぞれ他のものに変化する。それゆえ空気は水や土に、水は空気や土に変化するが、他のものもこれと同様である。ある人々はこれを否定している。

証明と観察。鍛冶屋のふいごで長時間さかんに風を送ると、中にある空気が熱して燃えあがり火となる。火とは燃えた空気に他ならない。

例えばガラスの瓶を〔底の部分を〕氷の中にきっちりと〔はめこむように〕据えつけると、中の空気が冷えて水に変り、滴が集まるが、それがたくさんになると下にたまる。これは気泡から水が入るためではない。外の水は減少していないのだから。もしもこれが冷水ではなくて熱い湯であれば、気泡から入ると考えられるだろう。しかし周囲には熱はなく、きわめて冷たいもの、氷しかない。また、もしも水が外から入ったのであれば、滴はちょうど水のあるところから入るはずであるが、それは〔周囲の水とは関わりのない〕氷の上にある瓶の縁の部分に生じている。

きわめて寒冷な国で、快晴の日に寒さが大地に近い清らかな空気を氷に変え、雲もないのにそれがたくさん大地にたまることがある〔霜のこと〕。

水が空気に変る事実は、下から火を燃やしてみれば明らかである。すると、蒸気が空気となって立ち昇る。

水の土への変化は、澄んだ雨滴に認められている。それが凝固、石化力をもつ場に降ると、すぐに石化する事実がすでに認められている。

石が溶けて水になることは、化学的実験、石の分析で明らかである。

以上はすべて質料が互いに共通であることによっている。質料にたいしては、特にいずれかの形相が割り当てられているわけではなく、それが出会う原因に応じて形相をとるのである。したがって、この原因が変れば、形相も変化する。質料が他の形相をとる準備は、その形相に相応しい諸属性が生起することにより生ずる。例えば熱が水にうちかつと、水は熱により空気の形相を受け入れる一そうの準備ができる。水の形相が残されたまま熱が次第に高くなり最高の段階に達すると、空気の形相の方がより相応しくなる。すると、それ〔質料〕は水の形相を脱ぎすてて空気の形相をまとう〔状態になり〕、形相の授与者から空気の形相が与えられる。

第六の主張。これら下界に属するものは諸天の影響を受け入れる。影響を最も明らかに及ぼすのは太陽と月であるが、この両者は果実の成熟、満潮の原因である。月が大きくなると満潮の度も大きく、果実の成長も早い。その他種々の事柄があげられるが、詳細はそれらについて論じた著作を参照されたい。

両者の下界にたいする最も顕著な影響は、光と光を仲介にした熱である。太陽そのものは、光の仲介により熱が生ずるとしても熱い必要はない。これはちょうど太陽が水を熱すると、それを蒸気として上昇させるようなものである。これは太陽自体が上に動くことを証明するものではない。同様に、水の熱さは太陽の熱さを示すものではない。すでに述べたように、諸天はこれらの自然的元素とは別の、五番目の元素をもっているのである。(3)

ただしこれらの属性は、互いに惹きつけ合い、からみ合い、あるいは拒否し合う。そして熱は運動を伴い、光は熱を伴う。つまりこの両者〔熱と光〕は、それぞれある対象に他〔熱は運動、光は熱〕を受け入れる準備を行ない、その結果形相の授与者から他〔の形相〕が与えられる。したがって、ものの作用はそれと同類のものから発する必要はなく、ほとんどの場合物体中に生ずるものは、その作動因に相応しい他の類に由来している。つまり、熱さは火から、冷たさは水から、光は太陽から発している。

ある物体の他の物体への作用は、時に隣接による。冷たいものが他の物体と接触してそれを冷やし、風が他の物体と接触してそれを動かすようなものである。

またあるときは対置による。例えば緑色のものが日の出の折に白壁と向い合うと、反射したように壁に緑が映ずる。また鏡に面した像は鏡中に同じ姿を写し出させるが、密着している場合にはその限りではない。また色のついたものが眼と対置された場合、それが遠くにあればそれと同じものが眼に写し出される。ただし、密着している場合にはこの限りでない。この際、光の当ったものの一部が延長され、あるいはある像がとり出されて眼や鏡に達するとするならば、不合理である。

同様に、光る物体〔他から光を与えられていてもよい〕が密度の高いものに対置されることは、中間に透明な物体がある場合、周囲の限界づけにより〔原文 tajaddud を taḥaddud ととる〕それと似た像が後者に映ずる原因である。

もしも物体中にある原因により光が生ずると、運動の準備がなされて熱くなり、そして、おそらく熱によって運動の準備がなされると、これが水に生じた場合、水蒸気となって上昇する。

鏡〔レンズ〕がものを焼くのは、それが凸状に曲っているためである。それは中心点〔焦点〕をもっており、鏡〔に当った〕あらゆる光を反射、屈折によりそこに集める。したがって、光が強まり、熱の準備が強まって、その結果ものを燃やすことになる。

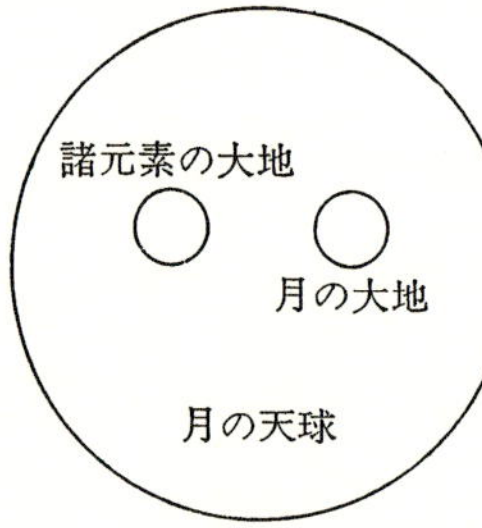

図 1

夏には暑さが強まるが、その理由は光源である物体の光が完全に向い合うからである。光は対置によって作用するが、対置が完全になれば光の量が増加する。対置が完全になるのは直角の場合であるが、夏の太陽は頭上よりやや北側に位置している。したがって夏の昼間には冬の昼間より光が強く、それゆえ当然暑さが一そう厳しい。冬になると太陽が南に傾くため直角がくずれるが、すると光が弱まり、熱も弱まる。直角とは〔この場合〕太陽の中心から地面に向って引かれた線分で〔地面の〕両方から直角である。双方の角が相違してこれから逸れた場合には、直角とはいわない。

第七の主張。これら諸元素は天にある一切のものの中心になければならない。それらが諸天外にあったり、また諸天中に二つの本性的な場をもつとは考えられないのである。諸元素のそれぞれの場は一つでなければならない。

諸天外にありえぬことは、以下のような理由による。これらの物体は、上述のように直線を受け入れるために二つの異なった方向と関わりをもつ。したがってそれらをとり囲み、方向を決定する存在なしにはその存在は考えられない。もしもそれらが世界を囲む最高のかこみの外にあるとすれば、それをとり囲む物体が存在せず、不合理となる。

また他に別の天があり、二つの世界が隣接したり、遠く離れて存在するとしても、両者間に真空の距たりがあることは不可能である。真空そのものが不合理なのだから。なぜならばこの距離は、その間に直線的運動が想定される二つの方向をもっており、それゆえ方向の相違をもたらすものを必要としているのである。上述のように、物体は外側から方向を設定するものではない。するとこの両者をとり囲み、包む三番目の物体が必要であるが、これもまた不合理である。それは二つの場に二つの大地があり、それを他のものがとり囲むが、これが〔同時に〕月の物体であり、〔地球上の〕諸元素の物体でもあるというようなものである。両者は月の天球中にあるのであり(図1)、このようなことは不合理であろう。

したがって、〔合成されていない〕単純元素の場は一つでなければならぬ、という主張がなされる。なぜならば、もしも場が二つあり、例えば水が置かれたとする。その際、水は二つの場所の中間に放置されたとしよう。すると、二つの場合が考えられる。まず水は本性的に両者の一方に流れるが、その場合特にそちらが水にとっての本性的な場である。もしくは水の一部が一方に、他の部分が他方に流れることが考えられるが、これは不合理である。なぜなら、水は単純物体であり、特にその一部を特殊なものとし他と区別するものがなければ、各部分は類似しているのである。

したがって、物体にとり本性的な場とは、その物体の諸部分が本性を備えたままあちこちに放置されたと考えた場合、すべてがそこに向って集合してくるような場である。それゆえ、全体の場とは、すべての部分がそこに集まるような場なのである。筆者の述べたことはこれに抵触するものではない。

以上のことから、世界は一つであり、それ以外ではありえぬことは明らかである。またそこにある物体が、方向を求めるものと、方向を与えるものに区分されることも明らかであろう。

方向を求めるものは、必ず方向を与えるものの中にあり、それにより遠近二つの方向が区別される。ある方向を求めるものは、必ず他の方向を求めるものの中にあり、その外にはありえない。

以上はすべて次のような諸原則の上に成立している。これら諸物体はすべて単純物体である。そしてあらゆる単純物体は本性的形態をもっているが、これは球である。またそれは唯一の本性的場をもっている。さらに、すでに明らかにしたように、真空〔説〕は誤りである。以上の諸原則に基づき、上述の結果は必然的となる。

筆者は、あらゆる物体には本性的な場があると主張する。なぜならば、強制力が存在しない場合には〔二つの可能性があるからである〕。物体がその場に静止する際には、その場はその物体の本性的な場と呼ばれ、他の場合にはそれは運動する。その際、物体がその本性的場に向って移動するのは当然である。

さらに〔本性的な場は〕上述の理由に基づき、不合理を生じぬためには一つでなければならない。この不合理とは、物体に両端がなくなり、単純物体の諸部分が分割され、ある部分が一方に、他が他方に移動することである。

とまれ物体が一方に向い、他を避ける場合には、前者が本性的である。

(1) 自然的諸事物については第二章五節の注(1)(二四四頁)参照。

(2) 光を物体とし、例えばそれが太陽から出てくるものと仮定する。その際、光源である太陽を点A、大地を点Bで表わすと、二つの場合が考えられる。

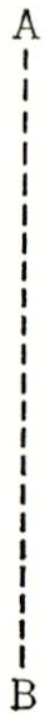

第一は、光が断続的に現われる場合で、この場合筆者がいうように光に強弱があることになる。

第二は光が継続的に現われる場合である。この場合光を太陽から垂れ下る糸のように考えればよい。

以下原典に即して理解されたい。

（3） 筆者はここで ṭabā'i' という語を用いている。この語の単数は ṭabī'ah であり、上述のごとく本性あるいは自然的事物を指す。ただしここでは元素に近い意味で用いられており、自然的元素と訳した。五番目の元素とはエーテルのことである。

第三節　混合と合成体

ここでは五つの点について検討する必要がある。

第一点。混合(mizāj)の実態について。混合という意味は、諸元素が混ざり合い、一方が他に働きかけることにより諸元素の様相が異なり、それぞれに一つの類似の様相が固定されることである。この固定性が混合と呼ばれる。熱いものが冷たいものの冷気によって損なわれ、冷たいものが熱いものの熱気で壊されたり、同様に湿ったもの、乾燥したものの間で類似の作用が働き、その結果相互の働きかけによる平衡のため、さまざまな形相に、等質の属性であることが明らかな種々の感覚的様態が生ずる。(1)

ところで、これらの諸様態をもたらす力といえる諸形相は、互いの相互作用が存続すれば相変らず存在し続ける。もしも形相がすべてなくなれば、それは消滅であり、混合ではない。例えば火の形相がなくなって空気の形相が残ったとすれば、それは火の空気への転化であって、混合ではない。また諸影響が抵触し合って様態に変化がないとすれば、それは隣接であって混合ではない。

アリストテレスはいっている。諸元素の力は諸混合中に残存しており、その力とは作用力に他ならない。なぜなら相互作用力の否定は消滅を意味しているのだから。

ここで明らかなのは、混合が消滅ではないということである。ところで消滅はいかにして生ずるものであろうか。

もしも諸元素の力が拮抗していれば、一方が他を消滅させることはない。だが一方が勝てば、勝った方が存続して負けた方がなくなり、勝った方に転化する。

結論。実体間には中間的な段階はない。[2] また形相は実体であり、増減を受け入れない。したがって混合の実態は、上述のような事柄から考察される必要がある。

混合は中庸的なものと移行的なものとに区分しうると想像される。ただし中庸的なものは存在不可能である。これが存在するとすれば、物体は静止もせず、運動もしないことになるのだから。もしも物体が土の上にとどまれば土がそれにたいして優勢となり、空中に静止すれば空気が優勢を占め、火の方に移動すれば火が優位に立ち、土に赴けば土が優位を占める。実際に一つの場に静止することもなく、ある場に向って動くこともないというのは不合理である。

第二点。諸元素の特性、ならびにそれらが単純物体であることについて論じた際に指摘された、諸元素間の第一の混交について。

土には以下のような三つの階層があることが認められねばならぬ。

最低層は、〔地球の〕中心近くに位置し、単純物体としてより純粋であり、純粋な土である。その上には土と、そこに惹き寄せられた水の湿気とが混じり合った層があるが、これは粘土のようなものである。この上に地表の層が来るが、この層は海に蔽われている部分と、蔽われていない部分とに区分される。そして海底にある部分では水性が勝ち、海に蔽われていない部分は太陽の熱のために乾燥性が勝っている。

水が土をとり巻かぬ理由は以下のごとくである。つまり土が水に変化すると、当然その場所に窪地ができる。また水が土に変化すると、そのために高地ができる。ところで土は固く、水や空気のように自由に形を変え、両者のようにその一部が他に流れこんで相違〔この場合高低〕がなくなることはない。それは〔したがって〕円い〔凹凸の〕形をとるが〔原典の語順を若干訂正〕、水は高所を避けて低地に流れるため、ある部分が空気に接することになる。以上は神の摂理に他ならない。高貴な合成体である動物は、霊魂を存続させるため、空気から養分をとる必要がある。またそれが適切に育つためには、土性が勝っていなければならない。それゆえ高等な動物の存在が完成するためには、土のある部分が空気と接している必要がある。

空気もまた四つの層をもっている。

大地に次ぐ〔接する〕層は、水の隣接により上昇してくる水蒸気の水性と熱をもっている。後者の生ずる理由は大地が太陽の光を受けて熱せられ、その熱気が隣接するものに伝わるためである。その上の層は水蒸気の湿気を抜け切れないが、熱気はより少ない。大地の熱が遠距離であるため、そこまで昇っていかないからである。この層の上に純粋な空気の層があるが、これ〔が純粋なの〕は地表から昇って行く〔原文は「反射する」〕蒸気や熱がそこまで昇り着かぬことによる。さらに上には煙の層があるが、地上の煙は空中を昇ってエーテル（'athīr）つまり火の世界を指向し、空気の層の一番上に拡散してさらに上昇し、燃え尽きる。

火の層は一つのみで、物を燃焼させるが、そこに光はない。またそれは空気のように微細である。もしそれに夜天体を見ることを妨げる色があるとすれば、光を放つ火のように光があることになろう(3)。灯の色はその光に他ならないが、それは純粋な火が黒い煙を把えて〔燃やす〕ことによるもので、その結果色と光が生ずるのである。さもない場合には、純粋な火には色はない。灯の火が強くなると色がなくなり、それはちょうど中になにもない真空か空気のように見えるが、実際に火とはそのようなもので、それが色をもつのは煙と混ざるためである。〔色があるとすれば〕実のところ、それは燃焼する煙の色であり、火の色ではない。もしくはそれは燃えている薪の色で、火そのものには色も光もない。それは透明な燃焼する空気なのだから。

第三点。空中で水蒸気の質料と合成されるものについて。

太陽が光の仲介により大地を熱すると湿気から水蒸気を、乾燥から煙を上昇させることは、実際に観察するごとく明らかである。そしてそれらが地中に閉じこめられると鉱物ができる。〔地中から〕脱れ出て空中に昇るものには種々あるが、それらについて詳述する必要があろう。

水蒸気の質料から成り立つものには雲、雨、雪、冷気、虹、月暈等がある。

〔水蒸気の〕あるものが空気の熱い層から冷たい層に上昇すると、冷気により密度を増して凝縮し、雲となる。冷気は空中にある熱い水蒸気に素早い影響を与え、それを空中で水に変化させる。これ〔素早い影響〕は、熱さのゆえに水蒸気が微細になっているためである。〔例えば〕冬になると風呂屋の熱気が〔相対的に〕強まり、空気が〔湯気で〕暗くなり、水蒸気が雲のようになるのもこれが理由である。また同様な理由で、夜の間北風で水を冷やしたい場合には、水を午後太陽の下に放置し、その熱気で微細にさせる。また冬に冷水と湯を大地に注ぐと、湯の方が冷水より早く凍る。さらに寒い国で湯でウドゥー〔礼拝のための浄め〕を行なうとすぐに髪の毛〔の水〕が凍るが、冷水で行なえばこの限りではない。

これらの水蒸気は、太陽の熱が地中に滲透するとそこから上昇してくる。それは地中の微細な孔から外に逃れ出ることができるが、固い岩山の下にある場合は事情が異なる。岩山は、水蒸気をひきとめる蒸溜器のような役割りを果して、それを外に逃さない。そしてそこに閉じこめられると鉱物になる。ただし、もしも余力があって山地のどこかに逃れる場所を見出すと、かなりな量が上に逃れさるが、これは時により異なる。その力がないと、太陽の熱がそれを山中のあちこちに分散させ、空気に変える。

このような理由〔太陽の熱が暑いと水蒸気を空気に変える〕から、夏の昼間には土中から出るもの〔水蒸気〕が集まって雲になることは少ない。しかし冬の夜に、水蒸気の力が強いか、太陽の熱が弱いか、あるいは二つの条件がそろった場合、太陽はそれに影響を及ぼすことができず、水蒸気がより多く集まって〔雲になる〕。その際、おそらく風も、それらを合流させることにより集合の助けとなるように思われる。

とまれ水蒸気は、冷たい層に達すると密度を増して水となり、水滴となって集まるが、これが雨である。これはちょうど鍋の中から水蒸気が立ち昇り、その蓋に達して僅かな冷気に出会うと、そこに水滴となってたまるようなものである。ただしそれに厳しい冷気が触れると、それが合体して大きな滴となる以前に固まり、各部が分離してかきむしられた綿のように落下するが、これは雪と呼ばれる。

水蒸気に冷気が触れず、滴となって集まり、〔代りに〕周囲の熱と触れると、それ自体の冷気は内部に逃げこみ、元あった場所の冷気が加わって凝固するが、これは雹である。したがって雹は秋と春にしか見られない。とまれ冷気は、周囲を熱にとり囲まれることによって内部に集まる。

空気は、一寸した艶のある雨の湿気を含んで湿ると、鏡のようになる。そして太陽を背にしてそれと向い合っている者は、ちょうど鏡で太陽をとらえるとそれが鏡の中に見えるように、空中に太陽を認める。この光は湿った水蒸気に組みこまれており、そこから三色の虹が現われる。ただし、中間の色は存在しない場合もある。とまれ虹は〔半〕円形を描き、〔虹の写る〕鏡の部分の太陽との距離が一定になっている。鏡に像が認められるのは、見る者と見られるものとの間に特別の関係がある場合に限られるが、これは光学で充分に研究されている問題である。ただし、虹の円は完結していないが、これが完結していればその半分は地下にあることになる。この円の極〔中心〕に当る太陽は観察者の背後にあり、地上からやや上に位置するのだから。もしも午前中に虹が西に見え、その後東に見え、しかも太陽が中空にあるとすると、特にこれらの条件が整った冬には、ごく小さな虹しか見えない。

月暈は月をとり巻く輪であるが、上述と同じような原因で生ずる。視点と月の中間にある空気は湿気を及びて艶があり、その部分で月が認められるが、それはそこに鏡があれば月が映ずる部分に当る。ある点から鏡中に認められるものは、もしも多くの鏡が一定の間隔で視点を囲むように置かれた場合、どの鏡にも映ずることになる。鏡が連ねられるとそれはどの鏡にも認められ、したがって〔全体的には〕丸く見える。ただしその中間の部分は、中心部の水蒸気が微細なため暗い。水蒸気は発光体に近づくとかき消されて見えなくなり、遠ざかると見えるようになる。それは影の中では見えぬが太陽の光で見える微粒子のようなものではなく、天体のように昼隠れ、夜に現われる。それゆえ〔月は〕雲から抜け出てきたように、円の中心に見えるのである。この円は、雨が降らなくとも空気中に冷気による少しの艶が生じ、この湿気の艶をかき消す埃や煙がなければ、空気の冷気のみによって生ずることもあるであろう。

第四点。煙の質料から生ずる風、嵐、流星、彗星、雷鳴、稲妻等について。

煙は上昇する際に、水蒸気の中を通って昇っていく。それは水蒸気よりさらに上を志向し、運動はさらに強力である。そして、上昇中に冷気に出会うと重くなり、密度を増して沈み、一気に空気とぶつかって、それを激しく動かす。これは巨大な扇が空気を動かすようなもので、それにより風が生ずる。風とは動いている空気のことである。煙は冷気に触れぬ場合エーテルのところまで上昇し、そこで火が光を発し、人がその火を目撃することになる。その火は煙が長いと長くなるが、これは流星と呼ばれる。ただしそれが微細な場合には、純粋な火となり、消えて見えなくなる。そして〔最後に〕それは拭い去られるが、その際に火は可視のものではなくなっている。あるいはそれは純粋な火そのものとなるか、上昇中に冷気によって火が消され、透明な空気になる場合もある。出会うものが消化作用の強い冷気だと、それは空気に変ってしまうのである。また火が強く、煙に混ざった混合物を浄化する力をもっていると、そこで〔特に〕冷却されぬ場合〔煙は〕すべて火に変化する。

もしも煙が濃密で光を発し〔原文 'ishtaghara を 'ishta'ala に訂正〕、しかも低い場所で変質しない場合には、それは暫く〔原文 zamānan を zamānan と訂正〕の間〔そのままの状態に〕とどまり、彗星として眼に映ずる。これは火が天球の内側の部分に付着しているため、天球とともに運動しているのであろう。彗星〔火で燃えた煙〕は火とともにまわり、光を発しないとしても火の圏域に昇ってきた煙の上をめぐる。ただしそれは赤く見えるため、炎の立たぬ赤く輝く熾《おき》のようなものであり、そのために空中で赤く見える。またそのある部分は赤くないが、これは火の消えた熾のようなもので、そのために空中にある黒い穴のように見える。

煙の一部が雲の群がりの中に残って冷却されると、雲の中で風となって激しく動き、その運動から音が生ずるが、これが雷鳴である。そして煙と周囲の空気の運動が激化すると、空中の熱により空気と煙が一緒に燃え、光を発する火となるが、これは稲妻である。

この光るものが密度が濃く、重くてものを燃焼させる力があると、雲とぶつかって地上に押しやられるが、これは雷である。ただしこれは微細な火で、衣服や柔らかなものの中に滲透するが、鉄や金のように固いものにはぶつかってそれを熔かす。その熔解作用は強く、袋物の中にある金まで熔かすほどであるが、袋を焼くことはない。またメッキの金を熔かすけれども、なにも燃やしはしない。

雷鳴は稲妻を伴う。これは両者がともに運動する理由によるが、視覚は最も強力で稲妻を認めたとしても、雷鳴の響きは聴覚に達してはいない。視覚は時間を要さずに認識するが、聴覚に関しては、それと聴かれるものの間の空気の振動の影響が聴覚に達しなければ認識しない。例えば、遠くに隊商の火が見える場合、その動きが認められたあとでなければ物音が聞えないようなものである。


第五点。鉱物について。

鉱物は地中に隠れている水蒸気、煙からできる。それらは混じり合い、種々の混合が原因となって形相の授与者が与えるさまざまな形相を受け入れる準備がなされる。

もしも煙が多くなれば、そこからアンモニア、燐のようなものができ、水蒸気が優位を占める場合には、純粋な水のようなものになる。これが固まって石化したものがサファイヤや水晶等である。この種のものは火に熔けにくく、金槌で叩いても割れない。熔解、破損は、粘り気と呼ばれる粘っこい湿気によるが、この中にある湿気は〔完全に〕除去されており、したがって固まって凝縮する。

熔解、破損するのは金、銀、銅、鉛のようなものであるが、これらは煙と水蒸気の混合のうち煙が多く、その実体中に熱は少ないが、いまだに湿気と粘り気が残っている。そしてこれ〔熔解、破損が生ずるの〕は、その湿気にたいする熱の影響が大きいためである。したがって、その冷気がこの影響により損なわれ、そこに空気性が混ざり、同時に土性を帯びたものが残存することになる。

これらのものは火中で熔けるが、その理由は以下のごとくである。内部にある燐が火に熔解作用を起させると、湿気が流れ出して上方に向う。するとそこに付着している土性がこれを惹き寄せようとする。すると一方の上昇作用、他方の牽引作用により、その混合の強度が原因で、各部分が切り離されぬ円運動が起る。もしも混合が弱いと水蒸気が上昇し、牽引力のある重いものから離れて上に向う。そこに強い火が加えられると、すでに蒸気がとり去られて欠陥が生じていたものが鉛のようなカルシウム(kils)に変化する。

中に固まりにくい粘り気がある場合には、金槌で割りやすい。また固まって熔けにくいものは、その上に燐と砒素を置き、それが内部に滲みわたって混合すると、砂鉄、滑石、錫のようにすぐに熔ける。

また冷気で固められたものは、蠟のように熱で柔かくなり、熱で固められたものは塩のように冷気で溶ける。その〔塩が熱で固められる〕原因は、塩が土の乾燥の助けをかりて熱で固まることにあり、熱は湿気や乾燥とともにある場合、そこで増加するためである。〔要するに〕水性がかっているものは冷気で固まり、土性がかっているものは熱で固まる。

土性と湿気を含み、土性が熱より強いようなものは鉄のように冷気で固まり、溶けにくい。

この種の問題を詳述するには多くの紙数を必要とする。この問題は化学、その他多くの分科と関係しているのである。

（1）諸元素間の混合により、固有の感覚的様態をもつ特定の属性が種々生ずるの意。

（2）属性には諸段階があるが、実体には筆者のいう通り段階はない。

（3）原文このまま。燃えさかる火を通して夜の星は見えないという意か。

第四節　植物、動物、人間霊魂

植物霊魂について。煙と水蒸気の混合が鉱物の形相受容の準備をしたように、より完全で美しく、中庸に近い上に、混合された様態の対立が少ない諸元素の混合がなされると、他の形相受容の準備がなされる。これは無生物の形相より高次であり、その結果無生物にはなかった成長が生ずる。このような形相は植物霊魂と呼ばれるが、これは草や木に生ずる。

植物霊魂は三つの働きをもつ。

(一)滋養力による滋養の摂取。

(二)成長力による成長。

(三)繁殖力による繁殖。

滋養〔物〕とは、現実態においてではなく、可能態において滋養をとるものと類似したものである。滋養をとるものが滋養物に達すると滋養力がその中に影響を及ぼすが、滋養力とは滋養に変化させる力であり、それ〔滋養物〕自体の形相を取り去ってそれに滋養をとる者の形相をまとわせる。するとそれは後者の各部にゆきわたり、そこに結びつき、その各部から失われたものを補う。

成長とは、滋養により身体が大きくなることであり、その場合、成長するものに相応しい秩序と多様性をもって、それが完全に育ちきるまで三次元にわたり増大する。多様性とはつまり、成長するものの部分が凹んでいたり、ふくらんでいたり、丸かったり四角かったりすることである。

このような作用に相応した力は成長力と呼ばれる。この力は感覚では把えられず、現実態において示される。あらゆる作用には必ず作動因があり、そのためにこれ〔成長力〕にたいして、作用に属する名が与えられているのだから。

繁殖力とは、可能態において自らと類似のものの部分を切り離すことである。これは自らに似た形相の受容を準備させるために他ならないが、これは動物の精液、種子の核のようなものである。

滋養力は生命が絶えるまで働き続ける。ただし最後には、滋養となるものを変化させる力が弱まり、消費されたものを補うことができずに弱まる。

成長力は成長時に働き、発育が完成すると働きをやめる。この力が時間の点ではなく、量の増大という観点でやむと、繁殖力が起り、その力が強くなる。

動物霊魂について。混合が一段と中庸に近く、以前のものより美しくなると、動物霊魂受容の準備ができる。これは植物霊魂より一そう完全に近いが、それは植物のもつ諸力に加えてさらに二つの力をもつためである。

(一)知覚力(quwwah mudrikah)

(二)運動力(quwwah muḥarrikah)

動物とは知覚し、意志をもって動くものの意である。これら二つの力は一つの霊魂のものであり、したがって一つの源に帰着し、それゆえ一方の働き〔作用〕は他の働きと関連している。

知覚が生ずれば欲望が生まれ、そこから欲求あるいは回避の運動が生じてくる。運動力は必ず意志をもち、意志は欲望からしか生まれない。

ところで、願望は二つに分けられる。第一は欲求に属するもので、これは滋養のような自己保存に相応しいもの、性交のように種の保存に相応しいものを求めるためにそれを必要とする。この種の願望は欲望力(quwwah shahwāniyah)と呼ばれる。第二は逃亡、防御に属するもので、自己保存を否定し、それと対立するものを拒むためにそれを必要とする。これは瞋恚《しんい》力(quwwah ghadabiyah)と呼ばれる。恐怖は瞋恚力の弱さであり、嫌悪は欲望力の弱体さに他ならない。これら両者は、筋肉〔原文 faḍlāt を ʿaḍalāt ととる〕や神経中にちりばめられた運動力を発動させ、種々の刺激により直接の運動を促す。したがって、筋肉中にある力は命令を受け取る力であり、刺激する力は命令を下す力である。

知覚力は外的なもの、例えば五感と、内的なもの、例えば想像力、空想力、記憶力、思考力等に分れる。これらについては後述する。

もしも動物に五官以外の内的な力がなければ、例えば一度食べて嫌気をもよおしたものを、もう一度口にしなければ遠ざけられぬことになる。なぜなら、最初口にしたときには、それが有害であることを知らなかった。そしてもしもその形が記憶に残っていないとすれば、二度目にそれを見ても有害であるとに気がつかないはずである。この記憶は、視覚、嗅覚等の感覚の背後にある。だがこれらの五感が知覚される形相を他の力、これらすべてを統合する統覚(ḥiss mushtariq)と呼ばれるものに導かれねば、黄色いものを見ても、まずその味わわれるもの、つまり蜂蜜を知覚せぬ限り、それを甘いと感ずることはない。眼は甘さを感じないし、味覚は黄色を認めない。したがって黄色いものを甘いと判断するためには、二つの事柄を集めて判断するものがなければならない。これは味覚の判断ではなく、眼のそれでもない。それはある外的感覚によるものではなく、他の内的力によっている。だが、もしも内的な力が存在しなければ、敵性というものは眼に見えぬものであるため、羊は狼の敵性を認めて逃げようとしないであろう。
これは諸力の集合場所であり、詳細に論ずる必要がある。

外的知覚に関する論考

触覚(ḥiss-l-lams)とはいうまでもなく皮膚や肉体の至る所に分布している力であり、それによって熱、冷、湿乾、硬軟、粗密、軽重が感じられる。この力は、それを運ぶ霊(rūḥ)と呼ばれる微細な物体により、肉や皮膚の諸部分に達し、神経の網目を通過する。この微細な物体は、この力を後述するように脳と心臓から受け取る。ただし冷、熱その他に関して、皮膚の状態を知覚されるものと似た状態に変化させぬものは、知覚されない。人がそれより冷たいか、暑いものしか感じないのはこのためである。状態が皮膚と同じであれば、それに影響を与えられず、したがって知覚されることはない。

臭覚(shamm)とは、乳首に似た脳中の二つの突起に宿る力である。それは臭気の影響を受け、匂いをもつものの部分と混ぜ合わされる、空気や水のような物体の仲介により、感覚するものである。匂いをもつものの部分は空気と混じり合う必要はなく、空気が変化して匂いを受け入れることは不可能ではない。空気による形相の授与者からの匂いの受容は、隣接によるもので、臭いの空気への転化によるものではない。これは属性に関しては不可能なのである。属性が転化することの不可能性については、すでに論及した。もしも匂いの部分と空気との混合がないとすれば、それが一里もの距離に拡がることはないであろう。ギリシャ人の伝えるところによれば、鷹が二百里離れた場所で起った戦闘による死体の匂いに導かれて、周囲に鷹など一羽もいない国の戦場に飛んでいったということである。死体と鷹の〔いる場所の距離は確実に〕二百里あったといわれるが、これは鳥の〔優れた〕感覚力と空気が影響を受け、死体の匂いを受け入れたことによる。死体から立ち昇る水蒸気の部分が、これほどの距離に拡がることはありえない。

聴覚(samʿ)とは、聴道の最後部にあり、そこに皮膚〔鼓膜〕が太鼓のように張られている神経中に位置する力で、音を感覚する。

音とは、激しく打ったり、強く引いたりする運動から生ずる空気の波動である。打つ場合には二つの物体がぶつかり、空気が勢いよく逃げ、引く場合には強く引き離された二つの物体の間に空気が入りこみ、空気中に生じた波動のために音が生じ、その波動の及ぶ限り拡がっていく。そしてこの運動が聴道中にたまった空気にまで達すると、その動きにより聴道の奥にある神経に隣接するたまった空気を分離させる。するとそこにある太鼓状の皮膚に響きが生じ、それを神経中に位置する力が把える。

運動は空気に円い波を起させるが、これは水中に石が投じられた際に生ずる波紋のようなものである。そこに生じた小さな波紋は拡がり続け、最後に力が弱まって消えるが、これと同じことが空気にも起る。

水槽に水を張り、そこに石を投ずると縁に向って波紋が生じる。波紋は縁にぶつかると、今度はふたたびそれが生じた中心にもどる。空気の波も固い物体にぶつかると、はね返ることがある。山彦はこれにより生じるが、たらいや風呂場、山麓の洞穴等でこの音が永続するのは、この反響が繰り返され、増幅されるためである。

味覚(dhawq)とは、舌の表面にある味のない粘液状の湿気〔唾液〕の仲介により、舌の表面にある神経中の力によって知覚されるものである。この湿気が味をもつものを受け入れて味に変り、神経のところに達すると、その神経中にある力がそれを感ずる。

視覚(baṣar)は、脳の前部で二つの眼窩孔が交わる点に位置する色と形を知覚する力である。

視覚作用とは、知覚されるものの像を受け取ること、つまりその形に似たものを眼の中の氷状の湿気の中に刻印することである。この湿気は冷気、凍結、要するに氷のようなもので、鏡と似た働きをし、有色のものを受け入れるとそれと似た像をその中に刻印する。これはちょうど鏡に向って立った男の像が、中間にある透明な物体のおかげでその中に写されるようなものである。これは有色のものから何かが分れ出て眼に伸びてくるのでもなく、眼から光線が出て像に赴くことによるものでもない。視覚作用、鏡の場合には、この二つは不可能である。もとの像と類似のものが鏡や眼の中に生ずるのは、中間に透明な物体が介在し、特別な対置〔関係〕があって準備され、形相の授与者により具体化される。

五感その他の知覚とは、いずれも知覚の対象の形相を受け取ることに他ならない。氷状の湿気の中に像が生ずると、それは脳の前部からこの像に向って伸びる二つの眼窩孔中の神経の交点に位置する視力のもとに赴き、それを霊魂が統覚の助けを借りて知覚するが、これについては後述する[1]。

もしも鏡に霊魂があれば、それは対置され、そこに写し出されたものから、その像に類似のものを知覚する。

小さなものが大きく見える際の距離の影響は、氷状の湿気が球体をなしており、球の対置点が中心にあることによる。

もしも眼球に対置された楯のような円い面を想定すると、眼は面と眼の中間にある空気の受動性〔反応〕と、視覚を司る霊(rūḥ bāṣir)に達した空気にたいする眼の器官の受動性〔反応〕により、円い面を認める。反応を受けるものとは円錐状の空気であるが、その底面は視覚の対象の表面であり、その頂点は視覚の霊に達している。頂点は物体性をもつ角、つまり実際には知覚者である。

ところでもし円錐の底面に当る視覚の対象の面が眼から遠くにあると、円錐は高くなり、その角、つまり瞳と接する点〔の角〕は小さくなる(図1)。そして、視覚の対象の表面、つまり三角錐の底面が遠くなると円錐は高くなり、それにつれてその頭、つまり実際に認められる〔頂〕角は視力が知覚しえぬほど小さくなって、ついに視覚の対象が知覚

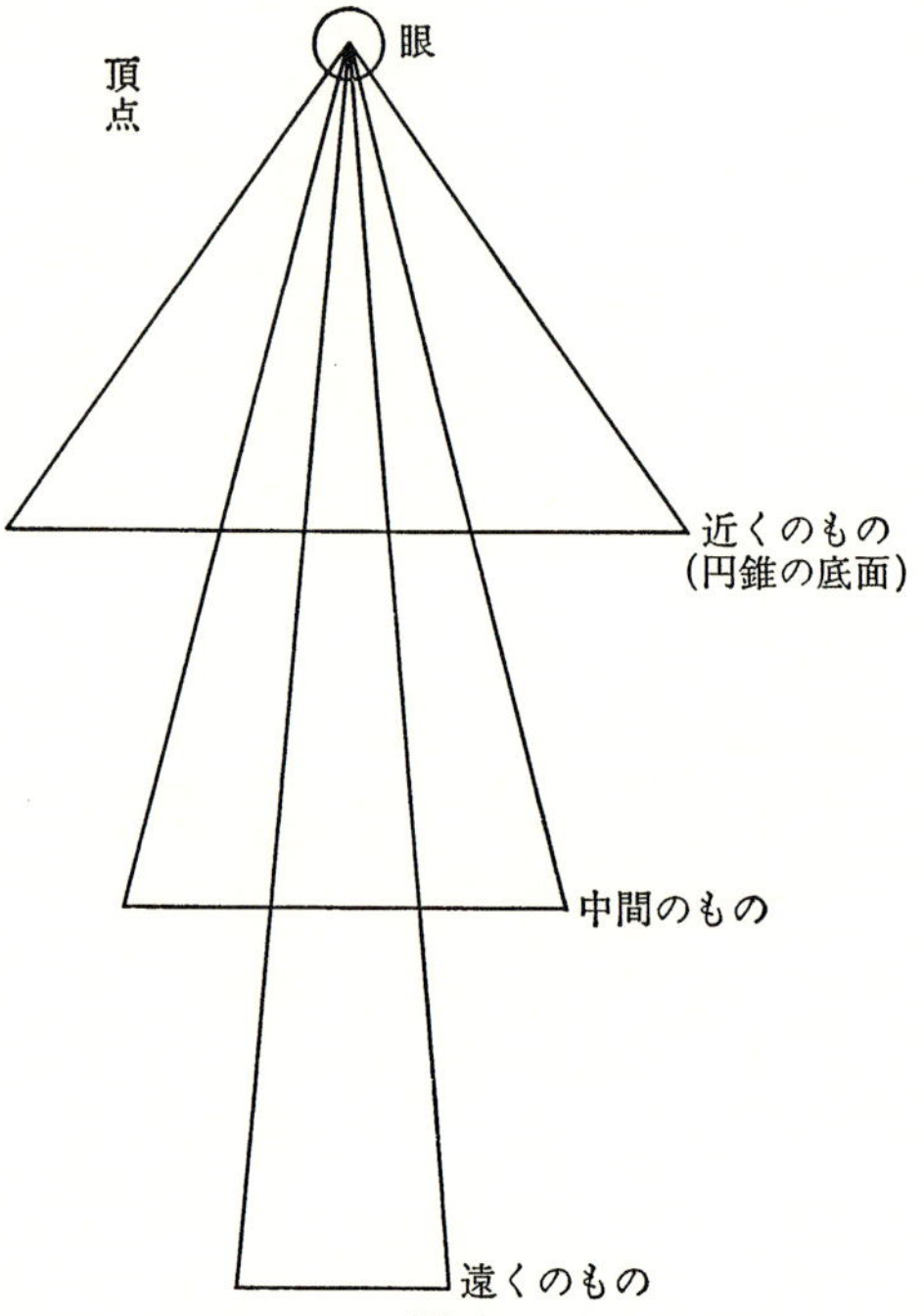

図 1

の域を離れ去る。これに関しては図を参照されたい。

視覚の対象が円くない場合には、対象と瞳の間にあって反応を受ける空気は、対象の形に応じた辺、角をもつ三角錐となる。

これに関する知識の詳細は、数学に属する光学について論じた諸書を参照されたい。本書の目的としては、以上で充分である。

アリストテレスにより確認されたこの問題は、知覚の様態に関する問題ではない。彼以前の人々は、感覚作用が生ずるためには、感覚と感覚の対象との合一が必要であると論じている。彼らは次のように主張している。視覚の対象から像が出て眼に達することが不可能ならば、眼から微細な物体、つまり光が出て対象に及び、それによって視覚作用が行なわれねばならない。

ただしこの説は不合理である。なぜなら眼は、いつのまに世界の半分に及ぶ〔原文 tansabitu を tanbasitu に訂正〕物体、天球の半分に拡がるというのか。

一団の医師がこの説の欠陥を認め、小細工を弄して主張している。彼らによれば、眼に接する空気の中に眼とともに動く光線が発し、それが空気の光線と交わることにより反応が生ずる。その結果、一瞬のうちに両者が一つに合体し、それにより空気が視覚作用の道具となる。ただしこれも、種々の点から不合理である。

第一点。空気が見る者の道具、例えば瞳のような見るもの〔器官〕となるとすれば、視覚作用をもつ者が集まれば、その中にいる弱視の男の視力が強まらなければならない。弱視の男の光線が空気の介在により弱まっても、〔大勢の人間の眼から出る〕多くの光線が空気と混じっているため、彼はちょうど灯の光に助けられるように、視覚作用の多くの光線に助けを得ることになるのである。

もしも見られる像が空気の中になく、眼に達する空気の助けを借りて眼の中にあるとすれば、空気は眼球に達し、視覚の対象は空気に達しているのだから、光線が出る必要はどこにあるだろうか。空気は当然光線なしに像を運ぶのである。

第二点。これは光線の原理を無効にする。光線は属性であるか、物体であるかのいずれかである。それが属性であれば、それが移行することは不可能である。また物体であればこれもまた不合理である。なぜならそれは、線〔糸〕のように伸びて眼と接していなければ、そこから発するものを眼に植えつけることができないのだから。もしそれが接していなければ、それはばらばらになり、ものがばらばらに知覚される。また風が吹けばそれは場所を変え、〔たるんで〕直線ではなくなる。そして風の影響により線がたるんだ場合には、対置されたものがそのままの形に見えず、線が〔眼から〕離れれば見えなくなってしまう。

第三点。もしも光線が眼から出て視覚の対象に向うとすれば、視覚の対象は量の多少に関わりなく一定の流儀で遠くや近くに見える〔遠近がなくなる〕ことになる。なぜなら、上述したような三角錐方式が想定されぬ限り、いずれの場合にも出会うものとその対象とが合致するのだから。この場合、光線は遠くなると視覚の対象の一部にしか当らないと説明することは不可能である。光は遠近を問わず対象のすべてを見ることを可能にし、しばしばそれ以上のものをも示すのだから。

以上は知覚であるが、その特別な対象は色、匂い、味、音、と触覚の項で述べられたものである。またこれらのものを仲介として他の五つの事柄、つまり大小、遠近、ものの数、丸、四角等の形状、動静が認められる。上述の基本的なものについてはもとより、これらの副次的なものに関しては一そう誤りが多い。

内的感覚

内的感覚には、統覚(ḥiss mushtariq)、形相保持力(quwwah muṭaṣawwirah)、想像力(quwwah mutakhayyilah)、評価力(quwwah nahmiyyah)、記憶力(quwwah dhākirah)の五つがある。

統覚とは、上記のような諸感覚がそこから発し、そこに影響を送り返すとそれを統括するような統合的な感覚である。もしも人間の中に白と音とを統合するものがなければ、その白が声を聞いている歌手のもの〔着物の色〕であると知りえない。色と音との統合は、眼や耳の役目ではないのだから。

形相保持力とは、統覚中に刻印されたものを保存する力である。保存は、刻印、受容とは異なる。したがって水は形相、形を受容し、そこに刻印されるが、それを保持しはしない。蠟は柔かさ〔原文 layl を līn に訂正〕の力によって形を受容し、乾燥の力によって保持される。ただし脳の前葉に障害が生ずれば、想像されたものの保持が不可能になり、形相を忘れることになる。

評価力とは、例えば羊が狼の敵性を知るように、感覚的対象から、感覚的対象でないものを認める力である。これはこの力そのものではなく、他の力によって働き、獣にとっては人間の知性のようなものである。

記憶力とは、評価力が知覚した概念を保持する力であり、形相保持力が統覚中に刻印された形相を保持する形相の倉であるように、これは概念の倉庫である。この両者、つまり評価力と記憶力は脳の後葉にあり、統覚と形相保持力は前葉にある。

想像力とは脳の中葉にある力で、その働きは知覚でなく刺激である。つまりこれは、形相の倉庫や、概念の倉庫の中にあるものを探究する役割をもつ。それは両者の中間に位置し、その内部で組成、分解を行なうのみである。そして空を飛ぶ人間や、半人半馬の生きもののようなものを想い描く。ただしこれは先例なしに形相を創り出すことはなく、想像の中で別々に措定されたものを組成したり、全体的に措定されたものを分解したりする。これは人間における思考力([quwwah]mufakkirah)と呼ばれる。思考力とは実際には知性のことである。ただしこれは人間の思考の道具であり、それ自体が考えるわけではない。これはちょうど諸原因の本質が、眼窩の中にある眼をあらゆる方向に動かして視覚作用を円滑にし、曖昧なものを明らかにしたり、二つの倉庫の中にある諸概念の探究を行なうようなものである。この力の本性は運動であり、それは夢の中でも衰えない。

またその本性の一つとして、あるものから他の相応しいものに素早く移動することがあげられる。その場合類似、対立によるか、もしくはあるものが想像された際に偶然似たものと比較されることによる。さらにその本性中には模倣、表現があげられ、知性がものを分割すると、それを枝のある木になぞらえたりする。またあるものが段状に組成されると、それが階段や梯子になぞらえられ、それにより忘れられたものが想い出されたりする。想像力は絶えず想像裡にある形相を追究し、ある形相からそれに近い形相へと移行して、結局ある形相に出会ってそこから忘れられていた概念を想い起す。つまり、その形相により忘れられていたものが想い出されるのである。

その形と、それに連想的に通じ、それと関連するものが生ずることの関係は、媒概念と帰結の関係に等しい。なぜなら媒概念が生ずることにより、帰結が準備されるのだから。

以上が内的、外的諸力の説明であるが、これらはすべて道具である。なぜなら〔知性の〕作動力は、益を得、害を拒むためにのみあり、知覚力は情報を蒐集するスパイのようなものなのだから。

したがって形相保持力〔原文 muṣawwirah を mutaṣawwirah と訂正〕、記憶力は〔心的〕形象保持のためのものであり、想像力は存在しなかった形相を存在させるものである。その場合にはこれら諸力がその道具に当り、そこに集められ、そのために働き、そこから生ずる原因であるような当のものがなければならない。この基本的なものが霊魂に他ならない。それは物体のあらゆる部分が道具であるため、物体ではない。それは霊魂に帰着する目的のために準備されるのである。したがってこれらの諸力、部分が道具となるような霊魂が存在しなければならない。

人　間　霊　魂

諸元素の混合が最良で、最も中庸を得ると、それ以上完全、微妙で素晴しくありえないほどになる。例えば、人間の精液の完成は、人体中で滋養により行なわれるが、その滋養は動植物のそれより上質である。また諸能力、本性的なものという観点からしても、それは動植物のそれ〔原文 qiwām を quwan ととる〕を上まわっており、それゆえ形相の授与者から最良の形相を受け入れる準備がなされる。この形相が人間霊魂である。

人間霊魂には知解力（〔quwwah〕ʿālimah）と行為力（〔quwwah〕ʿāmilah）の二つの力がある。知解力はさらに、至高の神《アツラー》は一であるとか、世界は有始的であるなどと認める思弁力（quwwah naẓariyyah）と、不正は悪であり行なうべきでないといった、行為と関連する〔原文 yataṣa'laqu を yata'allaqu と訂正〕知を利用する行動力（quwwah）'amaliyah）とに区分される。この種の知は上述のように普遍的な場合と、ザイドが不正な取扱いを受けるいわれはないといった個別的な場合とがある。また、行為力とは、行為と関わる思弁的な知的力の指示により生ずる力である。この行為力は行為的知性（'aql 'amalī）と呼ばれるが、これが知性と呼ばれるのは同音多義によるものである。それは知覚を持たず、運動をもつばかりであるが、その運動が知性の求めに応じてなされるために〔このように命名されているのである〕。動物の行為力[2]はもっぱら欲求、忌避に応じているが、人間の行為力の求めるものはもっぱら知的であり、つまり善に他ならない。動物的欲望は知的な要求をもたぬため〔傷みを伴うものを遠ざけるが、人間の行為力の求めるものは〕一時的に傷みを伴っても、結果的には後に報酬、利益が得られる。

人間霊魂には二つの方向性がある。一つは上方、つまり至高の天使に向う方向であるが、それはこの上方から諸々の知を授かるのである。この方向に関連して人間霊魂は思弁力をもっており、それが常に〔知〕を受容し続ける。他の方向は下方に向い、肉体の調整を行なう。人間霊魂はこの方向に関連して、また肉体の存在ゆえに行為力をもっている。

人間の知的力が人間霊魂の外にあり、それに付加的なものであることを説明するためには、諸知覚の真実と、その諸区分について指摘せざるをえない。筆者の考えによれば、すでに述べたように、知覚とはその対象の形相を抽象することであり、この抽象には諸段階がある。

視覚的知覚。例えば人間が合成体を知覚する場合、それに付帯的なもの、補助的なものとともに知覚し、それを単独に切り離して把えない。それはそれに固有の色、位置、量とともに知覚されるのである。これら補助的なものはたとい存在しなくとも、人間はそれらなしで人間である。人間はそれらがともにあるゆえに人間なのではなく、それらはむしろ人間にまつわりついた非本質的な属性なのである。ただし視覚は、これらの本質的でない付帯的なものから人間性を抽象しえない。

次いでそこから、視覚作用が把えた形相に相応しい形相が想像中に生ずる。つまりその〔視覚作用が把えた〕形相も、ちょうどそれが視覚作用中で付帯的なものと少しも切り離されていなかったように、位置、量、色、その他の本質的でない付帯的なもの一切とともに想像中に存在するのである。ただし両者は次の一点において異なる。つまり視覚作用はその対象となる物体がなくなるとそれ自体もなくなるが、想像中においては、つまり形相保持力〔原文 muṣaw-wirah を mutaṣawwirah と訂正〕と呼ばれる力の中では、そこにとどめられた形相はなくならない。同様にこの形相は、それが存在するために、視覚作用の対象のように質料とその存在を必要としないため、質料からやや遠ざかることになる。この形相が、量、位置、端、中心、その他の部分を伴って想像中に生ずると、それは肉体的道具の中に宿る以外にない。なぜなら量、形で限定されたものは、ちょうど形象が鏡や水のような物体中でしか識別されぬように、物体中においてしか識別されないのだから。

以上の二つの力、つまり視覚と想像は物体的なものである。

評価力。これは感覚的諸対象から、感覚されるもの以外の意味を知覚する力である。例えば鼠にたいする猫の敵性、羊と狼の敵性、羊と小羊の協和性といったことがこれに属する。この力も、感覚で狼の形相を知覚しなければそれを知覚することがないために、質料と関わっている。したがってこの力も物体的であり、知覚の対象の本質とは異なり、それに付加的な事柄と関わっており、それらから切り離されていない。

われわれが人間性を知るのは、その本質的定義、本質による、つまり、他の異質なものがそれに付帯していないそのもの自体として把えられた場合に限ることは明らかである。なぜならそれがそのもの自体として認められぬ場合には、諸属性〔原文 'awāḍ を 'awāriḍ と訂正〕はその本質にとって外的なものだといったところで、量、色、位置等がそれにとり本質的でないと判断を下しえないのだから。したがってわれわれの内部にある人間性は、本質的でないこれらの事柄に付帯されず、人間性そのものだけが切り離された本質を認める力をもっている。

われわれは黒性以外のあらゆるものから切り離された絶対的黒を認めるが、他の諸概念にしても同様である。この力は知性と呼ばれるが、想像はこれらの抽象的〔離存的〕なものを知覚しえない。なぜならわれわれが人間を想像する場合、人間が遠くにいるか近くにいるか、大きいか小さいか、坐っているか立っているか、裸であるか着物を着ているかという形でしか想像しえないのだから。これらは人間の本質にとっては異質なものであり、したがって想像は、われわれの中に生ずる視覚作用同様、このような〔知的〕知覚をもっていないことになる。それゆえこれ〔抽象的な知覚〕は他の力によっており、このような力が当面の目的である知性（'aql）と呼ばれるものに外ならない。人間はこの力により、判断における媒概念、概念作用における本質的、属性的定義の助けを借りて、未知のものに関する知を獲得するのである。またここ〔知的力〕において得られた認識は、それが離存的であるゆえに、普遍的であり、したがって、それと概念の諸部分との関わりは一定である。

以上のことは人間にのみいいうることであり、動物はこの限りでない。それゆえすべての動物は、たといさまざまな種類があっても、難題から脱け出る策を持たぬという無智の点で軌を一にしている。彼らは生活の必要に対処しうるのみであり、本性的に直観と〔与えられた限りでの諸能力を〕使用する力を備えているばかりなのである。

したがって、他の動物が分かちもっていない人間の特性は、概念〔表象〕作用と普遍的なものに関する判断である。そして人間は、諸学芸その他において既知のものにより未知のものを補うことができる。以上二つの力は他の諸力とともに一つの霊魂に属するが、これについては後述する。

知的な力には諸段階があり、それに応じて〔異なった〕名称をもっている。

第一の段階は、現実態においていかなる知的対象も把ええず、少年におけるようにその受容のための準備しか〔原文 ’al-’isti‘dādu wa-l-qabū lu を ’illā ’isti‘dādu-l-qabūli と訂正〕ない場合である。その際、このような知性は質料的知性(‘aql hayūlānī)、もしくは可能態における知性(‘aql bi-l-quwwah) と呼ばれる。

その後彼の中に、二種の知解される形相が生ずる。

(一)真に第一義的なもので、その本性はこれ〔第一義的なもの〕がすでに説明したように、何の努力もなく、それを見なくとも耳にしただけで刻印されることを要求する。

(二)常識的なもので、これは諸学芸、諸行為中に明らかである。

これ〔第一種と第二種〕が知性中に現われると習性的知性(‘aql bi-l-malakah)と呼ばれる。[3] つまりそれはすでに、思弁的な知的対象を三段論法により獲得〔所有〕しうるのである。その後、意識的な獲得により、その中に思弁的な知的対象が得られると、それは現実態における知性（'aql bi-l-fi'l）と呼ばれる。前者はちょうど自ら望めばそれを獲得することが可能であるにもかかわらず、うっかり諸学を忘れている知者のようなものである。

知的対象の形相が脳〔精神〕中に現われた際には、この形相は獲得知性（'aql mustafād）、つまり神的原因の一つにより獲得される獲得知（'ilm mustafād）と呼ばれる。そしてこの原因は天使〔原文 malakah を malak と訂正〕、もしくは能動的知性（'aql fa''āl）と名付けられる。

これらの知覚は、物体的道具によるとはいえない。このような普遍的な知的対象を知覚するものは、自立する実体であり、物体ではなく、物体中に刻印されるものでもない。また物体が滅びるとともに滅び去るものでもない。それは時に快楽を、時に苦痛を感じながら、永遠に生き永らえる。

このような実体が霊魂であるが、〔以下の〕十の事実〔実際には十一〕が物体でないものによる知性の認識が存在することを証明する。そのうち七つは知的認識が肉体的道具によらぬことを示す強力な証拠であり、他の三つ〔実際には四つ〕は決定的な明証といえるものである。

第一の証拠。肉体的道具により知覚する感覚は、その道具が損なわれた場合知覚〔校訂者註に従い否定を補う〕しないか、知覚が弱まるか、誤って知覚するかのいずれかである。

第二の証拠。感覚はその道具を知覚しない。視覚はそれ自体をもその道具をも知覚しないのである。

第三の証拠。もし感覚中にある様態が生じたとしても、感覚はそれを知覚しない。また感覚以外のものは決してそれを知覚することがないのである。そして肉体中にある実体により、その道具に麻痺のような悪性の混合〔気質〕が生ずると、(4) それは触覚の力に達しない。

第四の証拠。感覚は自らを知覚しない。想像が自らを想像しようとしても、それが想像である限り不可能である。

第五の証拠。感覚は何か強度のものを知覚すると、しばらく時間がたたねば度の弱いものを知覚しえない。それは高い声を聞いた直後には低い声を聞きとれず、強い光を見た直後に薄い色を認めえず、大へん甘いものを食べたあとには少し甘いものが味わえない。感覚は強い知覚の対象に影響を受けると、〔知覚の〕場が強い知覚対象に占められ、それがそこにまつわりついているため、弱い知覚対象の影響をすぐに受け入れることができないのである。

第六の証拠。強い知覚の対象が襲いかかると道具は弱まり、破壊される。眼はしばしば強い光線により損なわれ、聴覚は大きな音によって損なわれる。

第七の証拠。物体的な力は、肉体の混合〔気質〕が弱まるため、四十歳以降弱化する。

以上述べた事柄は、すべて知的な力に反するものである。なぜなら知的な力は自らを知覚し、自らの知覚を知覚するものなのだから。それはその道具とされるもの、心臓や脳について知覚し、強いもののあとに弱いもの、明らかなもののあとに秘かなものを知覚するのである。そしてこの力は、概ね四十歳以後に強まる。

ここで知的な力も、肉体の混合中に現われる病いによりその能力が弱まるという反論が寄せられるであろう。これにたいする解答は以下のごとくである。道具〔原文 'ālihat-hā を 'ālat-hā と訂正〕が停止することにより知的な力が弱まったり、停止したりすることは、それ自体が行為しないことを示すものではない。ただし道具の破損が次の二点で影響を与えることがある。

第一点。道具が破損すると霊魂はその調整に専念し、知的対象から遠ざかる。霊魂は怖れにとりつかれると快びを感ずることがなく、怒りにかられると痛みを感ぜず、知的な事柄に魅せられるとそれに従事している間他を顧みなくなる。このように霊魂は、次から次へと種々の事柄に従事するが、道具の弱体さ、その修理の必要にも当然関与する。第二点。当初は〔知的な〕力も、それが得られたあとでその助けを借り自らの行為を完成させるために、肉体的道具を必要とすることもある。これはある村を訪れる者が乗り物にする動物を必要とするが、着いてしまえばそれを必要としないようなものである。

したがって道具の要らぬ一つの行為は、それがそれ自身で行為しうることを証明するものに他ならない。道具の活動の停止により行為が停止することは、上述の二点の可能性を示すのみで、それ自体についての証明とはならない。

第八の明証。これは普遍的かつ離存的な知が、分割されうる物体中に宿ることはないという決定的な明証である。普遍的知は分割されないが物体は分割される。また分割されぬものは分割されるものの中に宿らない。そして知は分割されない。したがってそれは物体中には宿らない。以上の前提には議論の余地がない。細分されぬような部分などというものは存在せず、したがって知はその中には存在しえないのである。もしも分割される物体中に存在するとすれば、それ〔離存知性〕は熱や色同様そこで分割されることになる。もしも〔知が物体中にあるとして、〕物体が分割されると、思考する者の思念の中であるものに関する知が分割されてしまう。ただし一つの知的対象に関する一つの知は、そこに若干というものがないため、分割されない。したがって、それが物体中に宿ることは不可能である。

ここでなぜ一つの知が分割されぬか、と問われたとする。

その解答は以下のごとくである。離存的な知的対象に関する知は、以下のように区分される。

例えば存在に関する離存的な知、一性に関する知のように多や区分の受容が想像されぬもの。この場合知的対象に若干がないため、それに相応する例である知にも若干がない。

いま一つは、例えば十に関する知、「動物」と「理性的」ということ、つまり類と種差から成立する人間に関する知のように、多が想像されるもの。人は次のように主張して、この種のものには部分があると考えるであろう。十には部分がある。それに関する知はその類例であり、それに相応しいものでなければならぬ。したがって十に関する知には部分があり、人間に関する知についても同様である。ただしこれは不合理である。なぜなら十とは、十である限りの十であって、その部分ではない。十に足りぬものは十ではないのだから。それは多くの水のようなものではない。水はその一部が分割されても水であるが、例えば頭となるとこういうわけにはいかない。それはすべての人間にとって一つしかなく、頭としてそれに部分はない。もちろんそれが皮膚、肉、骨である限りにおいては部分であるが、皮膚、肉、骨であることは頭であることではない。また頭であることは、頭としての頭が分割されぬため、それに部分があることを要求しない。

知的対象がすべてこの種の一性に該当するわけではなく、したがってそれは唯一の知的対象であるとはいえない［さまざまな種類がある］。ただし人間は人間として一つのものであり、一つの普遍的形相をもっているがゆえに、唯一の知的対象である。またそれは形相の一性によって知解されるため、区分を受容しない一であるといえる。

ただしここでは分割の不可能性を立証する必要がある。もしも知が物体の分割によって分割されるならば、二つに分割されたものの一方がある部分中にあることになる。そして唯一の知の分割された一部をもつ部分は、全体と異なるか異ならないかのいずれかである。もしも両者の一方が他と少しも異ならぬとすれば、全体から一部が切り離されているにもかかわらず、部分が全体と等しくなり、不合理である。

両者が異なる場合には、まず例えば形と色とが異なるような種的な相違が考えられるが、これは不合理である。なぜなら、すべての部分は全体の中に入るが、形が色の中に入ることはないのだから。

また他の例としては、一方が他の中に入ったのちに人間と動物のように異なる場合があげられる。これは同じ類に属する類と種との相違、または一と十との相違のようなものである。だが類と種との相違も誤っている。なぜならこれによれば、動物に関する知がある部分にあり、知性的であることが他の部分に入ってしまうのだから。するとそのいずれにしても人間に関する知は含まれず、そのためそれを獲得することが不可能になってしまう。とまれ二つの部分の一方が例えば上にあり、他が下にあるとするならば、類に関する知はそのいずれによって定められるのであろうか。また何をもって一方が類の場であり、他が種の場であると定めうるのか。さらにもしも人間が動物と理知的なものから合成されていれば、動物に無数の種類がなくなり、〔それのみで動物の性質をすべて含む〕第一の動物のみしかいなくなってしまうであろう。さもなければ、物は無限の知を〔獲得した〕後でなければ知りえないことになり、不合理である。

また両者が、量において一と十の相違のように異なれば、その部分は知であるか知でないかのいずれかである。もし知でないとすれば、それ〔知〕はちょうど部分が形と黒〔いずれも属性で本質的でない〕から生じたというように、知でない諸部分からでき上ることになり、不合理である。

またこの部分が知であれば、それから理解されることは以下のごとくである。もしもこれが全体に関する知であれば、部分が全体と等しくなり、他に関する知であるとしても、諸部分の知〔をすべて集めること〕なしに全体は知とならない。能力に関する知は、形や黒に関する知から生ずるものではないのだから。もしも部分に関する知が全体についての知であるとすれば、すでに全体についての知は部分のない唯一の知的対象中になければならぬ、としたことに抵触する。したがって分割の不合理性が証明されたことになる。

第九の明証。離存的な知覚の対象は、上述のごとく人間の霊魂中に生じ、位置、量といったものから切り離されている。この分離〔抽象化〕は、知覚の対象の場によるか、その源によるかのいずれかである。ただし分離が、知覚の対象の生ずる源によるというのは誤っている。人間は知の定義とその真実を受け入れ、特定の能力をもつ〔具体的な〕人間が知性の中でその本質をとり出す。その際、知性はそれを量や位置から分離させており、したがってそれが位置、量と切り離されているのは場によるものであり、それが生ずる源によらぬことになる。その場、つまり人間霊魂は知覚の対象を量、位置と区別するが、さもなければ位置、量の中に宿るものはすべて、当然その場ゆえに量、位置をもつことになってしまう。

第十の〔明証〕。知性は、その道具とされるもの、心臓、脳等のすべてを知覚することができる。それを知覚する際には、その知覚はそこ〔知性の中〕に形相が生ずることに依存している。知覚とは、すべてこのようなものなのだから。するとそこに生じた形相は、道具の形相そのものか、類似しているが個々に異るかのいずれかである。ただし、それが道具の形相そのものであることはありえない。道具の形相はつねに道具の中にあるのであり、その際知性は絶えずそれを認識する必要があるが、事実はこうではない。

知性は時に道具を知り、時にそれを知覚することから遠ざかる〔という考えもありうるが〕、たとい個別的に異なる場合でも、存在するものから遠ざかることは不合理である。

すると〔さらに二つの場合が考えられる〕。第一は形相が物体と切り離されて〔道具を使用する〕能力の中に宿ると考えられる場合であるが、これはその形相が自立し、物体中にないことを証明するものである。第二は物体と結合している場合で、この際には能力とは異なるものと想定される形相は、道具そのもの、またはそれと類似する物体中に宿ると考えられる。この場合には、相似た二つの形相が一つの物体中に集められることになり、二つの黒が、一つの場に集まることと同様不合理である。すでに述べたように、二性はある種の分離があって初めて可能であるが、ここには分離はない。なぜなら、二つの形相の一方に指摘されるすべての属性的なものは、他方にも存在するのだから。かくて両者は互いに類似するが、この不合理性は明らかである。

第十一の明証。すでに指摘したように、物体的な力は必ず有限であり、無限の力は物体中には決して存在しない。ただし知的な力は知的、物体的形相等に関する力であり、無限である。なぜなら、知性が知覚しうる感覚的なもの、知的対象には限界がないのだから。したがって、知的な力が物体的であることは不合理である。

霊魂が物体の消滅により消滅するものではないことの証明は、以下のごとくである。それは上述したように物体とともに生ずる。だがそれが物体以前に存在したとすれば、霊魂はかつて一つであったか、多であったかのいずれかである。ただし多であることは不可能である。なぜなら多とは、属性的なものの相違、変化によってのみ存在するのだから。もしも相違が生ずるような質料、属性がないとすれば、相違は想像されえない。

またそれが一つである場合も不合理である。なぜなら、それは種々の肉体中にあって多であるが、多が一になることがないように、一が多になることはないのだから。ただしそれに大きさ、量があって、時にそれが集まり、時に分離する〔それにより多や一になる〕場合はこの限りではないが。(5)

種々の肉体中において霊魂が多であることの証明。ザイドに関する知の内容は、アムルに関する知の内容と異なる。もしも霊魂が一つであり、一方の霊魂に認められ、他の霊魂に認められぬものがあるとすると、それは一方に知られ、他方に知られぬこととなり、不合理である。

ただしわれわれは主張する。霊魂は物体とともに生ずるが、物体によって生ずるものではない。上述のように物体は、何ものかを生み出す原因とならないのだから。とりわけ物体ではなく、その原因が形相の授与者であるようなものは、永遠的な知的実体であり、それを原因とする結果は原因の存続する限り存在する。つまりその種の実体は永続するのである。

ここで、霊魂が生ずるのに肉体を必要としたように、その存続にもそれを必要とするという反論が寄せられたとする。

これにたいしては以下のように答えることができる。肉体は霊魂が生ずる条件であるが原因ではない。ちょうどこれは原因〔形相の授与者〕から結果〔霊魂〕を捕える網のようなものである。もしくはこの原因から〔結果を引き出すものである〕。そして霊魂はこの網の媒介により一たん存在してしまうと、もはや網の存続を必要としない。

肉体が条件であり、原因でないことの実態は以下のごとくである。もしも霊魂が原因から出てくるとすれば、原因は一か二か、つねに無限であるかのいずれかである。ただしこれはいずれも不合理である。なぜなら、ある数が他より妥当であるということはなく、一が他の数より妥当性があるとはいえないのだから。それを一としても、特にそうする理由もない。二番目の可能性も、一番目の可能性に等しいのである。

存在の可能性が無の可能性より重くなければ、精液が準備されるまで無が継続する。精液とは霊魂がそれにより活動する道具であり、〔これが生ずると〕霊魂の存在はその無より妥当なものになる。そしてその数は子宮の中に用意された精液の数により定められる。

これは存在が無に優先する契機の条件である。そして存在ののちに存続が来るが、これは原因によるもので、〔上述の無より存在を〕優先させるものによるものではない。

輪廻の誤りに関する証明。〔気質の〕混合が損なわれて肉体が霊魂の助けにより自らを維持しえなくなると、霊魂はその〔有機的な〕維持を拋棄するが、その際二つの可能性がある。第一は霊魂が石や草、その他〔有機的な〕維持を受け入れる準備のないもの〔無機物〕の維持に専念し、その霊魂となる場合であるが、(6) これは不合理である。第二は〔有機的な〕維持を受け入れる準備のある精液の維持に当る場合であるが、その際、人間、動物、その他何の精液であってもかまわない。(7) これは一般の人々の考えであるが、不合理である。なぜなら霊魂を受け入れる準備のある精液はすべて、諸霊の源である知的実体〔形相の授与者〕から霊魂が生ずることを本性的に要求する。これは本性に反する流儀や撰択によるものではない。後の場合をとると、一つの肉体中に二つの霊魂が集まることになり、不合理である。

精液が形相の授与者から霊魂の光を受け入れる準備は、物体が蔽いがとり除かれた際に必ず太陽の光を受け入れる準備があるのに等しい。蔽いが除かれ、そこに灯があると、灯と太陽の光はともに輝き、太陽の光は灯の光の邪魔をしない。同様に、一つの肉体にのみかかわるわけではない霊魂が世界に存在する事実は、精液が霊魂をその源から受け入れるということを拒むものではない。ただし〔原理的には〕この結果、一つの肉体に二つの霊魂が集まってしまうが、〔実際には〕人間は一つの霊魂を認めるのみであり、したがって輪廻は不合理である。

（1） 原文中に簡単な図があるが、説明が省かれているため注で細述する。
A、A′は右眼、左眼。B、B′は脳の前部にあたり視神経AB、A′B′が発する点。視力は両神経の交点Cにあり、左右の眼が認めたものを統覚の助力によって認めるという説である。ただしこの場合、片眼の者の視力の説明はどうなるかという面白い質問もある。

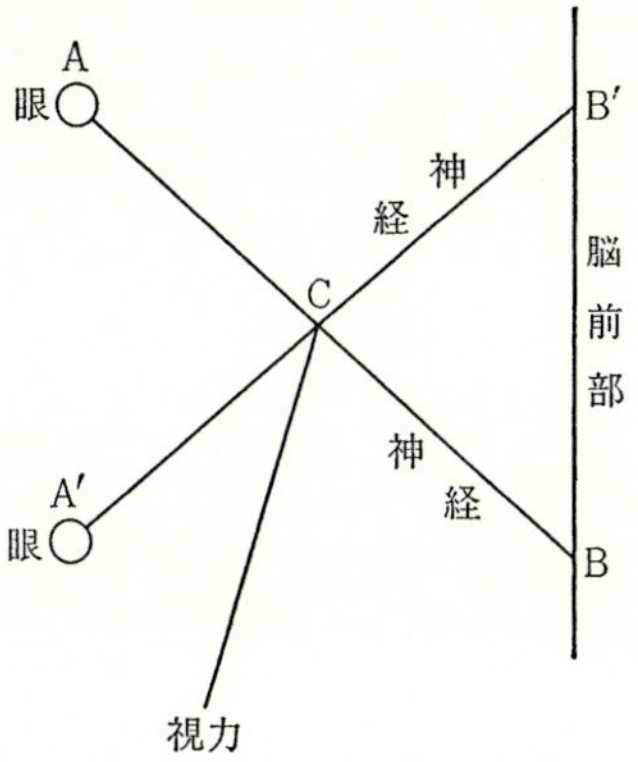

（2） 動物の行為力と訳したが、厳密には動物を行為させる力の意。人間の場合も同様。

（3） malakah は、所有するという意味の malaka という動詞からの派生形。種々の意味をもつが、同時に habitus の意味をもつ。習性的知性は、後に説明もあるように、知的対象をいつでも所有しうる準備ができている。

（4） この部分は原典に混乱あり、意味不明瞭のため若干訂正した。

（5） ただし霊魂には大きさ、量がないから、これも該当しない。
（6） 鉱物や植物等の霊魂に変化すること。
（7） 自分とは異なるものの精子をもつにいたること。例えば人間が犬の精子を提供するにいたるといったこと。これが可能だとすると、人間と動物の霊魂が一つの肉体に宿る次第になる。

第五節　能動知性の霊魂への溢出

能動知性(ʿaql faʿʿāl)の検討は、疑いもなく形而上学に相応しい。その存在の措定、性質についてはすでに記した。目下検討すべきことはそれ自体についてではなく、その霊魂にたいする影響であり、その影響そのものでもない。能動知性は、霊魂がその影響を受ける限りにおいて霊魂の中に存在するのである。

本節においては以下の諸点について述べることにする。

(一)霊魂による能動知性の〔存在〕の証明。
(二)種々の知が能動知性から霊魂に溢出する様相。
(三)能動知性のもとにおける死後の霊魂の幸福。
(四)悪しき性格により能動知性と接しえない霊魂の愁訴。
(五)正夢の原因と偽りの夢。(1)
(六)霊魂による秘められた知の認識。
(七)霊魂の知の世界との接触〔交渉〕。
(八)覚醒時に霊魂が外的に存在しない形相を見る原因。
(九)預言者性、奇蹟、預言者の階層。

(十)預言者の存在とその必要性。

以上の十点が問題点である。

(一)霊魂による能動知性の〔存在〕の証明。

人間霊魂は離存的な知的対象、普遍的概念を認める。少年は可能態においてこれを知る〔力がある〕が、後にこの知は現実態になる。

可能態から現実態に転化するものは、必ず現実態に転化させる原因をもっている。したがって霊魂は、少年期において可能態から現実態に転化する原因をもたねばならず、この原因にもまた原因が必要である。ただし原因は物体ではありえない。なぜなら、すでに述べたように、物体は物体でないものの原因たりえないのだから。ただし知的な知は物体でない霊魂中にあり、物体の中に刻印されたものではないため、場や空間を占めて他の物体と隣接したり、向い合ってそれに影響を与えることはない。したがって、原因とは質料から離存する実体であるが、能動的知性とはこのようなものに他ならない。知性とはそれが離存するという意であり、能動的なものとは、それが不断に霊魂に影響を及ぼすことなのである。

これがすでに形而上学中で措定された知的実体に属することは疑いない。これはすでに述べた十の叡知体の最後のものと関連づけられているため、最も位置の高い知性である。また天啓の教えも、人間や預言者に関する種々の認識は天使の仲介によると説明している。

(二)種々の知が霊魂に生ずる様相。

感覚的に想像されるものは、それが想像中に生じない限り、そこから離存的な普遍的概念は得られない。ところで霊魂は、少年期の初期においては暗い形相の支配下にあるが、その準備が整うと能動知性の光が想像中にある諸形相の上に輝く。するとそこから普遍的である離存的なものが霊魂中に生じ、ザイドの形相から普遍的な人間の形相が、一本の木から普遍的な木の形相がとり出されるようになる。そして太陽が合成体の上に輝くと、その形相からそれと類似のものを健全な眼で捉える。ちなみに太陽は、能動的知性のようなものである。また霊魂の視力は視覚のようなもので、想像の対象は感覚の対象のごときものといえる。なぜなら感覚の対象は、暗闇の中で眼中に可能態として認められ、感覚され、〔のちに〕現実態において目撃されるのだから。ただしそれが現実態に転化するのは、他の原因、つまり太陽の輝きによっている。これは〔知的対象についても〕同様で、この種の光が輝いている限り、知的な力は想像中に刻まれた形相と区別され、属性的なものは本質的なものと弁別される。また本質的なものはそうでない外的な事柄と区別されるため、それは離存的であると同時に普遍的であるといえる。なぜなら、知性の存在は、本質にとって外的であり、属性的である個別化するものを除去することにより、個別的なものを無効にするのだから。すると、あらゆる個別的なものとの関連が等しいような、唯一の離存的なものが残される。

(三)幸　福

霊魂は、能動的知性の溢出(fayḍ)を受け入れる準備ができ、それと絶えず関わりをもつことに慣れると、肉体や感覚的要求を顧慮する必要から免れる。ただし肉体は絶えず霊魂を誘惑してそれを煩わせ、完全に前者と関わりをもつことを妨げる。だが、死によって肉体にかかずりあう必要がなくなると、〔両者の間にある〕幕がとれ、障害物がなくなって、〔能動的知性との〕関わりが永続する。なぜなら、霊魂は存続し、能動的知性も永続するのだから。そしてそこから生ずる溢出はたえて止むことがないが、それはこの溢出が能動的知性の本質に属するものだからである。

霊魂の実体は障害がない場合には、〔能動的知性を〕受け入れる準備がある。そして障害が完全になくなると、接触が永続する。霊魂は当初肉体がもつ諸感覚、力ゆえに肉体を必要とする。これはその仲介によって想像の働きを可能にし、想像から、または想像によって普遍的である離存的なものをとり出すためである。霊魂は当初、感覚によってしか知的対象を獲得しえず、したがって感覚は、〔先の例の〕網のように、または目的地まで乗せていく動物のように、初めは有益なのである。ただしその後、目的地に到着する〔原文 mawṣūl を wuṣūl と訂正〕と、それは霊魂にとり悪〔原文 sharṭ を sharr と訂正〕、災難そのものとなる。肉体は、霊魂が目的地に到着したのちに目的について考慮することを妨げ、霊魂の邪魔をするため、それの除去が霊魂の利益となるのである。現在の場合にもこのことが妥当し、このような状態こそまさに幸福といいうるのであり、その偉大な喜びは筆舌に尽くしがたい。

すでに述べたように、快楽とはすべての力がその本性の求めるものを障害なく認識することであり、したがって、先のような状態は快楽そのものである。霊魂の本性の特質は、種々の事物の本質をあるがままに認知し、知解することである。これら知的なものは、元来感覚のものではないのだから。知的な力の快びが感覚的力の快びをはるかに超えることは明らかである。また口腹のことにかまけて、われわれが知的快楽を認めずにいる原因が何であるかも明らかである。これについては、すでに形而上学中で記した。知的な能力の本性、特性が要求する知的認識、例えば神《アッラー》とその天使、啓典、預言者、あるいは神《アッラー》から存在が生ずる様態等の認識が存在すれば、霊魂はたとい肉体中にあっても、肉体やそれにまつわる属性的な事柄にとらわれ、もっぱら肉体的な関心事にかまけることなく知的認識を行なう。そして〔原文 mā を wa と訂正〕霊魂は肉体を離れると〔能動知性と〕接触しつづけ、その状態は完全になり、筆舌に尽くしがたいような快楽を感ずる。

このような場合〔知的認識に専念する場合〕には、すでに肉体的趣好がなくなっているため、渇望、欲求が強まることはない。これはちょうど子供の中にも性交の快楽が備えられていても、いまだにそれにたいする欲求がないためそれを望まず、むしろそれを嫌悪するようなものである。

このような知的快楽は、現世において完成した霊魂のためのものである。この快楽は汚れから遠く、〔一般的な〕知から離れ、もっぱら想像的な事柄と関わりをもつ。したがって夢の中におけるように、快楽の原因となる形相が想像され、感覚的な対象を介して楽園の姿が示されることも不可能ではない。このような場合には、想像は物体に頼る以外にないため、天上的な物体が想像に供されることになるのである。

(四)愁　訴

霊魂は、その本性が求める幸福から蔽われ、〔遠ざけられ〕ている。そして自ら求めるものから遠ざけられると、悩みを訴える。

霊魂が〔その求める幸福を〕隠されてしまうのは、それが欲望を追い求め、もっぱら肉体的な本性の要求に応え、移ろいやすい卑しい現世的な事柄にかまけていることによる。すると、一般に霊魂の中でこのような状態が優位を占め、人間もこの状態を求めることになる。〔この場合〕死によって欲望を感じ、一般的な知を求める道具がなくなると、渇望と憧憬だけが残されるが、これは無限の苦痛であり、このような状態にあれば〔能動知性〕との接触は不可能である。すでに述べたように、霊魂は現世においても肉体そのものの中にあるわけではないが、それに刻印されているため、〔能動知性との〕接触を続けている。ただしそれは肉体にまつわる属性的な事柄、肉体的欲望、現世的な事柄の追求、霊魂自身とその本性の要求を隔てる肉体の本性的渇望のとりこになっている。それは現世において肉体的な事柄にかまけて苦痛を感じないでいる。ちょうど戦争や恐怖にかまけている者のように、痛みを感じないのである。この諸原因についてはすでに述べた。

ところで霊魂が肉体を離れると、それを執着させるものがなくなり、渇望だけが残って道具、つまり感覚や、知的対象を捉える肉体的な力が消滅する。つまり目的地に送り届ける船がなくなってしまう。すると渇望は、霊魂をそれが慣れ親しんだ感覚的なもの、それが失ってしまったものに執着させ、その本性が求めるものとの接触の妨げとなる。これは永劫の災厄である。このような霊魂は知性を失ったために欠陥があり、欲望を追い求めるために汚れている。知的な力の完成を求め、知的認識を獲得した者にしても、欲望を求め〔る点では変らず〕、彼の霊魂にも欲望を追い求める状態は残されている。このような〔状態〕は霊魂を下賤な性向に貶しめるが、同時に彼が自らの本質中に貯えた知的認識は、彼の霊魂を最上の〔天使の〕集団に向わせる。この二つの方向性の対立により怖ろしい苦痛がもたらされるが、これはすでに〔彼の〕本質が完成しているため〔いずれは〕止み、永久には続かない。この〔痛みの〕状態は属性的なものであり、死によってその原因が絶たれると、それを強化し、更新するものがなくなる。したがって暫く時を経れば苦痛は絶たれ、永続しない。ただし消滅の時間には、このような性質〔個人が貯えた知的認識のもたらす〕の強弱により長短がある。これに関して天啓の教えはいっている。「誤てる信者は地獄に永住するものではない。」

ところで知性による完成の渇望を体得し、その求める諸原理を実践したのちに放棄した者にとっては、罰が倍加される。なぜなら、種々の苦痛に加え、自ら渇望するものを失った痛みが付加されるのだから。ただしその価値を知らぬ者は、それを求めず、その喪失感もなく、したがって苦痛を感じない。例えばある王が殺害されて、子供たちから王権が奪いさられたとしよう。この王に二人の子供があり、一人は王権の何たるかを知らず、長子は王権に携わったことがあり、それを完全に踏襲し、維持する力はなくとも、その何たるかを知っていたとする。すると長子にとって損失がより大きく、喪失の痛みが関係のない弟より一そう強いことは疑いない。

預言者——神《アツラー》よ彼に祝福と平安を与え給え——はこれについて語っている。「審判の日に罰の最も重い者は、神《アツラー》より授った知を正しく用いえなかった者。」また預言者——神《アツラー》よ彼に祝福と平安を与え給え——は次のようにもいっている。「知を深め、正しき導きを増さぬ者は、神《アツラー》から隔たるばかり。」

(五)正夢の原因

まず夢とは、霊(rūḥ)が外面的なものを離れ、内面に閉じこめられることである。霊とは精妙な物体で種々のものが混合された蒸気からできており、心臓に位置している〔原文 mu'taṣabah を mu'taṣabu-hu ととる〕。それは霊魂的な力と動物的な力とから成り、それにより運動する感覚的諸力がその諸器官に達する。したがって、その通路に当り感覚に通ずる神経が塞がれると、癲癇や失語症が生ずる。同様に人間の手がきつく締められると、指先の骨に近い部分が萎えて感覚がなくなり、離されたのちに感覚が戻る。この霊は脈を打つ神経を介して身体の表面に拡がり、また下記のような種々の原因によって身体の内部に収まる。(一)激しい運動ののちに休息を求めるため。(二)体内に入った滋養の醸成〔吸収するために変化させる働き〕のために身体が活動することによる。大食をすると眠くなるのはこのためである。(三)霊が少量で充分でないため。この場合、身体の内外ともに、その影響は充分でなくなる〔原文 yaqi を yafi と訂正〕。とまれ霊の増減には医学的な原因がある。

衰弱とは、熱、または肉体中に生ずる湿気、重さによる消耗を原因とする霊の欠乏である。湿気、重さは運動の敏捷さを妨げる。風呂場に長くいて外に出ると、湿気が脳を襲うことがしばしばある〔原文 yaghlū を yaghlibu と訂正〕が、それもこの一例である。これらの原因のいずれかにより、感覚からその力を運び去る霊がどこかに閉じこもって、感覚自体が円滑に働かなくなると、霊魂は感覚しえなくなる。なぜなら霊魂は、感覚がもたらすものについてもっぱら思考するものなのだから。

ところで、霊魂が自由となる機会を見出して障害物がなくなると、存在物のすべてが刻みこまれている知的で高貴な、霊魂的諸実体と合一する準備がなされる。これは天啓の教えが「保持された聖板」[2](al-lawḥ-l-maḥfūẓ)と呼ぶものである。

かくしてその中に、つまり霊魂の中に、件の諸実体中にある種々の事物の形相、特に霊魂の諸目的に相応しく、それにとって重要なものが刻まれることになる。諸実体から霊魂中にこれらの形相が刻印されるさまは、鏡の〔中の〕形相がそれに向い合っている鏡の中に、両者の間の蔽いがとり除かれると写し出されるようなものである。その場合一方の鏡の中にあるものは、同じ大きさで他の鏡に写る。そしてもしもこの形相が個別的であり、霊魂中に刻印され〔原文 mina-n-nafsi fi-ṣ-ṣūrati を fi-n-nafsi mina-ṣ-ṣūrati と訂正〕、保持力が諸事物を完全に模倣する空想力の影響を受けず、いささかの変化もなしにそれを霊魂中に保存すると、獲得された像は正しく、〔そのままで〕いかなる説明をも必要としない。認められるものは、そのもの自体なのである。

空想力が旺盛であり、霊魂が形相を認める力が弱いと、空想力はその本性により、霊魂が見たものを他と代替させる。ちょうど人間を木に代え、敵を蛇に置きかえるように。さもなければ、それ〔霊魂が見たもの〕をそれに類似のもの、何らかの点で相応しいもの、もしくは男の子が生まれた夢を見た者に女の子が生まれるように、それと反対のものに代置する。この種の夢は解釈を必要とする。

解釈とは、解釈を行なう者が、一たん認められて保持力中に残っている形相は霊魂の見たものと同一であるかと考え、想像がそこ〔霊魂の見たもの〕から記憶〔保持されたもの〕されて残ったものへと移行することである。

これはある問題について考える人に生ずるが、彼の空想は他の主題へと移行し、それからまた他へと移行して、結局最初に考えたもののことが忘れられてしまう。その際、彼の道筋は、想起と想像作用中にある。これは次のように問うようなものである。「私はなぜこのような想いを想起するのか。」そして、〔この問いにより〕それを惹起する原因が想起され、ついでそれが観察された結果それが想起される。〔かくて〕、彼の想像作用の中で、想像により最終的なものにまで発展させられた最初のものが見出されることもあろう。その際、想像の転移が特定の種類のものに限られないと、解釈の諸相は個々の人間、状態、職業、年齢、寝ている者の健康状態の良し悪しに応じて変化する。その結果得られるものは一種の直観によるもののみとなり、しかも誤りが生じ、混乱に満ちたものとなる。

(六)切れ切れの夢〔この部分は冒頭において特に一項を与えられていないが、原文のままとする〕。

これは根拠のない夢であり、想像力の運動、その混乱が原因である。なぜならこの力は、ほとんどの場合模倣〔代替〕、移行の作用が弱まることがないのだから。同様にこれらの作用は、眠っている状態でも、概ね弱まることがない。したがって、眼醒めている間に感覚的なことにかまけていたように、霊魂は依然として弱まらず、模倣作用に忙しい。そのため霊的実体と接触する準備はできていない。

混乱した想像力は、何らかの理由で強度となると、絶えず実在しない形相を模倣し、創造する。そしてこれらの形相は保持力中に止められ、眠った者が眼醒めても存続し、そのため彼は夢の中で見たものを想い出す。この模倣〔代替〕にも諸原因があり、それは肉体の状態、その〔気質的〕混合に起因している。

その混合に胆汁が多いと、それは〔想像により〕黄色いものに代替され、高い熱気があると火や熱い風呂に代り、冷気が勝ると雪、冬に変化し、黒い胆汁が増えると黒いもの、怖ろしいものにとって代られる。

霊魂がある思考に専念していると、想像の働きゆえに他の考えを忘れてしまう。そして想像は、絶えず霊魂にとっての関心事の中に戻ってくる。例えば強度の熱があれば想像力の中に火の形相が生ずるが、これはある場所に存在する熱が、他と隣接し、適当な条件下にあると、ちょうど太陽の光が熱の生ずる原因として物体に赴くように、他に移行するためである。この際、事物〔太陽のような熱いもの〕は、他に自らの存在の状態と類似のものを与える存在として理解される。したがって、想像力は熱い物体中に刻印されており、それはその物体によって物体の本性に相応しい影響を受ける〔原文 tu'aththiru bi-hi ta'thiran を tata'aththaru bi-hi ta'aththran ととる〕。その結果空想力は物体ではないが、熱を受け取ることになる。ただし、熱のうちそれが本性的に許容しうるだけの量をとるのであり、これは熱の形相、火の形相のごときものである。

以上が目下の問題の原因である。

（七）覚醒時における秘められたもの[3]の知〔の認識〕の原因〔原文 fī maʻrifati sababi-l-ghaybi を fī sababi maʻrifatil-ghaybi と訂正〕。

秘められたものの知を視覚で認めるために視覚が必要である原因は、すでに指摘したように霊魂の弱体さ、感覚が霊魂を煩わせていることにある。したがって感覚が停滞すれば、霊魂は知的実体と接触し、それを受け入れる準備ができる。

これは覚醒時の霊魂に二つの相があるためである。

第一の相〔原因〕。霊魂の諸力は他に一つの力をもっており、感覚はそれを完全にとり囲み、仕事をさせぬようにするようなかたちでそれを煩わせ、占領することはない。むしろこの力は拡散し、霊魂の力を強めて、上方、下方を充分に観察しうるようにする。それはある霊魂が強められると、一時に話したり、書いたりしうるようなものである。このような霊魂は、ある状態において感覚的な仕事から遠ざかり、秘められたものの世界に向うことが可能である。するとこの種の霊魂にその世界に属する事柄が開示されるが、これは素早い稲妻のようなものであり、これが預言者性(nubuwwah)に他ならない。ついで想像力が弱まり、秘められたものから開示されたもの自体が保持力中に残されるが、これが正しい啓示(waḥy)である。想像力が強度な場合には、模倣の本性が働くが、このような啓示は、ちょうどこの種の夢が説明を必要とするように、根元を求める解釈(taʼwīl)が必要である。

第二の原因。乾燥と熱が混合中に強まり、この状態が黒い胆汁の優性によって混合を感覚から切り離すと、両眼を開けても見聞きしたものに気がつかぬ錯乱者のようになる。これは外面に向う霊の力の弱さによるものである。このような者の霊魂に、霊魂的実体を介して秘められたものが開示される場合もある。すると彼は、自分の口走ったことを知らぬ者のように話を始め、彼の舌を通じて秘められたことが語られる。これはある種の狂人、癲癇を病む者、アラブの占師等に見られるが、彼らは〔また〕将来を予言することもある。ただしこの種のものには欠陥があり、第一のものが完全である。

（八）人間が覚醒時に存在しない形相を見る原因。

霊魂は秘められたものを強度に認め、それが認めたものはそのまま記憶に残される。ただしこれを受け入れる力は弱く、受容に当っては空想の支配下にあり、このために認められたものは感覚的な形相に代置される。そして形相保持力〔原文 muṣawwirah を mutaṣawwirah とる〕中でこの形相が強まると、統覚がこれに伴い、形相は形相保持力、想像力から統覚の方に赴いて〔原文 sarāyatan を sarīyatan と訂正〕その中に刻印される。

視覚作用とは、形相が統覚中に現われることである。外にある形相は〔そのままでは〕感覚されず、統覚中にあるそれと類似の形相によって認められるのだから。したがって感覚的対象とは、実のところ外的形相を原因として感覚中に生起する形相に他ならない。そこで外的形相は、他の意味での〔間接的〕感覚的対象と呼ばれる。それゆえ形相が統覚に向い、外から来ようが内から来ようが差別はない。それが感覚的対象であれば、その将来は即視覚作用なのである。またそれが統覚中にある限り、統覚の所有者は、眼を開いていても、閉じていてもそれを見ることができる。

覚醒時に人が見るものは統覚中に刻印されず、結局〔真の意味で〕視覚の対象とはならない。統覚は諸感覚がもたらす外的なものに煩わされており、ひとはもっぱらこのような状態にある。この場合知性は想像力にたいし、その創意性を弱め、その働きを偽りと決めつけるため、覚醒時における想像力の想像作用は強化されない。だが、何らかの病いにより知性がその創意性を拒否し、その働きを偽りとすることが弱まれば、想像中に生じたものが統覚に刻印されぬこともない。病人が存在せぬ形相を認めるのは、これによる。また恐怖が昂まり、怖れを感ずる者の想像、想念が強まって、霊魂や、偽りと決めつける知性〔の力〕が弱まると、恐怖を催させるものの形相が感覚に現われ、実際に人がそれを目撃することがある。恐怖にとらわれた臆病者が、怖ろしい姿を認めるのはこのためである。また恐怖におののく者が砂漠で〔誰からとなく〕話しかけられ、かくかくの話を聞いたというのも、これが原因である。さらに衰弱した病人の欲望が強まると、彼は自分の望むもの〔原文 yushbihu-hu を yashtahi-hi と訂正〕を実際に見、それを手にとって口にするかのように、それに向って手をのばす。彼は上記のような理由により、存在しないものの形相を認めているのである。

(九)奇蹟と徳性の基礎。

これは三つの特質である。

第一の特質。第一の特質は、霊魂自体の実体中にある力に内在している。この力はある形相を消滅させ、他の形相を生じさせることによって現実の質料に影響を及ぼす。それはある形相を他に変えること〔原文 fi 'istiḥālati ghayri-hā は文意不明瞭。脱落ありと思われるため例えば fi 'istiḥālati ṣūratin 'ilā ghayri-hā とした〕、空気を雲に変えて洪水〔を起す〕ような雨を降らせることに影響を与えたりする。また雨乞いを必要とする量だけの雨を降らせる等々のことも可能である。

この理由はすでに形而上学中で措定されたように、質料が霊魂にたいして従順であり、それから影響を受けるためである。また種々の形相は、天体霊魂の影響により次々に質料中に宿るのである。人間霊魂はこのような〔天体〕霊魂の実体からできており、それと酷似している。これと天体霊魂の関係は、灯と太陽の関係のようなものである。ちょうど灯が弱くとも、太陽のように熱したり光を与える力をもっているように、それにも影響力がないわけではない。それゆえ、人間霊魂は現実世界の質料に影響を及ぼす。ただしその影響は、もっぱらそれ固有の世界〔原文 'āmili-hā を 'ālami-hā と訂正〕、つまり肉体にのみ限られている。そこで霊魂中に忌むべき形相が現われると、肉体の混合が変化し、汗の湿気が生ずる。また勝利の形相が霊魂中に生ずると、肉体の混合は暑くなり、〔昂奮のため〕顔が赤くなる。さらに、霊魂中に恋する者の形相が現われると、精液のある嚢の中に蒸気を立て、風を起すような熱気が生じてそれが生殖器の神経に充満し、かくして性交の準備ができる。

このような概念〔表象〕作用により肉体中に生ずる熱冷湿乾は、他の〔物質的な〕熱冷湿乾と異なり、純粋に概念作用から生ずる。ところで、純粋な概念作用が肉体の質料変化の原因であり、しかもそれが、霊魂は肉体中にないため肉体中に刻印された霊魂のせいでないとすると、この種の、もしくは他の影響が、他の肉体に影響を与えることもありうる。ただし霊魂の自らが宿る肉体にたいする影響の方が、より妥当であり、一そう頻繁である。なぜなら霊魂は、その宿る肉体が自らとともに生じ、また本性上自らに固有の肉体に愛着するという関係にあるため、それにたいする〔格別の〕傾きをもっている。このような本性的愛着は否定し難い。子供が火や水の中に落ちると、その母親は本性的に彼を追って火の中で身を焦がす。母親の霊魂の、彼女の肉体から分れ出たものである他の肉体にたいする愛着が否定されえぬとすれば、彼女の霊魂がたとい彼女の肉体、息子の肉体中に宿るものでないと仮定しても、彼女の霊魂の彼女の肉体にたいする本性的な愛着を何ゆえに否定しうるであろうか。このような愛の関係の影響は、肉体にのみ限られる。

ある霊魂の影響はしばしば他の肉体に及び、その結果想像によって霊が消滅し、人間が殺されることがあるが、これは呪いの眼による災厄と呼ばれる。それゆえ預言者――神《アツラー》よ彼に祝福と平安を与え給え――はいっている。「呪いの眼は人間を墓場に、駱駝を鍋におとし入れる。」預言者――神《アツラー》よ彼に祝福と平安を与え給え――はまた次のようにもいっている。「呪いの眼は真実である。」その意味は以下のごときものである。呪いの眼で狙いをつける者は、例えば駱駝を賞でてそれを素晴しいと思うが、彼の霊魂は卑しく嫉妬深い。そして彼が駱駝の倒れる姿を想像すると、駱駝はその想像に影響されて即座に倒れる。

また可能な場合、ある霊魂はこれ以上の力をもって世にも稀なことを行なうことがある。この際には熱、冷、運動を生じさせることにより、現実世界の質料に影響を与える。下方の世界の変化はすべて熱、冷、運動によるものであることは、すでに実体の生起等の個所で論じたが、この種のものが徳行(karāmah)、奇蹟[4](muʿjizah)と呼ばれる。

第二の特質。これは思弁力に関するものである。霊魂は純化されると、充分な準備ができて能動知性と接触をもつようになり、その結果、そこに種々の知がもたらされることになる。

ところで霊魂は、勉学を必要とするものと、それを必要としないものの二つに分けられる。勉学を必要とするものはまた、勉学の効果はあるがそれが長引くと疲れてしまうもの、素早く修得するものに分れる。

教師もいないままものごとを自分の霊魂を介して発見する〔独習する〕者がしばしば存在するが、むしろあらゆる知は、よく観察すると霊魂を介し自分自身で発見されたものに他ならない。最初の師は師から習いとったわけではなく、結局問題は自分の霊魂から学ぶ〔独習する〕ということに帰着する。

思弁活動を行なう者は多くの発見を行なっているが、それらの発見は師なしに自ら行なわれたものである。これは結果に充分な関心が寄せられ、そのために媒概念が、ちょうど自分自身の中にあるがそれには気付いていないようなものとして、注視の対象となったことによる。

もしくは〔逆に〕媒概念に関心が寄せられ、そこから結果が生じたといってもよい。これはちょうど石が下に落ちるのを見た者が、次のように考えるようなものである。もしも二つの異なった方向がなければ、石は上から下に落ちることはなかろう。ところで二つの方向の相違は、ある物体からの遠近中にしかありえない。そしてこの遠近は円周と中心点によってしか想定されない。かくして彼は、天が周囲を囲むものであり、それが絶対に存在することを知るに至るのである。

もしくは、運動が生ずるのを見て次のように考える。生起するものにはそれが起る原因が必要であり、この因果関係は無限に続く。そこで、これは円運動によらざるをえないと気付く。そして円運動とは出発点への回帰であるため、本性的なものではないとすぐに理解する。そこから上述のような霊魂の必要性、叡知体の必要性が出てくる。

このようなことは決して不可能ではない。心中で考えられたことは、時間がかかる、かからぬという差はあっても、必ず他の諸命題と関係づけられるのである。そして勉学することもなく僅かな時間にこれらの命題をすべて解明しうる者は、預言者、聖者と呼ばれる。またこのこと自体は〔聖者の〕徳行、預言者の奇蹟と呼ばれるが、これは可能であり、決して不可能ではない。

もしも概念作用が、勉学に属する理解では及びえぬところまで行けば、勉学を必要としない完全性の高みに達することも可能である。

このようなことがどうして不可能だといえようか。一時に他の者に先んじて諸学の深奥を極めた学者は数多いのである。彼は他の者ほど労力を費すことなく、鋭い直観力、秀でた聡明さのゆえに他に先んずることができた。とまれ、格別な理解力が存在する可能性は充分にあるといえる。

第三の特質。これは想像力に関するものである。霊魂は上述のように強化されうるし、覚醒時に秘められた世界と交渉をもつこともすでに述べた。すると想像力は、それが認めたものを美しい形象、旋律をもった音に代え、上述したような理由から霊魂は、夢で見聞したことを見聞する。かくて高貴な実態について想像し、それを模倣する形相は、最も美しい霊妙な形相であり、預言者や聖者たちが見る天使である。もしくは霊魂が高貴な実体と交渉をもつことにより霊魂中に生ずる知的認識は、統覚中において旋律のある美しい言葉で物語られ、それが聞える。これも可能であり、決して不可能でない。

以上のような存在が預言者の階層である。上述の三つの特質を完備した者は最良の預言者で、人間中の最高の段階にあり、天使の段階に接している。

ただしこの点〔特質〕に関して、預言者の中にも種々の相違がある。ある者はこれらの特質を二つしか備えず、また一つしか備えぬ者もいる。さらに〔正〕夢を見るのみという者もいれば、それぞれの特質を少量ずつしか備えていない者もいる。そしてこれにより彼らの、至高の神《アッラー》、天使からの近さは異なる。

(十)預言者が存在の範疇に入ること、またそう信ずべき必要性。

現実世界は、人々が互いにそれを公正の規準とし、それに従う法によってしか秩序づけられない。さもなければ、人々は互いに争い、世界は滅びてしまうであろう。世界の秩序にとり、例えば雨が必要であれば、神《アッラー》はその摂理により空に雨雲をさし送る等の恵みを与えることを惜しまない。同様に世界の秩序は、人々に正しい信仰や来世について教える者を欠いていない。人が誰でもこのようなことに従事しているわけではないが。

現世にはこのような秩序が存在しており、したがって秩序の原因も存在する。現世における秩序の原因たる者は、地上の神《アッラー》の代理者であるカリフに他ならない。なぜなら彼を仲介として、至高の神《アッラー》の被造物の間に現世、来世の至福にいたる正しい導きが完成されるのだから。さもない場合には、導きを欠いた人々は善に到達しえない。

至高の神《アッラー》は述べ給う。「われは万物を宰領し、正しく導く者。」また至大にして御稜威あまねき神《アッラー》は述べ給う。「われは万物を創造し、正しく導く者。」

ところで天使は至高の神《アッラー》と預言者の中間に、預言者は天使と学者の中間に、学者は預言者と一般大衆の中間に位置している。つまり学者は預言者に、預言者は天使に、天使は称讃尽きることなき至高の神《アッラー》に近い。ただし、天使や預言者たちにも種々の段階があり、学者にも神《アッラー》の近みにあるという点で無限の階層がある。

以上が「論理学」、「形而上学」、「自然学」に関する哲学者たちの知について、長短、正誤の選択を行なわず[ありのままに]述べんとしたことである。

この書を終えたのちに「哲学者の自滅」と題する一書にとりかかり、この意見の誤謬を明らかにする。神《アッラー》こそはその恩恵、御力により真実を認めさせる御方。この上なき感謝をもって神《アッラー》を讃えまつる。使徒たちの長ムハンマドとその一統すべてに祝福と平安あれ。アーミーン。

(1) 後の説明では、偽りの夢に特に一項が与えられている。
(2) 「保持された聖板」とは、神《アッラー》が最後の審判の日まで生起するさまざまな事柄を書き刻んだとされる聖板であり、神学的には不可視界、超越界の高度な精神的現実を指している。
(3) 不可視界、超越界を指す。
(4) 徳行と訳された karāmah は、この場合尋常な徳のある行為ではなく、聖人の行なう超能力を指す。また奇蹟 muʿjizah は預言者の行なう超能力を指している。

解説

一

登場後十三世紀を経て、現在なお八億の信者を擁するといわれるイスラーム世界の文化的伝統は、決して一様ではない。七世紀の前半アラビア半島の一角に誕生し、その後またたくうちに広汎な地域の人々に受け入れられたイスラームは、その基礎であるタウヒードの世界観の単純、明快さゆえに、基本的な統一性を維持しながらも、さまざまな地域の、異なった精神的特性をもつ信者たちによる多種、多彩な文化的結実をもたらしている。

イスラーム文化の統一性と多様性、その実質と構造に関しては、さまざまな視角、レヴェルにおいて、今後ともその究明のために真摯な学問的努力を必要とする点が多々ある。人々が日々直面する新たな現実といい、彼らの知的努力が解明する新たな秘密の開示といい、そのもたらすものは無限である。この限りなく多様な対象とわたりあうにあたって、イスラームにとり基本的な観法であるタウヒードに忠実であるべきムスリムには、いかなる認識の自由が許されるのか。登場以降さまざまな社会的命運を経験したイスラーム共同体において、思想家たちは彼らのおかれた固有の状況の中で、いかにこのタウヒード的観法をよりよく維持し、この認識のパラダイムを活性化しうるかという方途を求めて知的努力を傾けた。この種の努力は、イスラーム世界の文化的関心の多様性にもかかわらず、いやむしろ多様な関心をイスラーム的に調和させ、秩序だてるために、一貫して、絶えることなく追究された。共通の認識、判断のパラダイムに執心する人々の間では、このような知的努力こそもっとも重要な関心事であり、彼らの思索のライト・モチーフたりつづけたが、本書の著者ガザーリーも、十一世紀の時点でこの主題を徹底的に模索した思想的巨匠の一人であった。

本書『哲学者の意図』(Maqāṣid-l-Falāsifah)の解説を行なうにあたり、予め述べておかねばならないのは、著者ガザーリーの本書を執筆するにさいしての経緯である。イスラーム思想史の中で大きな潮流を示すファルサファ(Falsafah)、つまりギリシャ的哲学ともイスラーム的スコラ学ともいわれる伝統は、キンディー、ファーラービー、イブン・シーナー(アヴィセンナ)といった思想家たちの系譜が示すように、イスラーム世界で着実な地歩を築いていた。彼らの思想の重要なアスペクトにたいしてガザーリーは、『哲学者の自滅』(Tahāfut-l-Falāsifah)において激越な反論を加えるが、それに先立ちイスラームのスコラ学者たちの主張の簡潔、平明な祖述を試みた。それがとりも直さず本書、『哲学者の意図』なのである。その点については、本書の冒頭にある著者の言葉からも明らかであろう。

「筆者は『哲学者たちの自滅』と彼らの意見の矛盾、ならびに彼らの欺瞞と誘惑の本体を明示するに足りるような論述を求めた。ただし読者を〔彼らの誤謬から〕救い出すためには、先ず読者に彼らの主張の何たるかを示し、彼らの考えを明かす必要がある。諸教説の実体を完全に理解せずにその非をあげつらうことは不可能であり、むしろそれは無智、誤謬に身を投ずることに他ならない。」

要するに『哲学者の意図』は、ガザーリーが論敵とするイスラームの哲学者たちの主張を、〈その当否を区別せず、もっぱら彼らの主張を理解せしめる〉ために論述した概要書なのである。本書の内容に関しては、イブン・シーナーがペルシャ語で書いた『アラーウッ＝ダウラのための学問の書』に負うところが多いといわれているが、哲学批判のための序説として著わされた本書が、哲学研究の入門書としてイスラーム世界で珍重されているのは、叙述の明晰さによるところが大きいであろう。

論敵の主張に関する明晰な要約で有名になった本書は、研究上で奇妙な混乱をひき起している。この著作は一一四五年、トレドにおいてドミニクス・グンディサリヌスの手によってラテン語訳されている。しかし、“Logica et philosophia Algazelis arabis”(アラビア人アルガゼルの論理学と哲学)という題名で飜訳された訳書には、ガザーリーがこの書を執筆するにあたっての意図について記した序説と、結論の部分が削除されていた。その結果西欧のラテン・スコラ学者たちの間では、ガザーリーはファーラービーやイブン・シーナーと並ぶ哲学者の一人と見做されているのである。西欧の研究者の間でこの誤解がとけるまでに、かなりの時期を要している点をここでつけ加えておこう。

ここで確認しておかねばならないのは、『哲学者の意図』の飜訳の狙いが、先ずはイスラーム的スコラ学の基本的な主張の紹介にあるという点である。今を去る九〇〇年も昔の哲学的著作の飜訳に、読者がなにを読みとるかは訳者の測り知るところではない。しかし今後この領域を志す専門家にとっては、イスラーム世界で定評のある入門書である本書は、良き出発点、あるいは確かな道標ともなりうるであろう。もしくは細部の議論の古拙さにもかかわらず、論理学、形而上学、自然学が共存、もしくは並存する知のあり方、学問的枠組に、時経れど斬新な問題性を嗅ぎとられる読者もあるであろう。イスラーム的スコラ学の知のかたちを鳥瞰するには、本書のサイズは格好のものなのである。

ただし著者ガザーリーの本書執筆の動機、意図、背景に関しては、以上の説明のみでは充分でないことは明らかであろう。『哲学者の意図』で示されたような主張を、その姉妹篇、というよりはむしろ本論である『哲学者の自滅』で激しく批判したガザーリー自身の思想、立場はまた、浩瀚な彼の主著『宗教諸学の再興』('Iḥyā' 'Ulūm-d-Dīn)等の著作を足がかりに、充分検討するに相応しい対象なのである。

登場後五〇〇年を経たイスラームの信者たちの共同体は、すでに多くの内的な危機をかかえていた。かつて一枚岩を誇り、相互の強い団結の絆ゆえに広大な版図をもつにいたったこの共同体の実質は、種々の経緯をへながらも徐々に低下し、その力の弱体化は誰の眼にも明らかであった。ウマイヤ朝という準備期をへて社会的、文化的に頂上をきわめた感のあるアッバース朝前期の隆盛は、地方の小王朝の独立、中央における度重なる混乱によってすでに過去のものとなり、共同体の上にはその後の不幸な経過を予測させる陰うつな暗雲が垂れこめていた。分裂、対立を助長させる要因は数々あった。それはたんに政治的な問題に限られるものではなかった。中でもとりわけ重要だったのは、思想的対立である。「人間のもつさまざまな宗教や宗団、宗教指導者の考えの相違、複雑多岐にわたる宗派とその採用する方法、それらはまさに深い海洋のようなもので、そこに落ちこめばほとんど助かる見込みはない。」『誤謬からの救い』でガザーリーが指摘しているように、当時すでにイスラーム共同体の団結の障害となっていたのは、この思想的対立であった。

「わが教団は七三の分派に分れるが、そのうち救われるのは一つだけである。」預言者ムハンマドは、イスラーム共同体ののちの命運を占うような有名なハディースを残しているが、ヒジュラ暦五世紀の思想家ガザーリーが追い求めたのは、この唯一の可能性をいかにして獲得するかという点にあった。多種多様な宗派、思想的流派の擡頭は、一方で知的活力の旺盛さのあらわれであったとしても、その無秩序、無統制ぶりは端的に共同体の統一性の破壊をもたらす危機を内包していた。優れた感受性と鋭い知性の持主であるガザーリーは、倦むことのない探求心にかられて、「無鉄砲にも深い海洋のただ中に乗り出し、勇敢にそこをもぐり続け」た。「あらゆる宗派の信条を調査し、各派の教義の秘密をあばこう」とする彼の努力の最終目的は、一つの正しい道の発見にあった。五二歳の生涯を通じて、彼は終始いかなる疑問をさしはさむ余地もない確たる知識(イルム・ヤキーニー)の探究に専念するが、その知的遍歴の軌跡は彼自身の内的希求の真摯さに裏うちされて、のちの人々に絶大な影響を及ぼすことになる。『哲学者の意図』は、いわば彼の長い精神的遍歴の一こまにすぎないが、イスラームのタウヒード的精神性の中で哲学がどのような位置を占めているかを知るためにも、ここでガザーリーその人の辿った道をふり返ってみる必要があるであろう。

二

「イスラームの証明《フッジャ》、保証」という名誉ある異名を与えられた著者の正式な名前は、アブー・ハーミド・ムハンマド・アル＝ガザーリー(Abū Ḥāmid Muḥammad al-Ghazālī)である。彼はヒジュラ暦四五〇年(西暦一〇五八年)に、ホラーサーンのトゥースに近い一村落ガザーレで生れている。若年にして父を失ない、後に純粋な愛の教説を説いて知られたスーフィーの弟アフマドと共に、父親の友人であるスーフィーの賢者の後見に預り、最初の教育を受けた。しかし、財力が豊かでなかったため、無料の宗教学校に入って初等教育を終える。次いで彼はニーシャープールに赴いてニザーミーヤ学院に入り、当時のアシュアリー派の碩学、イマーム＝ル＝ハラマインの弟子となる。ここで彼は法学ばかりでなく、論理学、哲学等の諸学を修めたといわれるが、つとに秀才の誉が高かった。そして一〇八五年に師が他界したためこの地を去り、イスラーム世界の東の中心であるバグダードに赴く。

当時のバグダードは、なおアッバース朝のカリフを名目的にいただいていたにせよ、往時の隆盛はすでに認められない状況にあった。ガザーリーという一人の思想家が東方世界の中心地で頭角をあらわすにあたり、いやおうなく当時の政治情勢に巻きこまれざるをえなかった事情を明らかにするために、ここで簡単にバグダードにまつわる歴史的状況について言及しておく必要があるであろう。

七四七年にホラーサーンから叛旗をかかげ、七五〇年にウマイヤ朝打倒に成功したアッバース朝は、第二代カリフ、アル＝マンスールの時代にイラクのバグダードに新都を建設した。新都の造営とともに中央集権制を確立したアッバース朝の力は、隆盛の一途を辿り、第五代カリフ、ハールーヌッ＝ラシードの代にはその勢力が絶頂に達したことは、すでに周知の事柄である。しかし第八代、ムアタスィムの時代(西暦八三三—四二年)に新都サマッラを造営する頃には、すでに事情はかなり異なっていた。中央集権維持のためにカリフが登庸したトルコ人傭兵たちの横暴が顕在化し、その力がカリフのそれをも上まわるようになってきたのである。すでに減少気味の国費は新都造営のために底をつき、トルコ兵の給料の支払いにも窮するようになった。そのような状況の下で彼らは横暴をきわめ、民衆に苛斂誅求を行なったため、治安は乱れ、地方に反乱が相次ぎ、それがまた国費の赤字を増大させるという悪循環が繰り返されるようになった。十代ムタワッキル以降、三十七代ムスタアスィムにいたるアッバース朝カリフたちは、ほぼ四〇〇年の間、端的にいって時の権力者たちの傀儡にしかすぎなかった。権力者たちにとり、イスラームの宗主権を代表する彼らを完全にないがしろにすることは、余りにも危険な措置であった。民衆の宗教心が簡単にそれを許さないところに、当時のイスラーム世界の政治的特殊性があるが、反面世俗的なパワー・ポリティックスの論理がもっぱら強調される事態を目前にし、民衆の間には深いアイデンティティーの喪失感が漂い始めていたことを見逃してはなるまい。

そもそも登場当初からアッバース朝にとっては、イスラーム世界の全域を統一することは不可能であった。西方のアンダルス・ウマイヤ朝はつとに独立を享受していたが、九世紀後半からアッバース朝の版図内で小王朝独立の気運が高まっていく。イランのサッファール朝、トランス・オクシアナのサーマーン朝、エジプトのトゥールーン朝の独立で、アッバース朝の支配権は半減するが、他方南イラクでザンジュ(黒人奴隷)の乱が起り、またイラク、シリアをカルマット派が荒しまわっている。この結果この王朝の力はとみに衰え、九四五年には宗派の異なるシーア派のイラン系新興王朝ブワイフ朝がバグダードを占領し、スンニー派のカリフをその後見下に置いていた。

その後ブワイフ朝は、一〇五五年に敬虔なトルコ系スンニー派のセルジューク朝に倒されており、その後見下に入ったアッバース朝カリフたちはしばし安堵の胸をなで下すことになるが、依然として周囲をとり巻く政治的環境には厳しいものがあった。

新たに擡頭したセルジューク朝は、東方世界の重要地域を支配してかなりの安定度を示すが、当時西方ではシーア派のファーティマ朝が勢威を振っていた。チュニジアでアグラブ朝を倒したファーティマ朝は、西進してエジプトのイフシード朝をも征圧し、カイロに首都を移したのちに版図をシリアにまで伸ばし、虎視眈々と東方世界を狙っていた。広大なイスラーム世界の統一が乱れ、さまざまな宗派、流派がたんに自己の思想、信条を主張するだけでなく、それを政治的主導権獲得へと結びつけることに専念するような、百家争鳴の時代の波がいたるところを洗っていた。ガザーリーがバグダード入りをした時代は、それまでに類例を見ないイスラームの戦国時代だったのである。一介の地方出身の秀才は、東方の中心地を訪れるやすぐに、このような政治のるつぼに巻きこまれることになる。

バグダードにおいて彼は、セルジューク朝の宰相で君主の寵愛もあつく、重要な政策を一手にとりしきっていたニザーム＝ル＝ムルクの信任を得ることになる。ニザーム＝ル＝ムルクは自ら優れた学者であり、主君に『治世の書』を献じているほどであるが、彼の主要な関心事の一つに、創始者である彼の名が冠せられたニザーミーヤ学院《マドラサ》の運営があった。学問の奨励を重視するイスラーム世界には、それまでにもさまざまな研究、教育機関が存在した。例えば九世紀の初めにバグダードに設立された〈叡智の館〉が、ギリシャ思想の摂取に多大な貢献を果したことは有名であるが、十一世紀に入ると東方、西方を通じて飛躍的な研究、教育機関の充実が図られることになる。しかしその背後には、設立者たちの強い政治的な関心があった。

十一世紀の初頭、ファーティマ朝はカイロにダール＝ル＝イルムを設立し、積極的な援助を行なって教育、研究にあたらせた。教科の内容はとくにイスラーム諸学に限られていたわけではなく、その余の諸学にたいしても充分な配慮がなされていたが、同時にこれがファーティマ朝のイデオロギーの内外での強化という狙いをもっていたことも疑いない事実である。ファーティマ朝はこの種の機関を増設し、修了者たちを宣教者としてイスラーム世界の各地に送り出していた。東方の宰相ニザーム＝ル＝ムルクも、これに対抗するかのように、国家的規模で学院《マドラサ》の強化に努めているのである。彼はバグダードを始め各地の主要都市に学院を建設し、法学はシャーフィイー派、神学はアシュアリー派を公認して自らのイデオロギーの強化に当らせた。そのために国内の逸材を広く登庸していたが、ガザーリーの師、イマーム＝ル＝ハラマインは彼に重用され、病をえて故郷のニーシャープールに帰るまで、バグダードの学院で教鞭をとった経験があった。

バグダードでのガザーリーは諸学に頭角をあらわし、他界した師の交友関係もあってニザーム＝ル＝ムルクに特に重用され、一〇九一年に三三歳の若さでニザーミーヤ学院の教授に抜擢された。若年にして学問的に最高位をきわめた彼は、研究、教育に精力的な活動を展開する。セルジューク朝公認の正統的立場から法学をはじめ諸学を講ずる彼の講義にはつねに数多くの学生や貴顕の士が参じ、同時に君主の命もあってイスマーイール派や哲学者たちの思想を論駁する多くの著作を著して名声を博した。『哲学者の意図』、『哲学者の自滅』を執筆したのもこの時期にあたっている。

バグダード時代以降のガザーリーの精神的遍歴については、彼自身の手になる自伝的著作、『誤謬からの救い』(Munqidh mina-ḍ-Ḍalāl)にかなり正確にうかがうことができる。ただしこの書自体の評価、そこで取り扱われている主題についてはやや詳細な説明を要するので、ここではとりあえずガザーリーに関する伝記的事実のみを記しておくことにしよう。ガザーリーが学院の教授に就任した翌年、東方世界を揺がせる大事件が起る。セルジューク朝の宰相ニザーム＝ル＝ムルクと、そのスルターン、マリク・シャーが一月余りの間にイスマーイール派の刺客に暗殺されているのである。この事件がセルジューク朝の内政に大きな混乱を惹き起したことはいうまでもない。

このような状況の下で一〇九五年、ニザーミーヤ学院の事実上の総長の地位にあったガザーリーに深刻な精神的事件が起る。この間の経緯については、『誤謬からの救い』の彼自身の言葉を引くにしくはあるまい。

「ヒジュラ暦四八八年(一〇九五年)のラジャブ月から六カ月の間、私は現世の欲望への誘惑と来世での生への衝動のあいだをさ迷いつづけた。そして六カ月を迎えると、それまで去就を定めかねていた問題に決断を下さざるをえなかった。なぜならば至高のアッラーが私の舌を乾かせ、私に講義を不可能にしたからである。ある日弟子たちに満足のいくような講義をしようと熱中していたさいに、突然私の舌が動かなくなり、一語も発することができなくなった。この言語障害により悲嘆にくれた私は、同時に食物、飲物を消化し、吸収する力までも失なってしまった。」

突然ガザーリーに襲いかかった言語障害は疑いもなく心因性のものであった。その真の原因については、ガザーリーの告白を完全に認め、純粋な信仰心の希求に源をもつ強い懐疑の念の現われととる論者もあり、また当時のサファヴィー朝内部での政治的混乱、イスマーイール派の刺客にたいする懸念等の外的要因によるものとする論者もあって、意見が別れている。

「私はメッカに向かって出発するという決意をほのめかし、他方でカリフや友人たちにはシリアに住みたいという私の本心を気づかせないよう用心しながら、ひそかにシリアへ出発する手はずを整えた。」ガザーリーが書き添えている部分には、引退の原因が必ずしも精神的理由のみでないことを暗示するものがあるが、いずれか一方のみをとりあげて真の原因とすることは可能であろう。とにかくガザーリーは、僅か四年にして学院の教授の地位を捨て、メッカ巡礼を口実に単身流浪の旅に出ることになる。

その後彼はシリアのダマスカスに赴き、二年ほど蟄居してスーフィーの修行にはげんでいる。セルジューク朝の公的立場を代表して研究、論駁を行なうという政治的言動の意味に内心の疑惑を覚えた彼にとって、ふたたび自己の信仰の内実を根本から問うことが不可欠であったのであろう。そのために彼は、みずからの内的浄化、資質の向上をめざしてスーフィー的な修行に専念する。しかし同時に彼には別の知的野心があった。それは多彩な果実をみのらせたイスラームの文化的伝統の新たな統合化、それにもとづく活性化である。だが、ニザーミーヤ学院の教授としてのガザーリーには、それを行なう上であまりにも多くの障害があった。伝統的に犬猿の仲を助長させてきた法学者とスーフィーの対立、すでに述べてきたようなさまざまな宗派、流派の政治的抗争。このような枠組を基礎にしては宗教的、知的活性化は望むべくもない。自らに巣食う内面的疑惑を解消し揺ぎない確信を手にするためにも、また伝統的な諸学に新たな生命を吹きこむためにも、ガザーリーにとり公的な立場を捨てて一介の私人に立ち戻る必要があった。引退のあと修行にいそしむかたわら、大著『宗教諸学の再興』を著わし、独自の精神的軌跡を示す彼の足どりには、この個人的事件が決してかりそめのものではないことを示す十分な証拠が存在するのである。

ダマスカス滞在後、イスラーム世界の各地を旅し、巡礼を終えたガザーリーは故郷のトゥースに戻るが、引退後一〇年の間俗塵を避けて隠遁生活を送っている。その後一一〇六年に、ふたたび支配者の要請のもとにニーシャープールで教授の職につくが、数年にしてこれを辞し、一一一一年に生まれ故郷のトゥースで歿している。

三

イスラームの諸学をくまなく渉猟し、法学、神学、哲学から他宗派の教義批判、スーフィズム等広汎な分野におよぶ厖大な著作を残しているガザーリーの思想の、さまざまなアスペクトについてここで逐一言及する暇はない。このさい重要なのは、旺盛な彼の知的遍歴に秘められた基調低音を探り、それにもとづいてこの思想家の知のかたちを浮彫りにすることにあるであろう。

優れた思想家の例にもれず、ガザーリーの知的遍歴は、彼が生きた時代の社会的、政治的、文化的状況と密接な関わりをもっていた。彼の思想、その所産がこのような状況との緊張関係から成り立つものである点は、彼の波乱に満ちた生涯からもすぐに推測されうるが、ここではまずいわゆる回心以前の、ニザーミーヤ学院時代の思想的活動についてふりかえってみる必要があるであろう。ガザーリーの精神的告白の書といわれ、彼の思索のあとが簡潔に記されている『誤謬からの救い』を道しるべとしながらこの間の事情を探ることにする。

異質の主張がせめぎあい、政治的にも混乱をきわめた時代を生きた知識人の一人として、ガザーリーは真理の探究にこそ〈確信〉を求める唯一の道を見出した。そのためには自らの論拠としたセルジューク朝公認の法学、神学的知識に研鑽を深めるばかりではなく、当時の重要な各流派の諸説の検討におびただしい精力を費しているのである。その結果彼がそれらの諸説をいかに評価しているかを問うことは、彼の知的遍歴の本性を知る上でもっとも重要な点であろう。

晩年の著作、『救い』には、彼が専門としていた法学についての記述がほとんど見当らない。しかしイスラーム世界の文化的、思想的問題を論ずるにあたり、原著者が言及していないもの、つまりこの世界にとっては常識的な問題であるため、とりわけ言及しないものと著者の意見との関連性を読みとることは、特に重要な作業である。ガザーリー評価にあたってもこのような文化的背景に関する配慮の有無で意見が大きく分れるが、これについては後に指摘するとして、いまは彼自身の意見に耳を傾けることにしよう。

彼は真理の探求者と呼ばれるに相応しい者として、四種類の人々、つまりカラーム神学者、哲学者、タアリーム派、スーフィーをあげる。その第一はカラーム神学者であるが、ガザーリーは彼らが正統なイスラームを守り、それを異端の新教義によってもたらされる混乱から防衛した点については特定の評価を下している。しかし一般に彼らの知的態度は、必然的な知というかたちで厳密な真理の追究を目標とする彼にとって、決して満足のいくものではなかった。〈散漫で曖昧な表現を用い、矛盾と誤謬の目立つ言葉を羅列〉するだけの彼らの著作によりも、理性のレベルで一段と確度の高い論証法を駆使する哲学者の立場に、ガザーリーは方法論的な親近感を覚えているのである。イスラームの基本的原理を認めるかたわら、伝統的な神学者たちの論述にあきたらず、論敵とする哲学者の方法を批判的に摂取する態度にはガザーリーの思想家としての真骨頂があるが、このような積極的な姿勢こそ、彼に独自の精神的境地を拓かせる原因に他ならなかった。

真理の追究者の第二には、本訳書ともっとも関係の深い哲学者があげられる。ガザーリーは哲学を数学、論理学、自然学、形而上学、政治学、倫理学の六つに分類しているが、簡単にそれらにたいする彼の評価を一瞥してみよう。算術、幾何学、天文学を含む数学は、否定の余地のない論理的証明を対象としている。ガザーリーは数学の理性的レベルでの明証性を肯定しており、それ自体の価値にいささかの疑念も抱いていない。ただしそれは二つの問題を生じさせるというのである。つまり一方では精緻な論理的整合性にもとづいて思考する数学者は、宗教にも同じ種類の厳密さを求め、その結果宗教を否定するようになる。他方無知な宗教者は、イスラームがこのような学を否認することによって守られると考え、その明証性を受け入れることをしない。この点でガザーリーが意図しているのは、理性が正しいとするものの積極的な肯定であり、同時に理性がよしとするもので真理のすべてが尽されないという主張である。彼は明言していないが、要するに理性的真理と宗教的真理の間にはレベルの相違があり、それを混同してはならないというのである。

ついで問題になるのは論理学であるが、正しい論証と推論の方法を研究するこの学自体の価値にはいささかの疑念もない。ただしここにおいても数学における同様の事態が発生するのである。つまりここでも真理のレベルの混同が生じ、論理学者は宗教が厳密な論理性を欠くとしてしばしばこれを否定する結果になるのである。第三の自然学に関しても同じことがいわれる。天空や星、そこにある諸元素、動植物、鉱物のような合成体やその変化、進化、結合の原因等を研究する学である自然学の内容は、それ自体疑念の余地をもつものではない。したがって宗教が医学と矛盾、対立するものではないのと同様に、それは自然学とも共存しうるものなのである。

第四の主題は形而上学であるが、ガザーリーは哲学者の犯す誤ちがほとんどここに集中していると主張している。この領域で彼は、アリストテレスの影響をうけた哲学者たちの所説に反論するために、上述した『哲学者の自滅』という著作を特に著しているが、そこでは二〇の主題がとりあげられて批判の対象になっている。彼によれば、そのうちの三項により彼らは不信者とされ、残りの一七項により異端とされるというのである。最初の三項とは、肉体の復活の否定、神は普遍のみを知り個物を知らぬとする説、世界の永遠性の主張である。

ガザーリー自身の神学的主張については、例えば『信仰の中庸』('Iqtiṣād fī-l-'I'tiqād)のような著作を中心にこれを明らかにし、それを哲学者自身の主張、あるいはイブン・ルシュドの『自滅』批判等と対比して議論する必要があるが、これは大がかりな主題であるためここではその内容を略述するにとどめる。

『自滅』においてガザーリーは、まず世界の無始性、無終性を主張する哲学者の説を批判し、彼らが神を世界の創造主とし、世界は神の被造物であるとする説を欺瞞にすぎず、結局彼らには世界の創造主の存在を証明しえないとしている。世界の永遠性の問題は、イスラームの教義の中核に関わるものであり、哲学上多くの論議を呼んでいるが、ガザーリーは哲学者の諸説の矛盾を彼等自身の論理によってあばき出し、その破たんゆえに彼等の主張の虚妄を明らかにするといった方法での論駁を試みているのである。

哲学者によれば、第一原理としての神は究極的原因であり、世界はその結果である。しかしこの原因、結果の因果関係は本質的な意味においてこうなのであり、時間的には共時的である。それゆえ第一原因である神が永遠に存在するならば、その結果である世界も永遠に存在しなければならない。もしも神がある時点で世界を創造したとするならば、神に創造を意志させる新たな原因が生じたことになる。これは不変の神の中に変化を認めることになるので、世界の創造はありえないというのが哲学者のこの問題に関する基本的な主張である。

これにたいしてガザーリーは、このような主張自体がそもそも第一原因である神の概念に矛盾しはしないかと反論するのである。哲学者にとっても世界とは、第一原因の結果として永遠なるものから生成するものである。厳密にいうならば哲学者が否定しているのは、非存在であった世界が存在となるという意味の生成であり、上述のような共時的な意味のそれではない。しかしそれにしても依然として永遠なるものからの生成という事実は現に存在するではないか。

ガザーリーはこのような流儀で世界の永遠説を論駁するだけでなく、神の属性の否定、人間霊魂不滅論といった哲学者の意見に反論をよせている。委細は原著にあたっていただく他はないが、この著作の根底にあるのは理性のレベルと、それを超えるもの、ガザーリー的表現を用いるならば超感性のレベルの共存の容認であろう。理性の次元と暗黙知の次元の共存を認める立場からすれば、後者の存在を否定し、すべてを理性のもとめる厳密な因果関係で解釈、説明する哲学者の思想は、理性を超えるもの、不可知のものにたいして自らを閉ざす思想に他ならなかったのである。

哲学の主題の第五としては政治学があげられるが、現世の統治に関する正しい法則を対象とするこの学において、哲学者たちの議論は預言者ムハンマドの伝えた神の言葉、古の聖人たちの金言を基礎にしているのみであると要約されている。

最後の主題は倫理学であるが、魂の特性、倫理的本性を明らかにし、その種々のあり方を述べ、それを和らげたり、制御したりする方法に関するこの学において、哲学者はもっぱらスーフィーの言葉を借用し、誤った所説の飾りにしていると批判されている。そしてここにおいても二つの嘆かわしい事態が指摘されている。つまり一方では預言者やスーフィーたちの言葉が用いられているために、哲学者の誤った見解までもが受け入れられてしまう事態が起り、他方では倫理学の議論が哲学者の誤った議論とともに現われるため、倫理学自体が遠ざけられるといったことになるというのである。

以上の説明からもうかがえるように、ガザーリーが哲学の批判的な総点検において試みたことは、当時の混迷した知的状況の中で、ありうべき正しい境界線を設け、新たな知的秩序を回復する点にあった。理性の領分において理性が正しいとするものを正しく是認し、その点でいかなる混同をも許さないこと。同時に哲学者のように理性を最高のものとするのではなく、理性を超える領域の存在をも認め、レベルの混同を生ぜしめないこと。秩序回復にあたりガザーリーは、以上のような公準を諸学に適用し、彼なりの百科全書的な哲学批判、問題整理を行なっているのである。

哲学者についで検討の対象となるのは、タアリーム派である。この派はバーティニー派とも呼ばれるが、具体的には当時カイロを首都としていたシーア派ファーティマ朝の奉ずるイスマーイール派をさしている。イスラームの西方世界で優勢を示し、東方のスンニー派の力をも脅かすこの流派に関してガザーリーは、批判の書を著すようセルジュータ朝の後見下にあったカリフ、ムスタズヒルから直接依頼を受け、『ムスタズヒルの書』(Kitāb-l-Mustaẓhiri) の他多くの論駁の書を著している。ただしこの問題に関しては、説明がわれわれの論旨から逸脱するため、彼がこの派の根本的な主張である不謬のイマームの必要性について鋭い論難を浴びせている点を指摘するに留めよう。

真理の探究者の第四は、スーフィーである。スーフィーの道には知('ilm)と行('amal)の二つの側面があるが、ガザーリーにとってスーフィズムの先達たちの著作をひもとき、その教えの知的側面を理解することは容易であった。しかしこの道の奥義をきわめる第一の条件は、現世との魂の強い絆を断ち切り、その卑しい性を取り払って心を神以外のあらゆるものから解き放ち、ひたすら神を祈念する心境に到達することにあった。理性の卓越性と同時にその限界をも認め、理性を超えたものに魅かれる探究心旺盛なガザーリーに精神的な危機が訪れるのは、上述のような諸学の点検が終了したのちのことなのである。「旅へ、旅へ。残された人生もあと僅かなのに、お前の旅路は遠い。お前の知識も行動もみな偽善でまやかしだ。来世のためにいま準備しなくて、一体いつ準備するのか。現世の執着をいま断ち切らずに、いつ断とうというのか。」内心の叫びに従って探究者ガザーリーは、ニザーミーヤ学院の教授という地位を捨て、バグダードをあとにするのである。

四

名誉ある公的地位から退いて一介の私人となったガザーリーは、理性を超えるものの秘密に迫るため、スーフィーとして孤独な修行に専念した。心を明鏡のように磨きあげ、そこに奥深い秘密を写しとるには、都会の俗塵、公的生活の煩しさは邪魔もの以外のなにものでもなかったであろう。ただしある種の論者のように、ガザーリーの回心を彼のスーフィズムへの全面的鞍替えと解釈し、彼がそれ以降もっぱら内面的世界へと沈潜するばかりであったとするのは、かなり的を外れた見解であるといわざるをえまい。それまでのガザーリーの思想的遍歴が、すでにのべたごとく時代の諸状況と密接に関わっていたように、回心後のそれも決して時代と無縁ではなかった。自らスーフィーとして修行にはげみながらも、彼の視野にはイスラーム世界総体の命運にたいする知的配慮がつねに存在していたのである。

彼が日々眼のあたりにするイスラーム世界の分裂、衰退ぶりは、いまだ決定的でなかったにせよ心ある者にとっては疑いようのない事実であった。だがこの衰退の源、原因はどこにあるのであろうか。またこのような危機を回避する手だては何なのか。知識人としての自覚に徹したガザーリーは、知の退嬰にこそ退廃、衰退の根源を認め、また知の活性化にこそ個人、あるいは共同体の活路を求めた。このさい知とは、単純に理知、理性に限られずそれを超えるもの、暗黙知をも含むものであることはいうまでもない。このような観点からすればガザーリーのスーフィーとしての旅立ちも、自らの内的充実を基礎に確信を求め、それを核として伝統的諸学の知的組かえ、活性化をはかるという、彼の壮大な企ての一環として捕えることができるであろう。事実回心後の彼は、孤独な精神修行に専念するだけではなく、彼の主著といわれる四部、四〇章に及ぶ浩瀚な大著『宗教諸学の再興』を著しているが、その冒頭の章は知の本性、諸相の分析にあてられている。回心後の彼の思想的位置を計測するためには、この部分の検討が不可欠であろう。

「知者は神に現世を委託された者」「知恵ある者は預言者の後継ぎに他ならない」。預言者のハディースを引きながらイスラームにおいて知に与えられた高い地位を示しながら、同時にガザーリーは知の現状を痛烈に批判することから始めている。

「(正道に人々を導く)道案内人は預言者の後継ぎといわれる知識人であるが、いまやそれに相応しい者は存在せず、残されているのは上べだけの知識人でそのほとんどが悪魔の餌食となり、不正にそそのかされている。彼らはみな目先の利益の追求に汲々としており、善行を悪行とし、悪行をも善行とするていたらくで、その結果宗教の学は散佚し、正しい導きの灯は世界のいたる所で吹き消されている。彼らは人々をたぶらかし、知識といえばいさかいが起きたさいの裁判官の調停といったお上のお触れ程度のものか、相手をおし黙らせるために虚飾のやからが身につける無用な議論、大衆を煽動する説教者の美辞麗句ぐらいのものしかないと信じこませている。彼らはこうしたこと以外に不当な利益を貪り、現世の富をうるてだてを知らないのである。」

舌鋒鋭い彼の批判は、問題がスンニー派の自己主張、イスマーイール派にたいする論駁といった政治的次元にあるのではなく、イスラーム共同体の内部における知識人そのものの質的低下にあることを明確にさし示しているのである。形式的な訴訟論議にあけくれる法学者たち、難解な空理空論で人々を欺く哲学者たち、内容空疎な宗教談議で善男善女を煽動する説教者たち。非難は主義主張、専門領域のいかんにかかわらずすべてのえせ知識人に及んでいるのである。この種の指弾は、公的地位に身をおいていては決して実行不可能だったであろう。一介の私人としてガザーリーは知の退廃の実情を仔細に点検するのである。そのさい彼の判断基準となったのは、初期イスラームの知のあり方であった。

彼によれば上代のムスリムの間では、知のさまざまな様態を示す語、例えば"fiqh"、"ilm"、"tawḥīd"といった語に示される諸知識は、すべて賞讃に価するものであった。これらを十全に体得した人々によって社会的に重要な地位が占められることにより、かつての共同体の公正、安寧、高い質が保証されていたのである。しかし不幸にして時代の経過とともに、これらの知識の質そのものが変質、低下してしまったのである。ガザーリーにとって問題は、この知識、知識人の質的低下にたいして、誰もが充分な批判を加えていない点にあった。本来の知が名ばかりのものとなっているにもかかわらず、そこに有効な歯どめがないこと、これはイスラームを名ばかりのものにすることに通じ、まさにそれが共同体の質的低下をもたらしている。しからば知は、本来いかなるものだったのであろうか。

法学を意味する"fiqh"は、本来識知、明察の意であり、"fahm"理解、透徹した了解と同義語であった。この語は上代において、来世での至福をかちうるために歩むべき正しき道を求め、人々を誤らせる心の欠陥を矯正するための知識を指すものとして用いられていた。それは法的判断、裁定に終始するものではなく、さらに奥深い内的意味合いをもっていた。しかし次第に後者が失なわれていった結果純粋に法学的な側面だけが強調され、人々は些末な法的論議にうつつを抜かすていたらくになってしまったのである。本来精神的な意味合いを含んでいたこの学が、たんなる現世の法的問題に関する技術的処理の学に堕してしまった点に、ガザーリーはイスラーム世界の知的退廃の徴をまざまざと認めているのである。

次いで知を意味する“ʿilm”についていえば、この語はかつてクルアーン注釈学、伝承学等の宗教的諸学を指すものであった。しかしガザーリーの時代には、そのような諸学に関する造詣もなく、それらが意図する真意をも忖度しない者たちが議論を弄ぶ術、その内容を示すにすぎなくなっているのである。この種の変化に関しては、“tawḥīd”という語についても同様なのである。それは彼の時代には、ムアタズィラ派的な傾向に代表されるように、もっぱら論敵を打ち負かすための論争の術にはげむカラームの神学を指すものでしかなかった。しかしそれは本来神の唯一性と、万物がそこから発することを心で確信し、それにもとづいて行動するための知であった。心で了得し、実践さるべき核心的な問題が、たんなる理知的な論議のレベルに還元、放置されることにガザーリーは、精神的な退嬰の源を見出しているのである。

以上の批判はすでに、かなり明確にガザーリーの関心の全体像を垣間見させるものであろう。ムスリムが良き先例として仰ぐ初期イスラーム共同体の成員の間では、さまざまな知的領域が充分な奥行きと幅をもって了得され、全体の中に統合されていた。そこでは部分は内部に全体性を孕みもちながら、固有の位相において全体を構成する要素となっていたのである。登場後六世紀目を迎えようとするイスラーム世界においては、法学、神学、哲学、スーフィズム等の諸学がすでに絢爛たる華を咲かせていた。しかしそれら諸学の内部には、個々の分野における独自の主張のために、イスラーム的知がもっている全体的調和を等閑りにする傾向が助長されていた。この傾向の端的な現われは、諸学の分化、対立であり、それがひいては政治的、思想的分裂、抗争の根源に他ならないのではないか。接合剤を欠いて分解、衰退の道を辿りつつある社会的、文化的状況を前にしてガザーリーは、もっとも本質的な問題と思われるものに身を賭けるのである。そのさい対象となったのは知そのものであった。

ガザーリーは、知の獲得の基本的な道具となる理性(ʿaql)を、以下のような四つのものをさすと定義している。

「第一。それにより人間が野獣と区別され、その助けをかりて彼が理論的学を修得し、思弁的活動を行なうような特質。それは鏡のようなものといいうるであろう。鏡は物体の形状、色彩を写すが、その表面が磨かれているという特性ゆえに物体と区別されるのである。この本能(gharizah)と諸学(もしくは知)との関係は、眼とそれに映ずる姿との関係に等しい。またクルアーン、イスラームの法と諸学の解明にあたるこの本能との関係は、太陽の光と視力の関係に等しい。

第二。可能なものの可能性、不可能なものの不可能性、つまり二は一より大きく、一人の人間が一時に二つの場を占めることがない、といったことを認識しうる子供がもつような知識の総体。

第三。状況の変化に応じて獲得される経験的な知識。経験によって試練を重ね、豊かな体験をつんだ者は、一般に智者といわれる。

第四。本能の力が開発されるとものごとの結果を前もって予知することが可能になり、目前の快楽を求める欲望を制禦しうるようになる。」

ここで明らかなことは、ガザーリーにとって理性とは、すでに理知的な思弁、思考を司る intellect に終始するものではなく、そこには体験的知をも包括する精神的本能、spiritual instinct が含まれているという点である。そしてこの本能は、心(qalb)と密接な関わりをもっているのである。大著『宗教諸学の再興』の後半では、心の本性、その理性、精神、霊魂との関わり、心の浄化法等が縦横に述べられているが、いまはその骨子について簡単に言及しうるのみである。

すでに再三にわたり指摘してきたように、ガザーリーが追究したものは intellect の領域を超えるものに関する知であった。そして彼は心に暗黙知の認識の基本的な場を求めるのである。彼によれば、人間は外的部分、可視的部分である肉体と、内的部分、不可視の心から成るものであった。それは天使に似た精妙なもので、人間の本質的な活動のすべてを律しているのである。精神(nafs)、霊魂(rūḥ)に等しいとされるこの心は、いわば〈知の座〉であって、「そこでは理性的本能が、眼にとっての視力のような役割を」果しているのである。それは五感を介して外部世界を認知する五つの窓をもっているが、同時に内部世界、神秘の世界に通ずる窓ももっている。そして心は、それが正しく磨きをかけられると、さながら明鏡のように真実を写し出すのである。

奥深い神秘を写し出す能力を授けられ、神に近づく可能性を与えられている人間は、神的な本性(fiṭrah rabbāniyah)をもっているが、現世においてはそれは不幸にして蔽いがかけられている。過度の欲情、度を越した感情等心の平安を乱す諸要素がつきまとうと、心の鏡はたちまちにして曇り、汚れて本来の機能を果さなくなる。その意味で現世において、「心は理性という天使の軍勢と、好色、怒りという悪魔の軍勢の戦場」に他ならないのである。さまざまな精神的修業によって心の鏡を磨きあげ、深奥な神秘に分け入り、それを生きる糧とすること。それこそ来世での至福をかちうるための試練の場である現世で、人間がなしうる最高の営みではないのか。このような確信に支えられてガザーリーは、『再興』の他にも『四〇の宗教原理』(Kitāb-l-'Arba'īn fī 'Uṣūl-d-Dīn)やペルシャ語の『幸福の錬金術』(Kimiyāye Sa'ādat)といった類似の著作を著している。これらの著作の意図は、〈幸福の錬金術〉というそのタイトルにすでに明らかではなかろうか。

五

法学、哲学からスーフィズムの研鑽へと、イスラーム世界の知の領域を端から端へ駆け抜けた感のあるガザーリーの知的遍歴を、いかに評価するかは重要な問題である。ある論者は、彼の研究の対象が、いわゆる回心を契機としてスーフィズムへの強い傾きを示したことから、彼が聖法自体に懐疑をいだき、それに従って行動する意義を見失なったとしている。しかしこの点については、『再興』のガザーリー自身の証言を引いてみる必要があるであろう。

「誓っていうが、法は直接的にではないが、現世(の事柄)を通じて宗教と密接な関わりをもつものである。現世は来世を準備する場であり、それなしには宗教もありえないのだから。」

ガザーリーのスーフィズムへの傾きを過大評価する解釈はまた、聖法のスーフィズム化を主張するが、スーフィズム化された聖法などというものは、一体イスラーム世界のどこに、どのようなかたちで存在するのであろうか。この種の議論は、結局ガザーリーの革新性を、理想社会を地上に築くことに信仰を求めた古典イスラームから、個人の内面に沈潜し、そこに神を見出そうとする中世イスラームへの転回を思想的に完成した、という点に見出すのみである。そこでは『王侯への忠言』(Naṣiḥat-l-Mulūk)を書いたガザーリーは全面否定されているわけであるが、この点についても『再興』のガザーリーの言葉を引いてみよう。

「国家と宗教は双子である。宗教を礎とすれば、国家は監視人である。そして礎のないものは崩れ去り、監視人のいないものは失なわれる。」

以上の引用からも明らかなように、百科全書的な知の研鑽にいそしみ、イスラーム文化の総体を点検したガザーリーは決して法学、政治学の対象とするものを否定したりしてはいないのである。彼が執着していたのは、イスラーム文化に固有のパラダイムの維持、活性化であった。全体と個、内面性と外面性、聖なるものと俗なるもの、ひいては理性と本能的直観といったものとの間に一線を画して切断、分離するようなことをせず、両者を相補的対極と捕え、両極間の相互補完性の高揚によって磁力を強め、活性を獲得する。イスラーム文化のこのようなかたち、構造性、機能は、ガザーリーにとって周知の事柄であった。しかし彼が眼のあたりにしたのは、現実の世俗化にともなうさまざまなレベルにおける二つの対項の分極化の傾向であった。政治的対立の構図の中で公的自己主張にあけくれ、個人の精神的資質について忖度しない権力者たち。法的知識を形式的にもてあそび、その本来の意味を忘却している法学者たち。理性を究極のものとし、それを超えたものにたいする配慮を欠き、それがもたらす省察、啓示に盲いている哲学者たち。ガザーリーは彼らのこの種の偏向に徹底的な批判を行なっている。しかし政治、法学、哲学を全面的に否定しているわけではないのである。否定しているとすれば、それは政治、法学、哲学等の堕落、逸脱にあった。哲学者のある種の主張にたいする批判は激烈なものであるが、彼は決して理性的思考そのものの価値を否定しているわけではない。政治的なもの、法にしても同様であろう。それはイスラーム文化の一方の極の防壁であり、それを欠いてはこの文化のかたち、その構造性そのものが失なわれてしまうのである。しかしガザーリーにとっては、時代は明らかにこの極の対項にあたる内的なものにたいする配慮を著しく欠いていた。二つの極の相補性が失なわれ、むしろ両者の対立が顕在化していく状況にあって、彼が試みたのは外面的なものの内的活性化であった。自らスーフィーとして修行にはげみながら書き上げた大著、『宗教諸学の再興』の内容は、この書のタイトルからも理解しうるように、このような著者の意図を明確に示しているのである。周知のことながら、法学、政治的な主題は、イスラームにおいて宗教諸学のきわめて重要な部分であり、これを蔑ろにしたならば彼は、たんに一方の極から他方の極にわたり歩いただけで、自ら擁護しようとしたものの構造そのものを放棄したことになるであろう。彼が試みたものがこの程度のものにしかすぎないとしたならば、その精神的遍歴がイスラーム世界でこれほどの共感をうみ、人々をして彼を〈イスラームの証明〉と呼ばしめる事態は生じなかった筈なのである。

外的なものを保証する内的な極の強化、確立を求めて、晩年のガザーリーは自ら孤独な精神的追究に専念する。その結果彼は独自の〈心〉の学を打ち立てているのである。人間の精神的な営みを律する精妙で、不可視の心は、秘密を解明するさまざまな能力をもっている。それは感覚、理性を介して外的世界の秘密の解明にあたると同時に、本能的直観を介して精神的な高み、神に無限に近づく能力も授けられている。抑制、統御、修錬のいかんによって、それは人間を限りなく高みに導くことができるのである。しかしガザーリーにとって絶対的存在であり、無限の秘密を内に宿す神は、一部のスーフィーたちにとってのように神秘的合一を許すようなものではなかった。神の本性は、人間のそれ、心のそれを遥かに上まわるものなのである。

このさい重要な点は、彼にとって精妙で、高貴な心というものもまた、その本性が究極的には不可知であるという認識であろう。自ら精神を研ぎすまして心の本性、豊かな資質を解明し、それを介して神の本性、恵みの開示を求める。旺盛な精神的探究者ガザーリーの心の学は、それに相応しく限りない探究の道の存在を前提とするものであった。「己れを知る者は主を知る者である。」アリーの箴言が意味するところを徹底的に歩んだガザーリーの、精神的遍歴の結晶である彼の心の学の構造、その意義については今後もなお充分な検討が必要であろう。ここではさしあたり、ガザーリーの強烈な自己追究が、それまで牢固としてそそり立っていた法学者とスーフィーたちの対立の壁をものの見事に打ち破り、老朽化した既存の知的パラダイムの変革をひき起している点を指摘するにとどめておくことにする。この変革はたんにガザーリー個人にとってのみ重要な問題ではなく、イスラーム文化の後裔たちにとっても重要な関心事であった。事態はガザーリーの時代以降、むしろ悪化の一途を辿っており、そのような状況の下で彼の関心は、同じ文化のかたちの維持、発展を企てる後代の者にとっても、決して他人事ではなかったのである。

『哲学者の意図』の解説としては、この著作それ自体の内容の説明を行なうという流儀もありえたであろうが、イスラーム世界におけるギリシャ的哲学の系譜、展開、位置づけに関しては井筒俊彦先生の『イスラーム思想史』のような優れた著作があるため、重複を避け、敢えて言及をさし控えた。この主題そのものについては、同書を参照されたい。ここではもっぱら著者ガザーリーの思索のあとを追い、彼にとって哲学がいかなるものであったかを示すことにした。これによって彼の思索の原点とそのありようをいささかなりとも暗示できたならば幸いである。ガザーリーの思想史的位置づけ等、このイスラーム思想界の巨人について述べるにはいまだに語り残された部分が多いが、彼の評価には今後重要な変更がありうると思われるので、いまは割愛させていただく。

飜訳にあたっては、スライマーン・ドゥンヤー教授校訂のエジプト、ダール＝ル＝マアーリフ社刊行、一九六〇年の第二版を用いた。同書の飜訳を慫慂され、訳稿を通読いただいた井筒先生、不明の箇所を懇切に教示されたダール

＝ル＝ウルームの今は亡きM・M・イスマーイール・アブド教授に深く感謝を捧げる次第である。勿論誤りがあれば、それはもっぱら浅学な訳者の責任であることはいうまでもない。また最後に、本書の刊行に尽力された、岩波書店の合庭惇氏の努力にも御礼を申しあげる。

一九八五年一一月

国際大学中東研究所
黒　田　壽　郎

■岩波オンデマンドブックス■

イスラーム古典叢書
哲学者の意図——イスラーム哲学の基礎概念　ガザーリー 著

1985年12月20日　第1刷発行
2015年5月12日　オンデマンド版発行

訳・解説　黒田壽郎《くろだとしお》

発行者　岡本　厚

発行所　株式会社 岩波書店
〒101-8002 東京都千代田区一ツ橋 2-5-5
電話案内 03-5210-4000
http://www.iwanami.co.jp/

印刷／製本・法令印刷

ISBN 978-4-00-730192-6　Printed in Japan